HEIDI,
KIND DER BERGE

Manga Classic Literature: Heidi by Johanna Spyri

Text und Zeichnungen: Yi-Jeong Noh

Übersetzung aus dem Koreanischen: Renate Seo
Redaktion und Lektorat: Daniel Fischer
Satz: Noch & Noch, Datteln
Gesamtherstellung: Ullmann Medien GmbH, Rolandsecker Weg 30, 53619 Rheinbreitbach

ISBN 978-3-7415-2792-0

10 9 8 7 6 5 4 3 2 1

www.ullmannmedien.com

MANHWA – Klassiker für Kids

HEIDI, KIND DER BERGE

Original: Johanna Spyri • Text und Zeichnungen: Yi-Jeong Noh

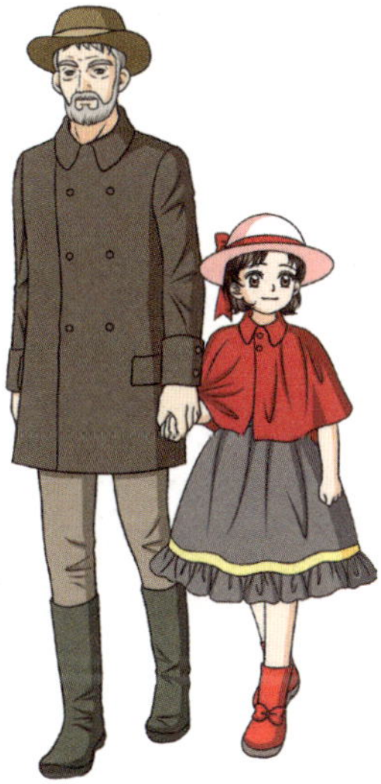

ULLMANN

Die Figuren

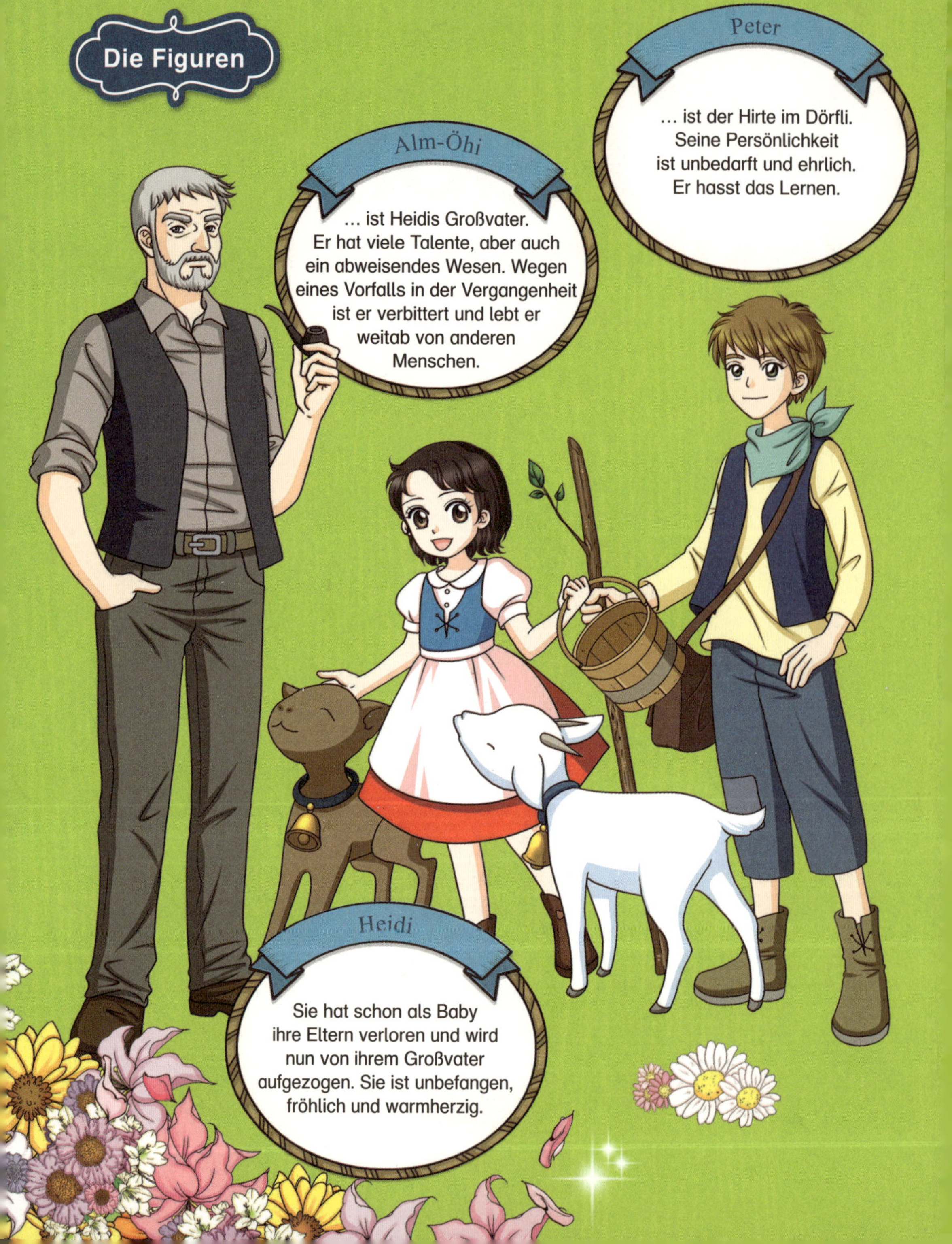
Alm-Öhi
… ist Heidis Großvater. Er hat viele Talente, aber auch ein abweisendes Wesen. Wegen eines Vorfalls in der Vergangenheit ist er verbittert und lebt er weitab von anderen Menschen.
Peter
… ist der Hirte im Dörfli. Seine Persönlichkeit ist unbedarft und ehrlich. Er hasst das Lernen.
Heidi
Sie hat schon als Baby ihre Eltern verloren und wird nun von ihrem Großvater aufgezogen. Sie ist unbefangen, fröhlich und warmherzig.

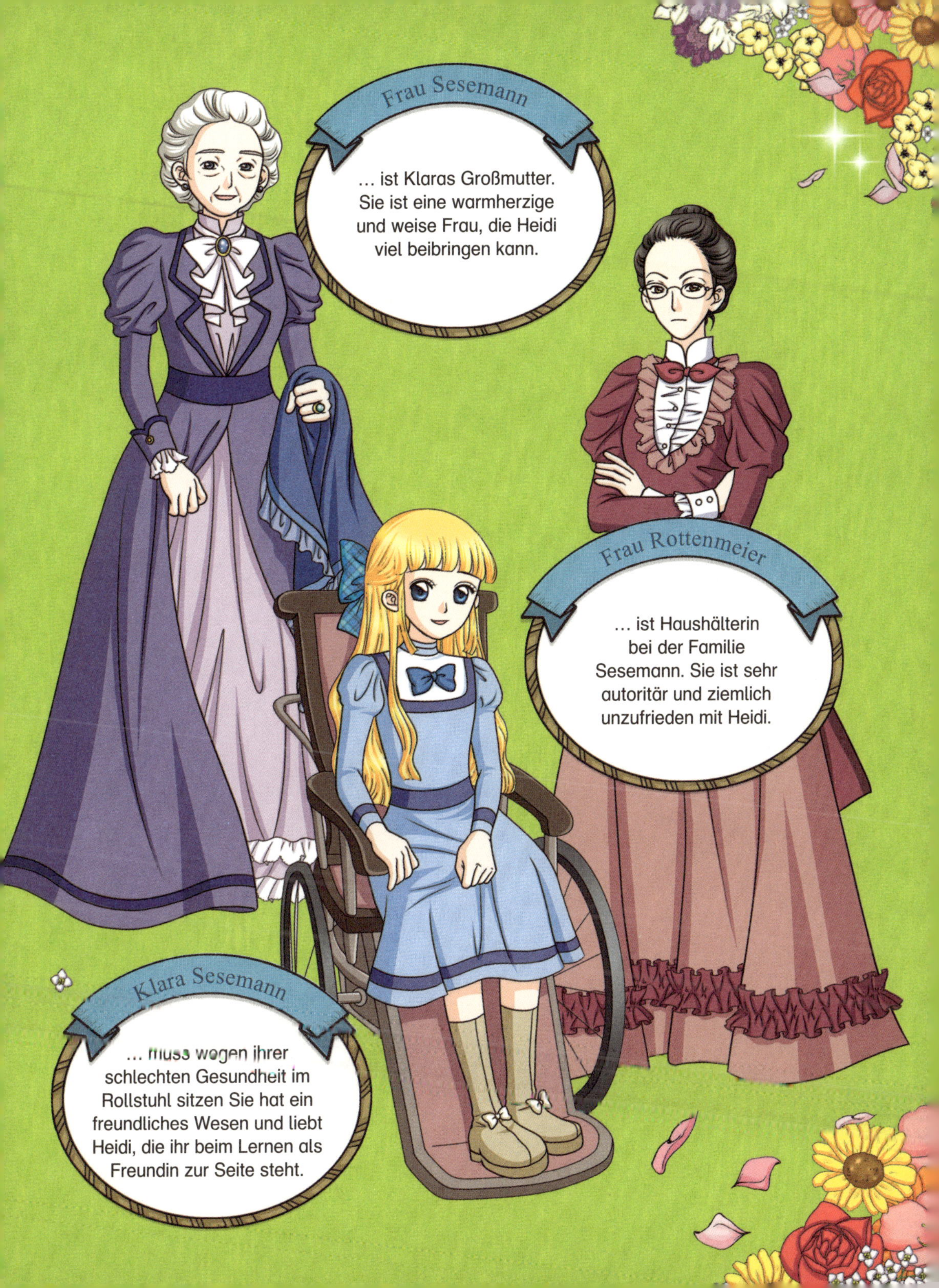
Frau Sesemann
… ist Klaras Großmutter. Sie ist eine warmherzige und weise Frau, die Heidi viel beibringen kann.
Frau Rottenmeier
… ist Haushälterin bei der Familie Sesemann. Sie ist sehr autoritär und ziemlich unzufrieden mit Heidi.
Klara Sesemann
… muss wegen ihrer schlechten Gesundheit im Rollstuhl sitzen Sie hat ein freundliches Wesen und liebt Heidi, die ihr beim Lernen als Freundin zur Seite steht.

Inhalt

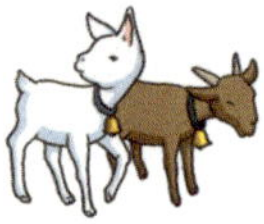

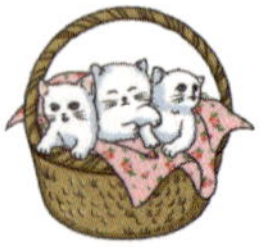

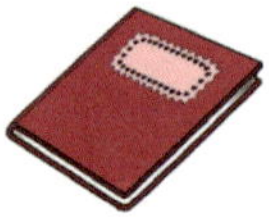

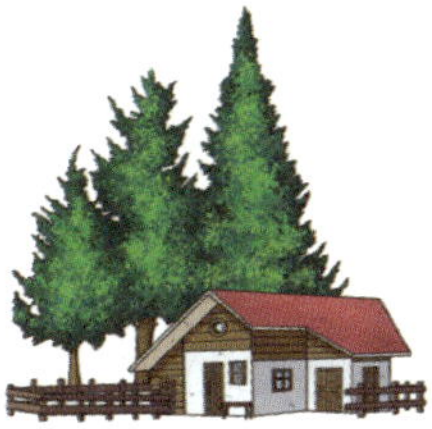

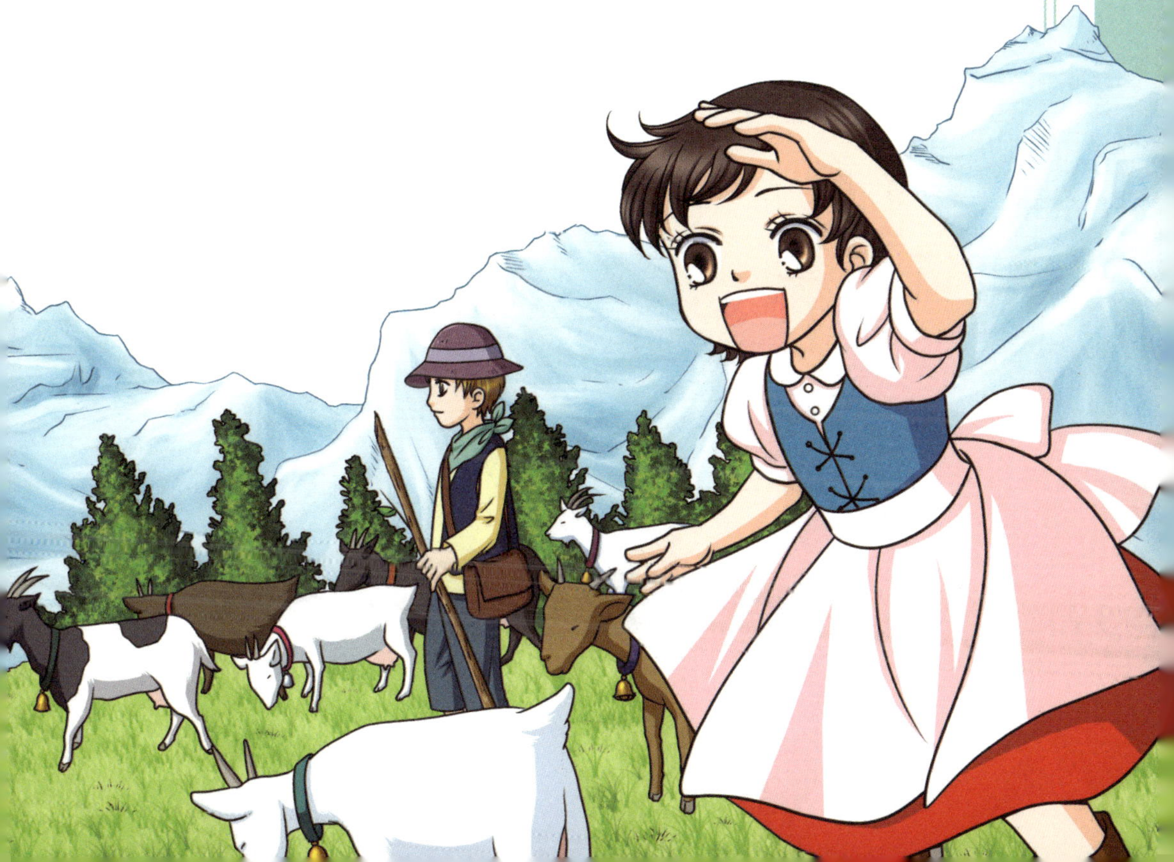

1. Kapitel

Heidi kommt in die Alpen

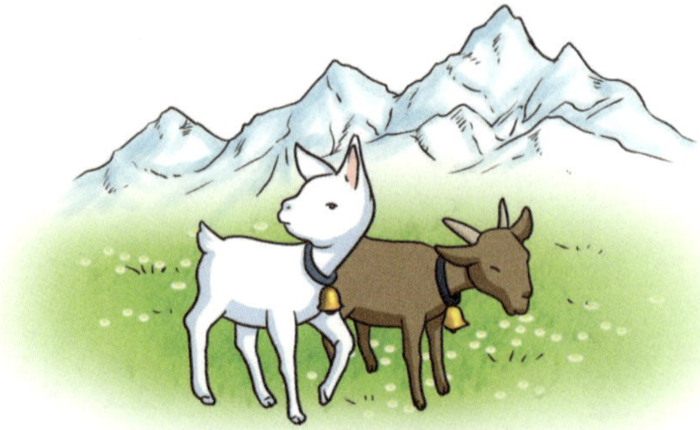

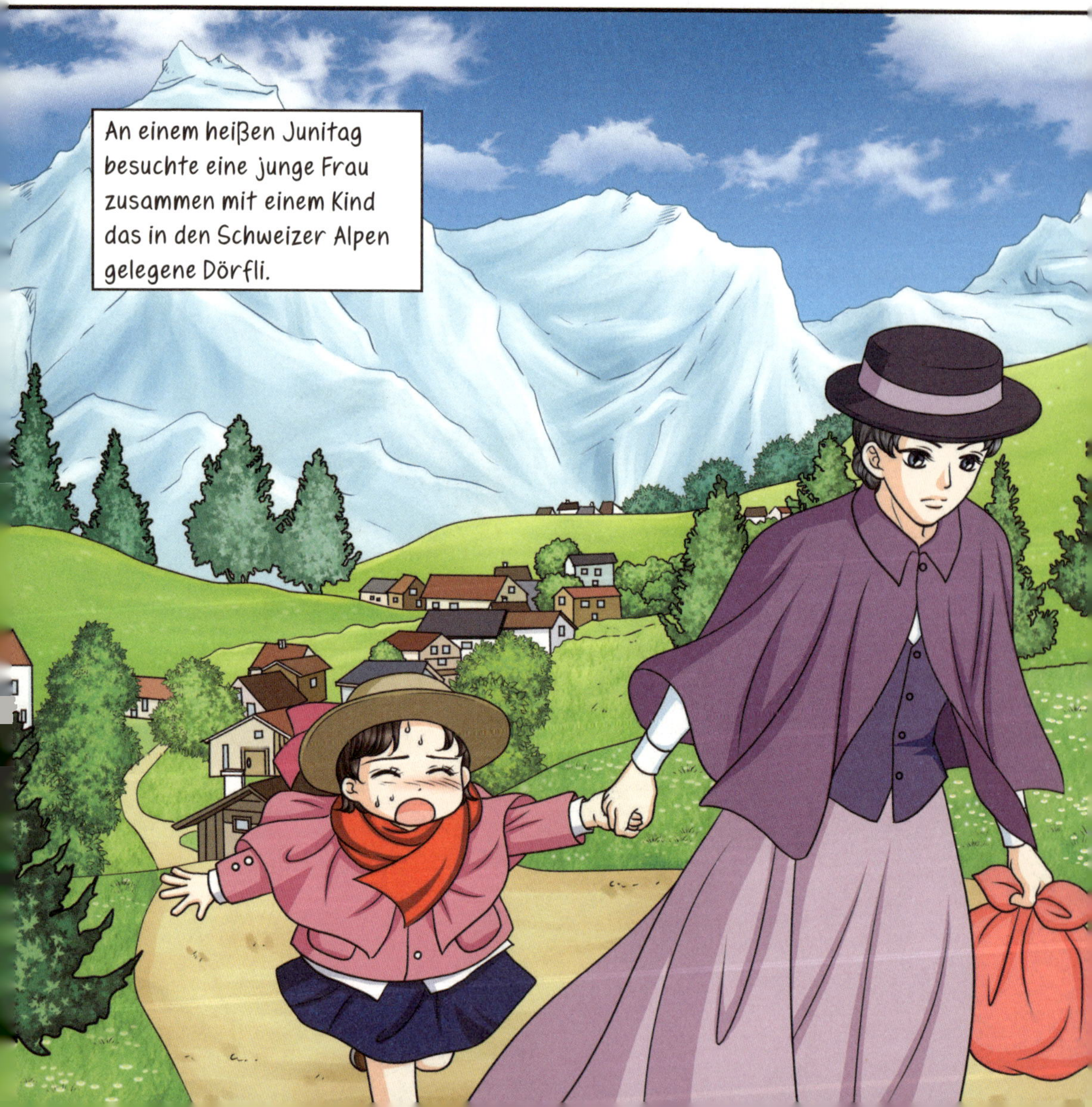

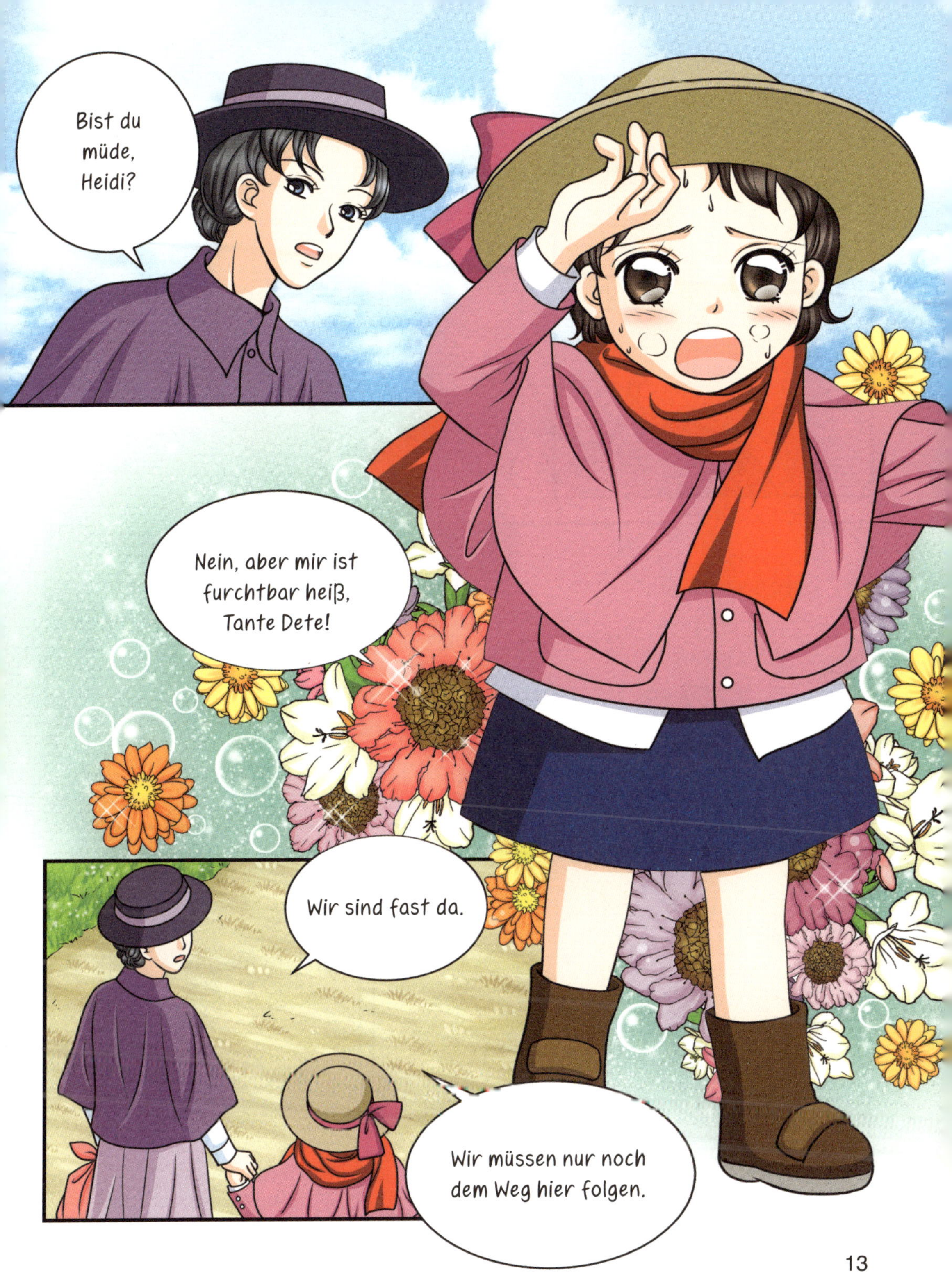
Bist du müde, Heidi?
Nein, aber mir ist furchtbar heiß, Tante Dete!
Wir sind fast da.
Wir müssen nur noch dem Weg hier folgen.

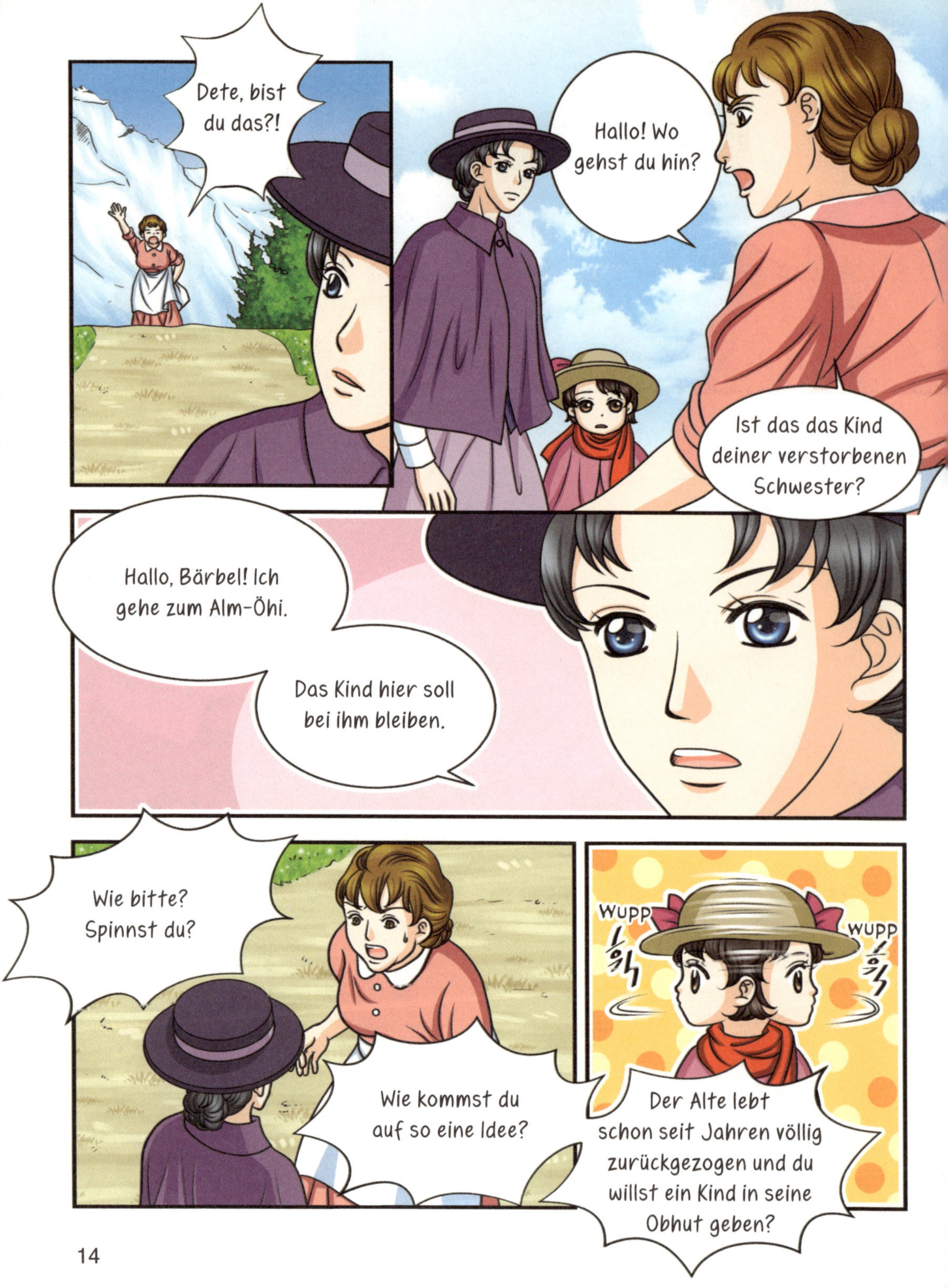
Dete, bist du das?!
Hallo! Wo gehst du hin?
Ist das das Kind deiner verstorbenen Schwester?
Hallo, Bärbel! Ich gehe zum Alm-Öhi.
Das Kind hier soll bei ihm bleiben.
Wie bitte? Spinnst du?
Wie kommst du auf so eine Idee?
WUPP
WUPP
Der Alte lebt schon seit Jahren völlig zurückgezogen und du willst ein Kind in seine Obhut geben?

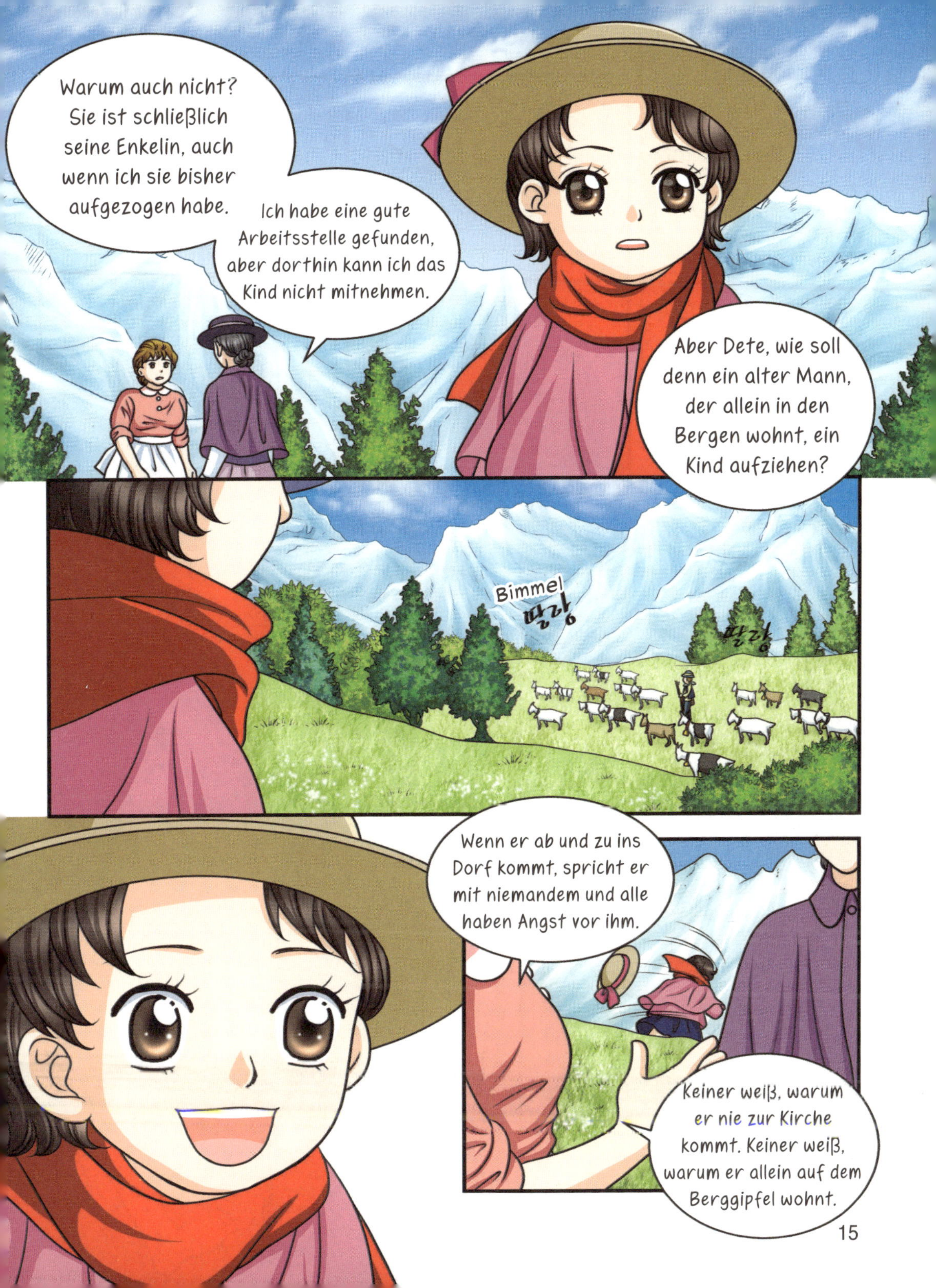

Warum auch nicht? Sie ist schließlich seine Enkelin, auch wenn ich sie bisher aufgezogen habe.
Ich habe eine gute Arbeitsstelle gefunden, aber dorthin kann ich das Kind nicht mitnehmen.
Aber Dete, wie soll denn ein alter Mann, der allein in den Bergen wohnt, ein Kind aufziehen?
Bimmel
딸랑
딸랑
Wenn er ab und zu ins Dorf kommt, spricht er mit niemandem und alle haben Angst vor ihm.
Keiner weiß, warum er nie zur Kirche kommt. Keiner weiß, warum er allein auf dem Berggipfel wohnt.

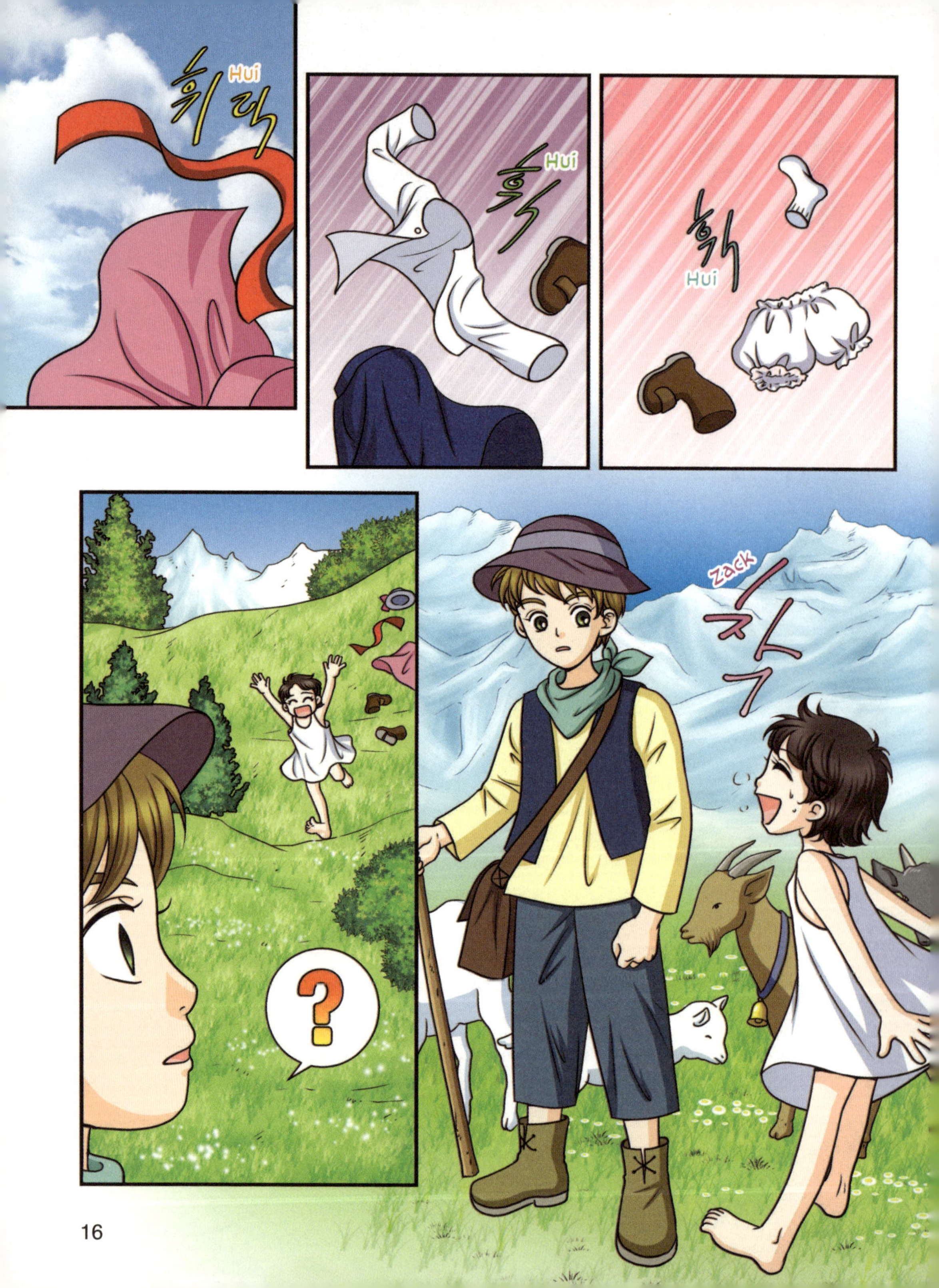
Hui
Hui
Hui
Zack
?

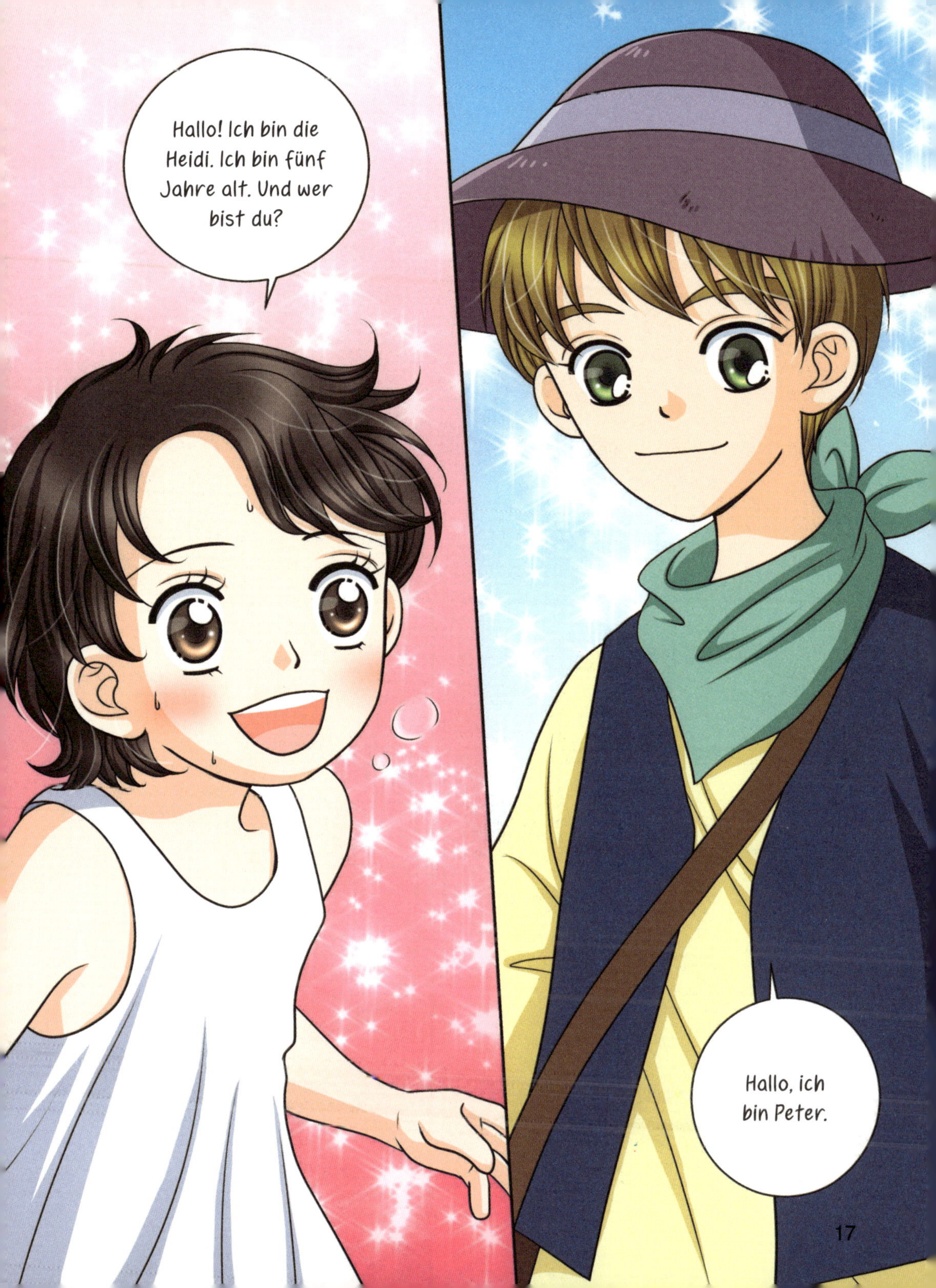
Hallo! Ich bin die Heidi. Ich bin fünf Jahre alt. Und wer bist du?
Hallo, ich bin Peter.

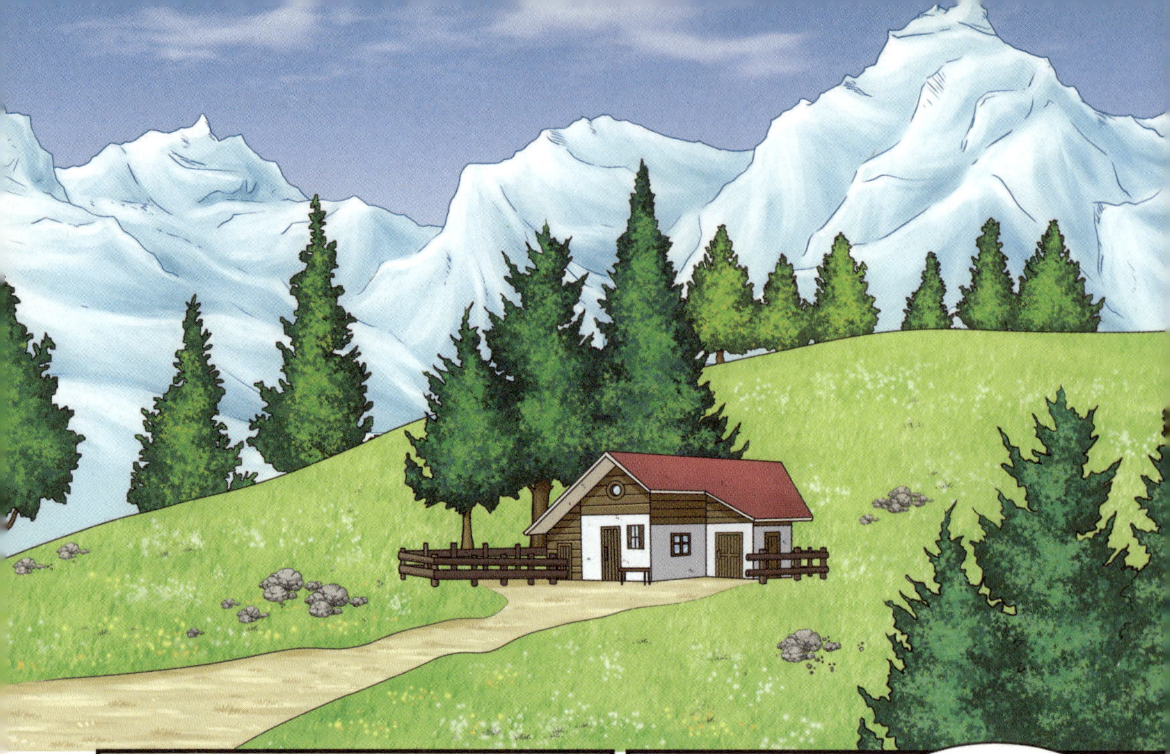

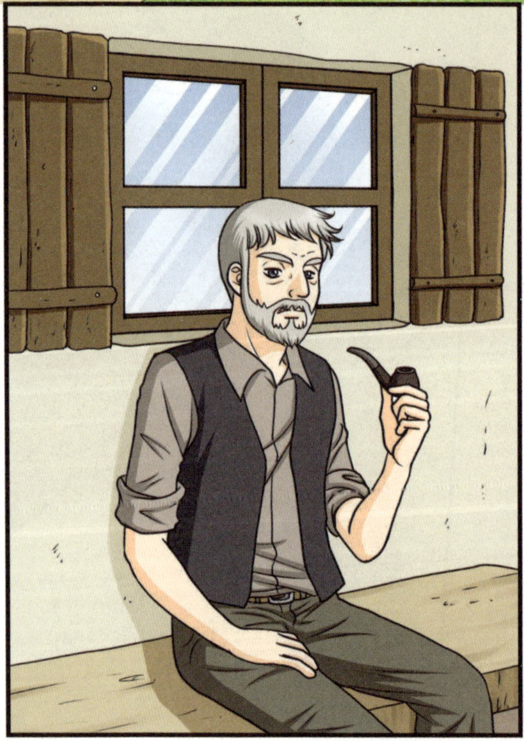

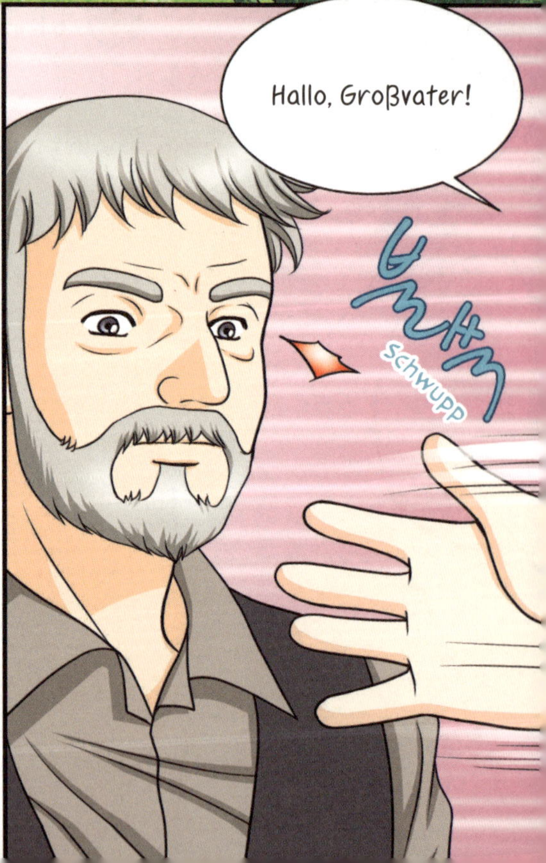
Hallo, Großvater!
schwupp

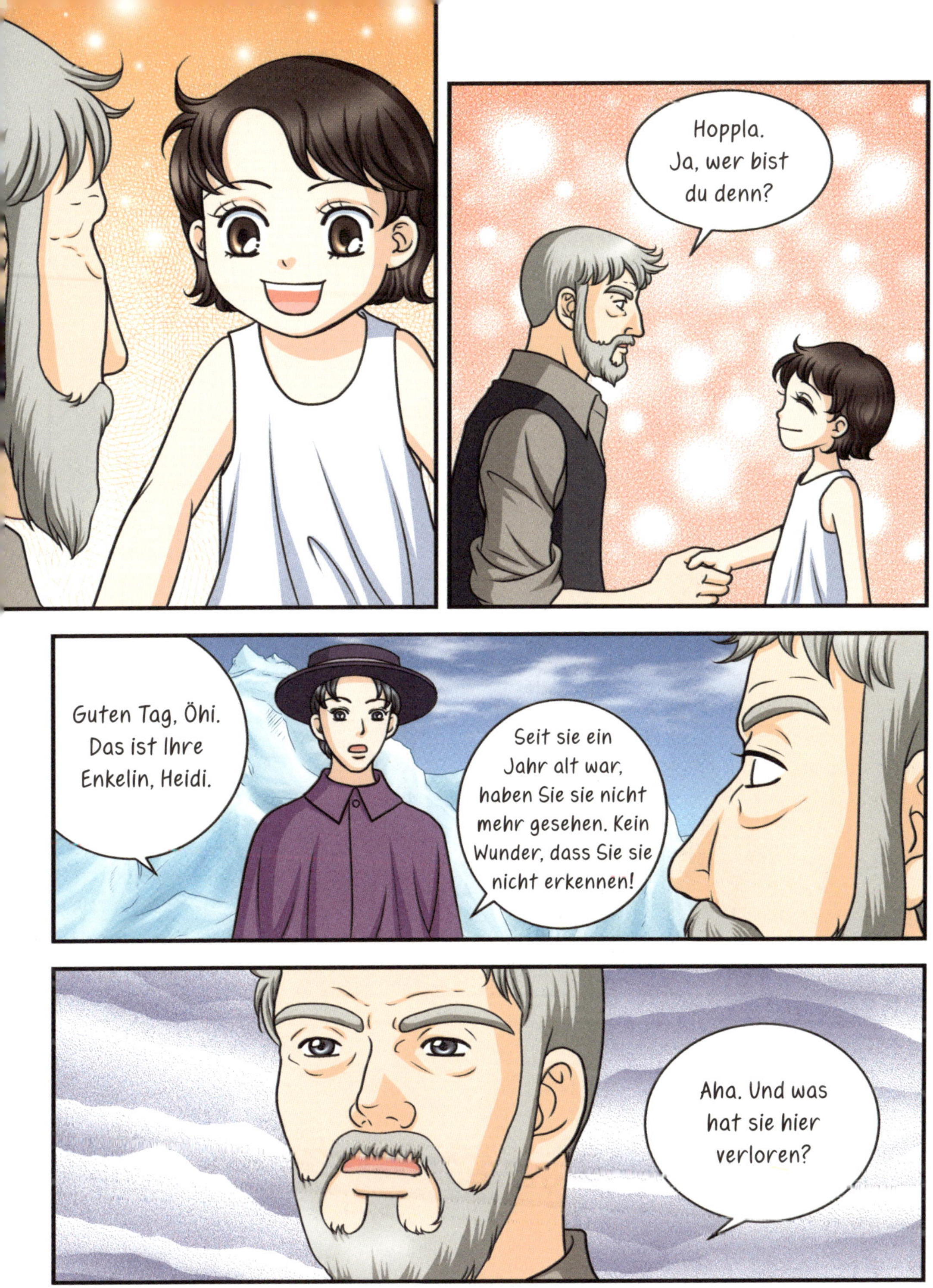
Hoppla. Ja, wer bist du denn?
Guten Tag, Öhi. Das ist Ihre Enkelin, Heidi.
Seit sie ein Jahr alt war, haben Sie sie nicht mehr gesehen. Kein Wunder, dass Sie sie nicht erkennen!
Aha. Und was hat sie hier verloren?

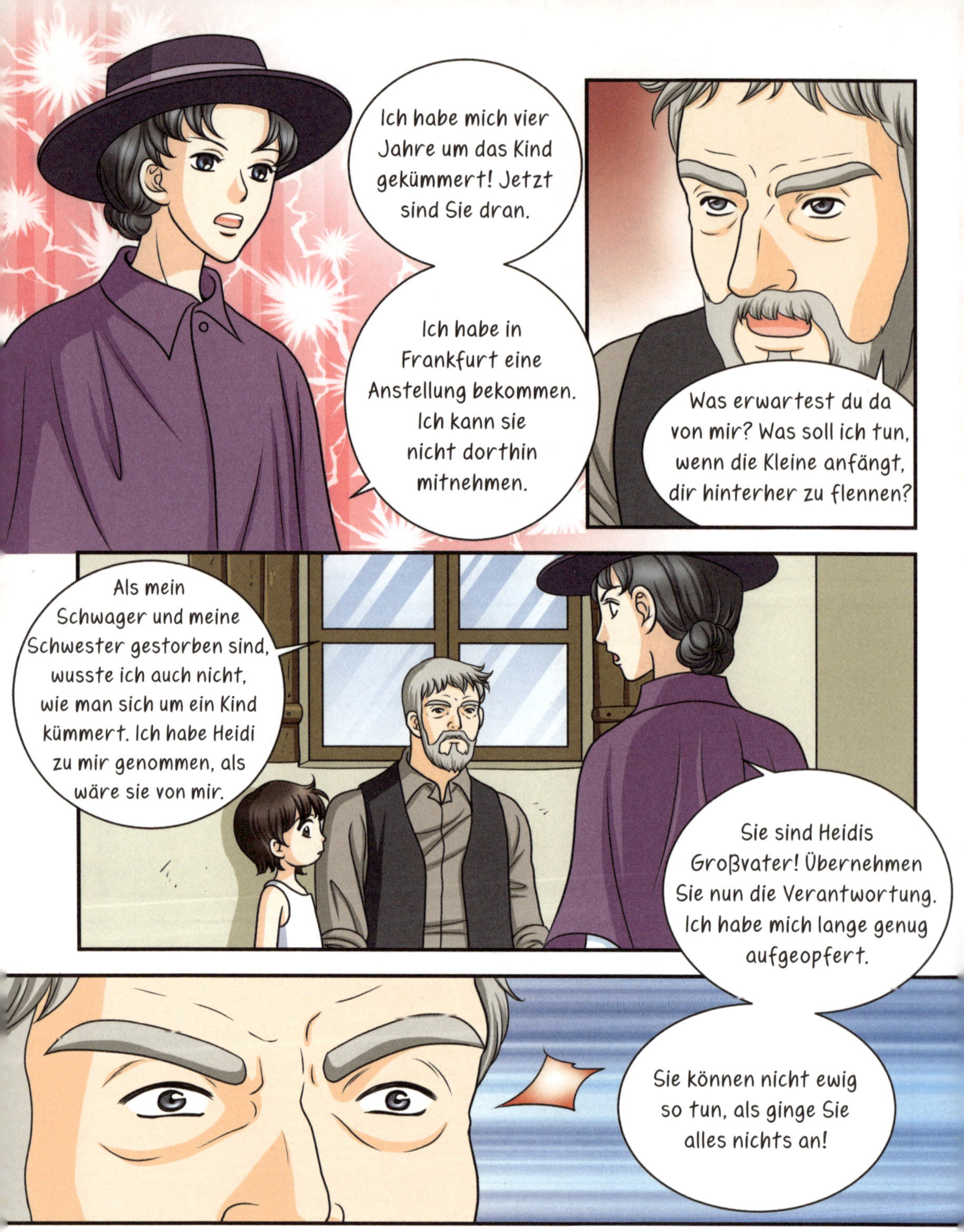
Ich habe mich vier Jahre um das Kind gekümmert! Jetzt sind Sie dran.
Ich habe in Frankfurt eine Anstellung bekommen. Ich kann sie nicht dorthin mitnehmen.
Was erwartest du da von mir? Was soll ich tun, wenn die Kleine anfängt, dir hinterher zu flennen?
Als mein Schwager und meine Schwester gestorben sind, wusste ich auch nicht, wie man sich um ein Kind kümmert. Ich habe Heidi zu mir genommen, als wäre sie von mir.
Sie sind Heidis Großvater! Übernehmen Sie nun die Verantwortung. Ich habe mich lange genug aufgeopfert.
Sie können nicht ewig so tun, als ginge Sie alles nichts an!

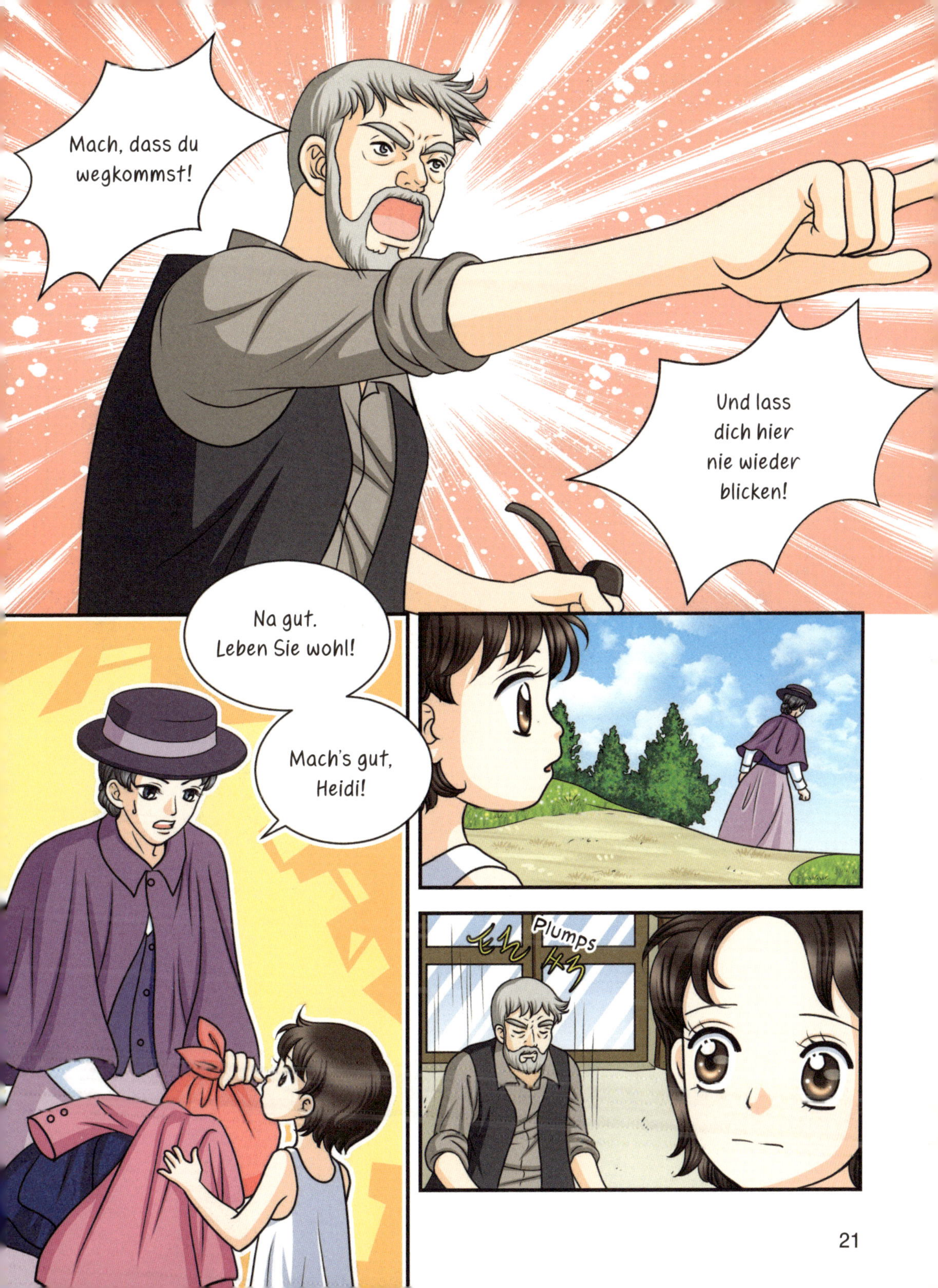

Mach, dass du wegkommst!
Und lass dich hier nie wieder blicken!
Na gut. Leben Sie wohl!
Mach's gut, Heidi!
Plumps

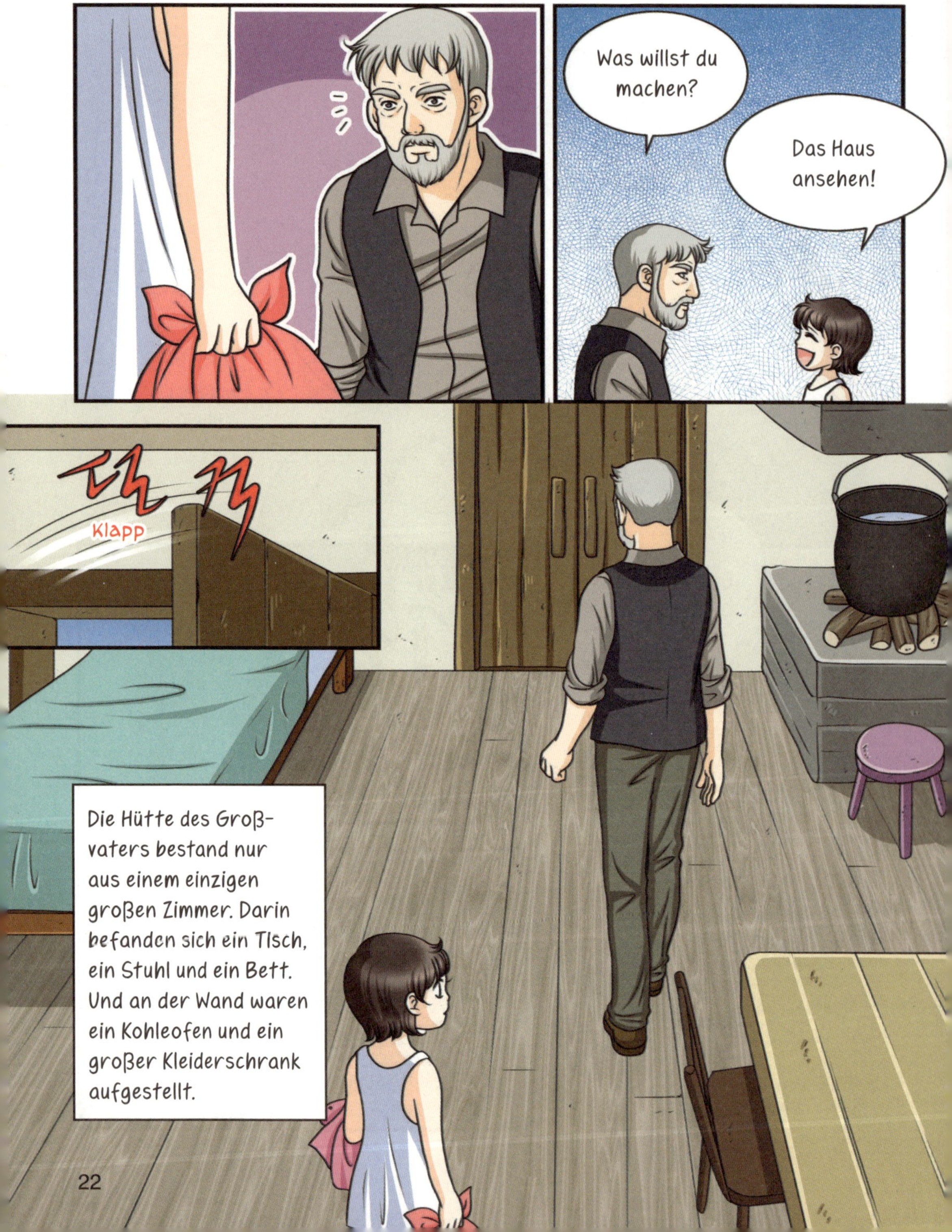
Was willst du machen?
Das Haus ansehen!
Klapp
Die Hütte des Großvaters bestand nur aus einem einzigen großen Zimmer. Darin befanden sich ein TIsch, ein Stuhl und ein Bett. Und an der Wand waren ein Kohleofen und ein großer Kleiderschrank aufgestellt.

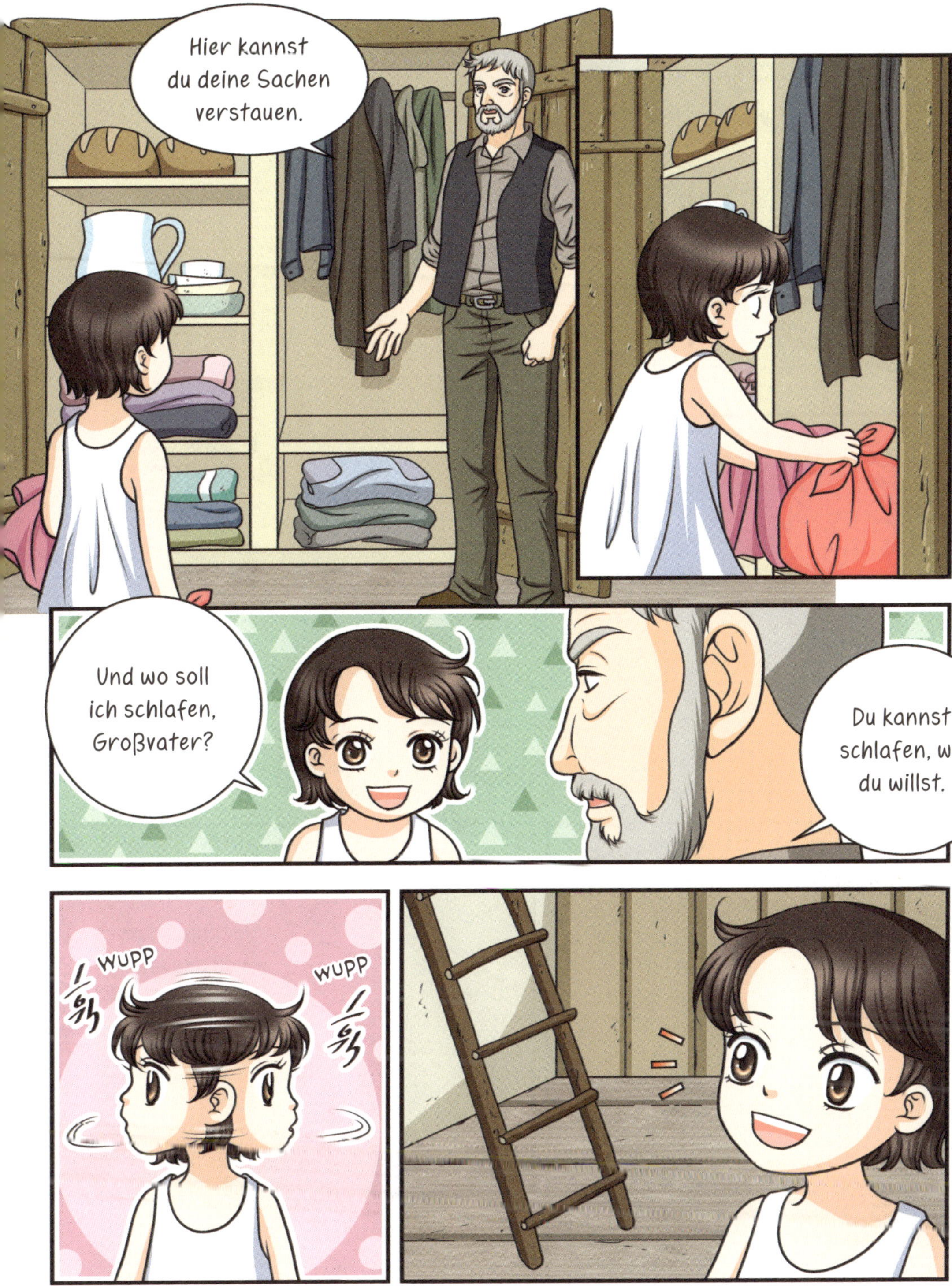
Hier kannst du deine Sachen verstauen.
Und wo soll ich schlafen, Großvater?
Du kannst schlafen, wo du willst.
WUPP
WUPP

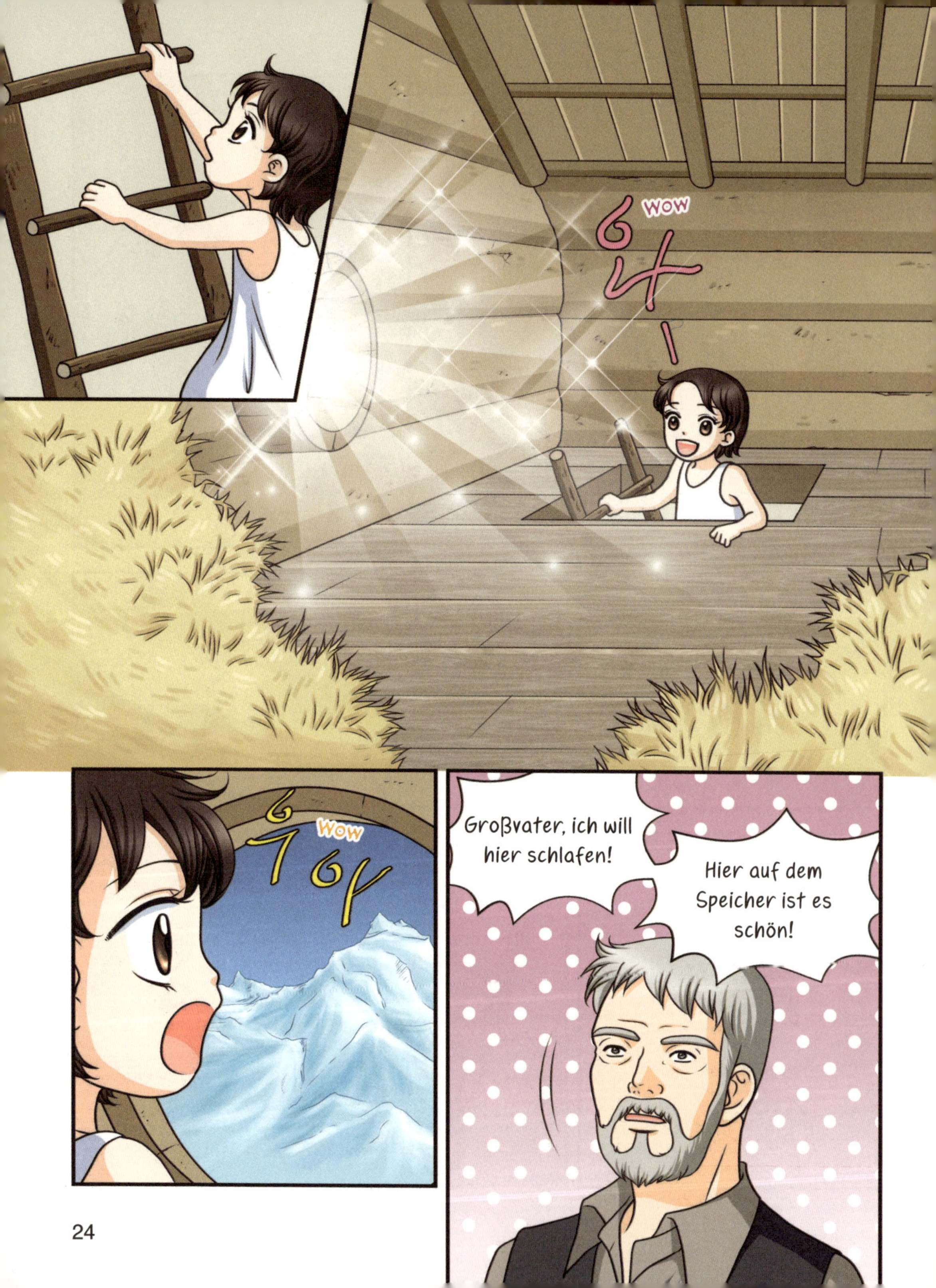
WOW
WOW
Großvater, ich will hier schlafen!
Hier auf dem Speicher ist es schön!

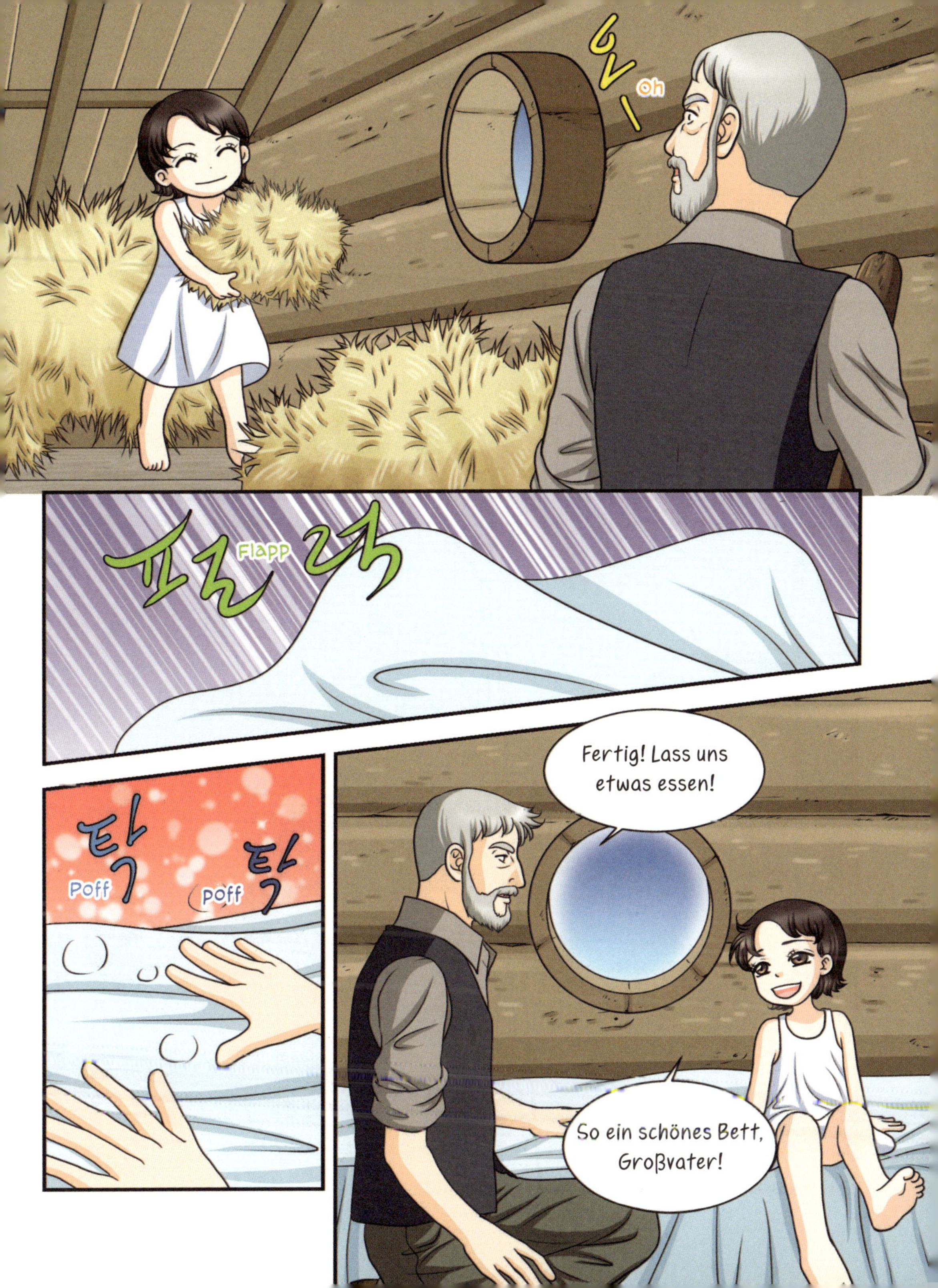
Oh
펄럭
Flapp
탁
Poff
탁
poff
Fertig! Lass uns etwas essen!
So ein schönes Bett, Großvater!

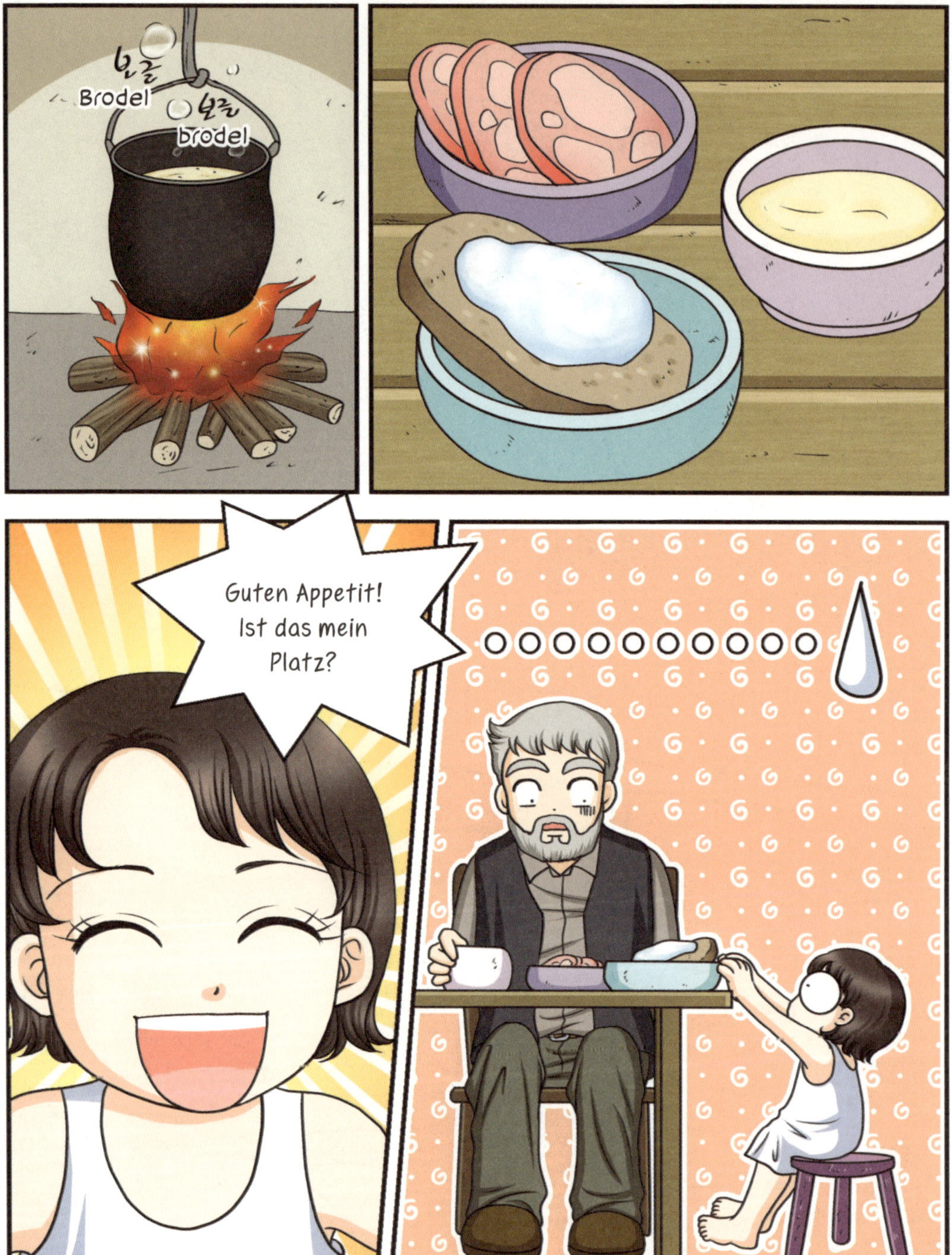

보글
Brodel
보글
brodel
Guten Appetit! Ist das mein Platz?
OOOOOOOOOO

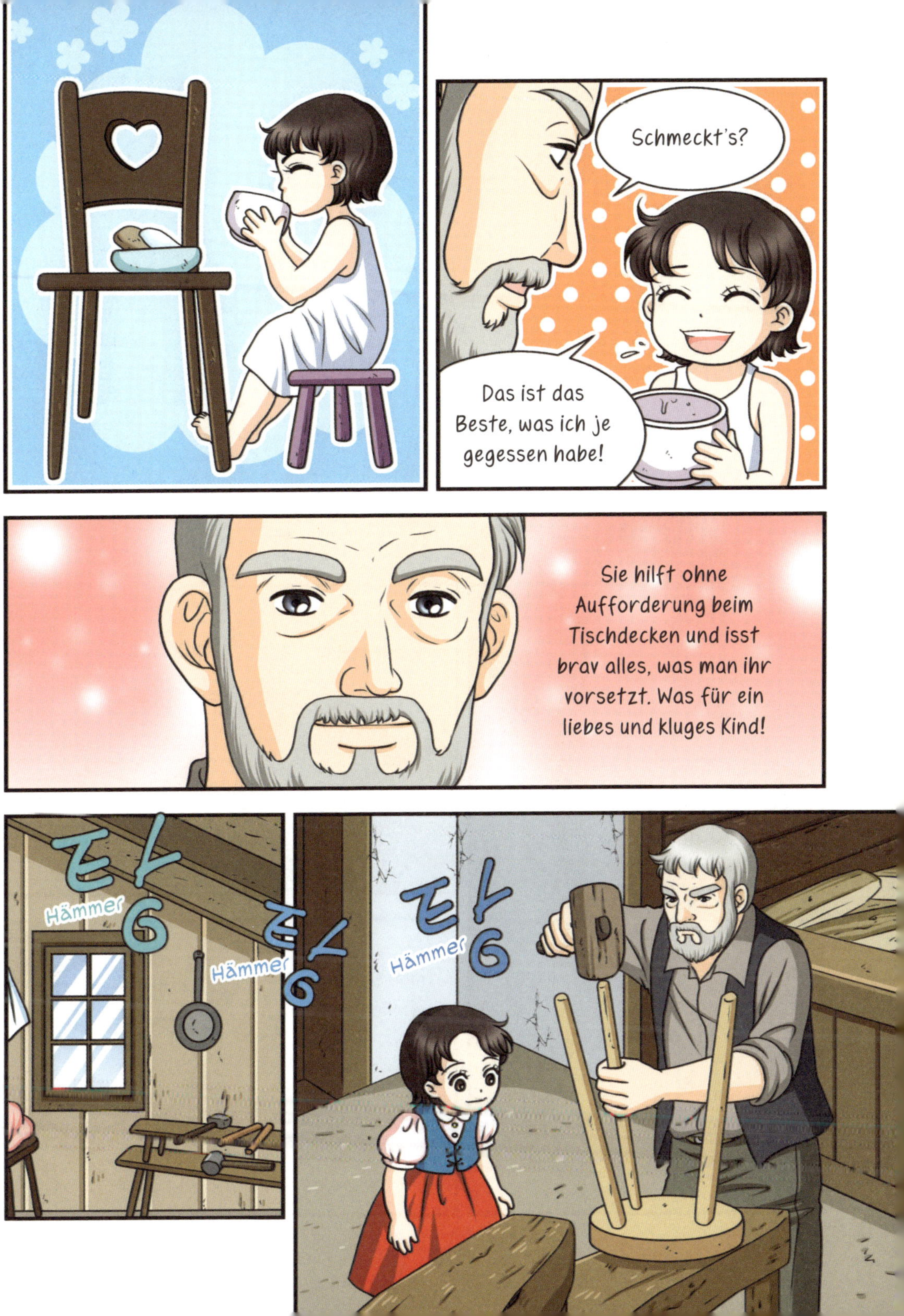
Schmeckt's?
Das ist das Beste, was ich je gegessen habe!
Sie hilft ohne Aufforderung beim Tischdecken und isst brav alles, was man ihr vorsetzt. Was für ein liebes und kluges Kind!
Hämmer
Hämmer
Hämmer

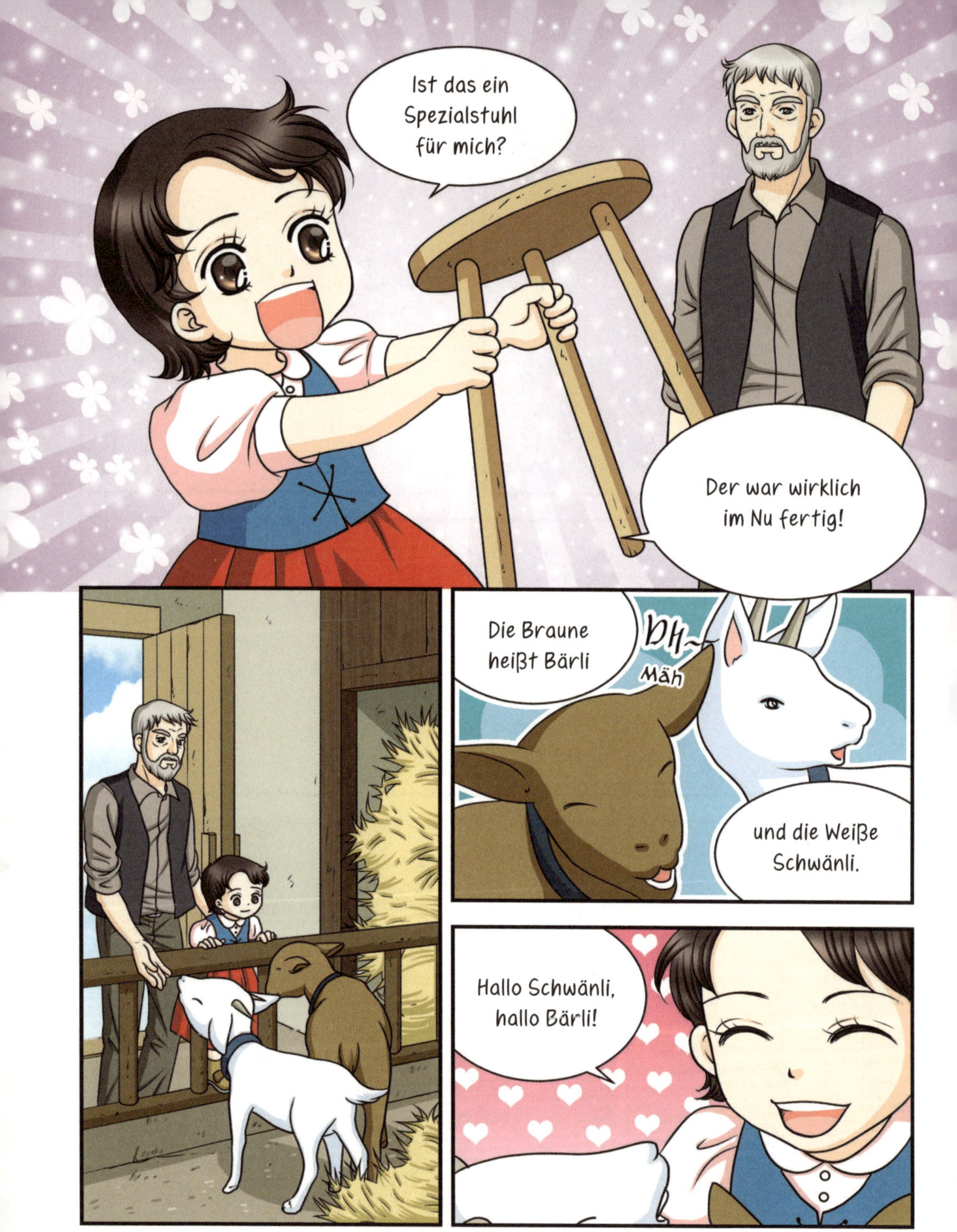
Ist das ein Spezialstuhl für mich?
Der war wirklich im Nu fertig!
Die Braune heißt Bärli
Mäh
und die Weiße Schwänli.
Hallo Schwänli, hallo Bärli!

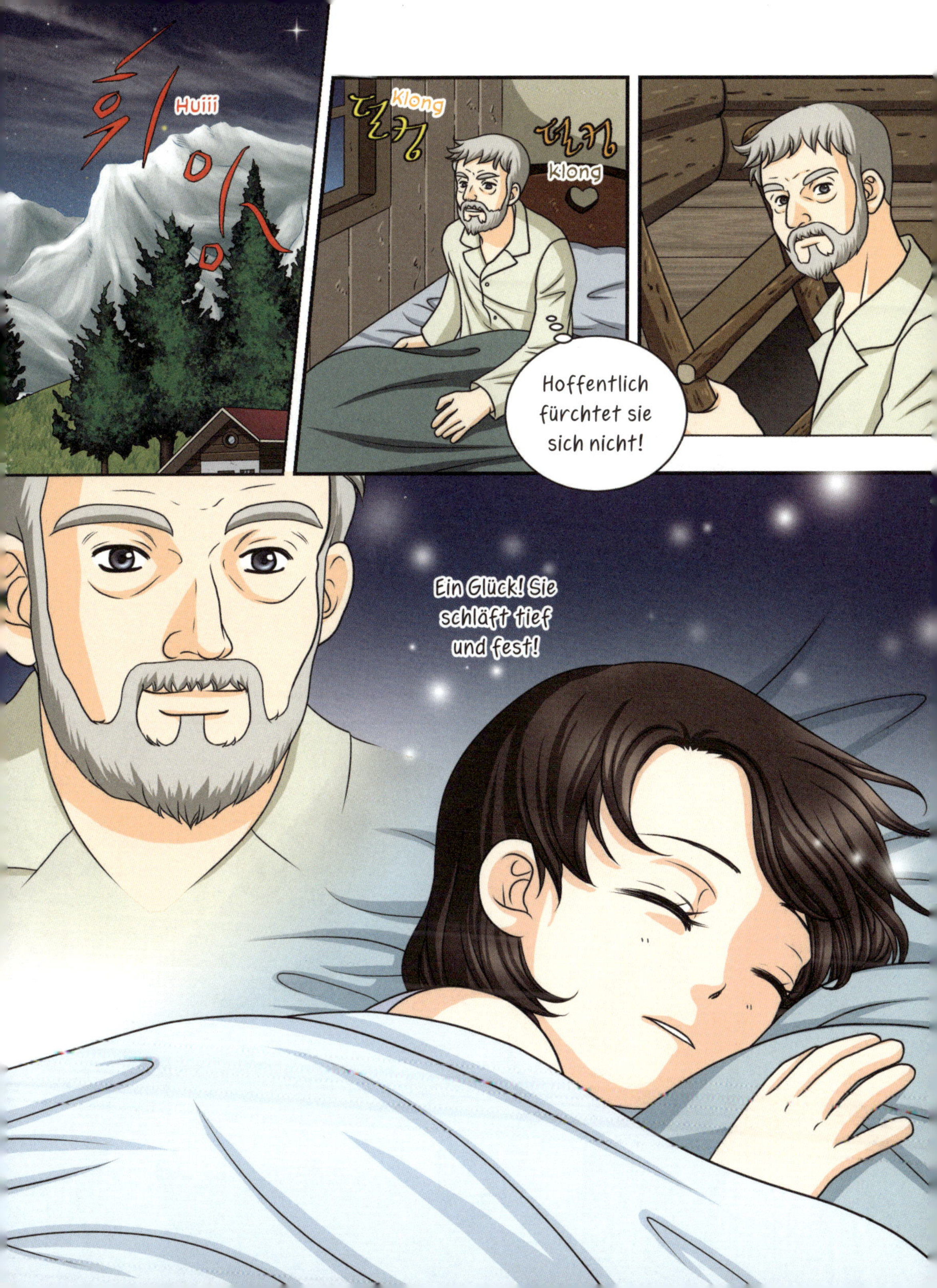

휘이잉
Huiii
덜컹
Klong
덜컹
Klong
Hoffentlich fürchtet sie sich nicht!
Ein Glück! Sie schläft tief und fest!

2. Kapitel

Begegnung mit Peters Großmutter

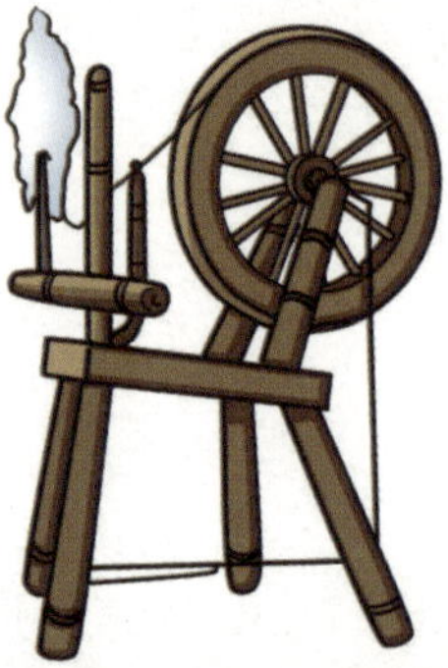

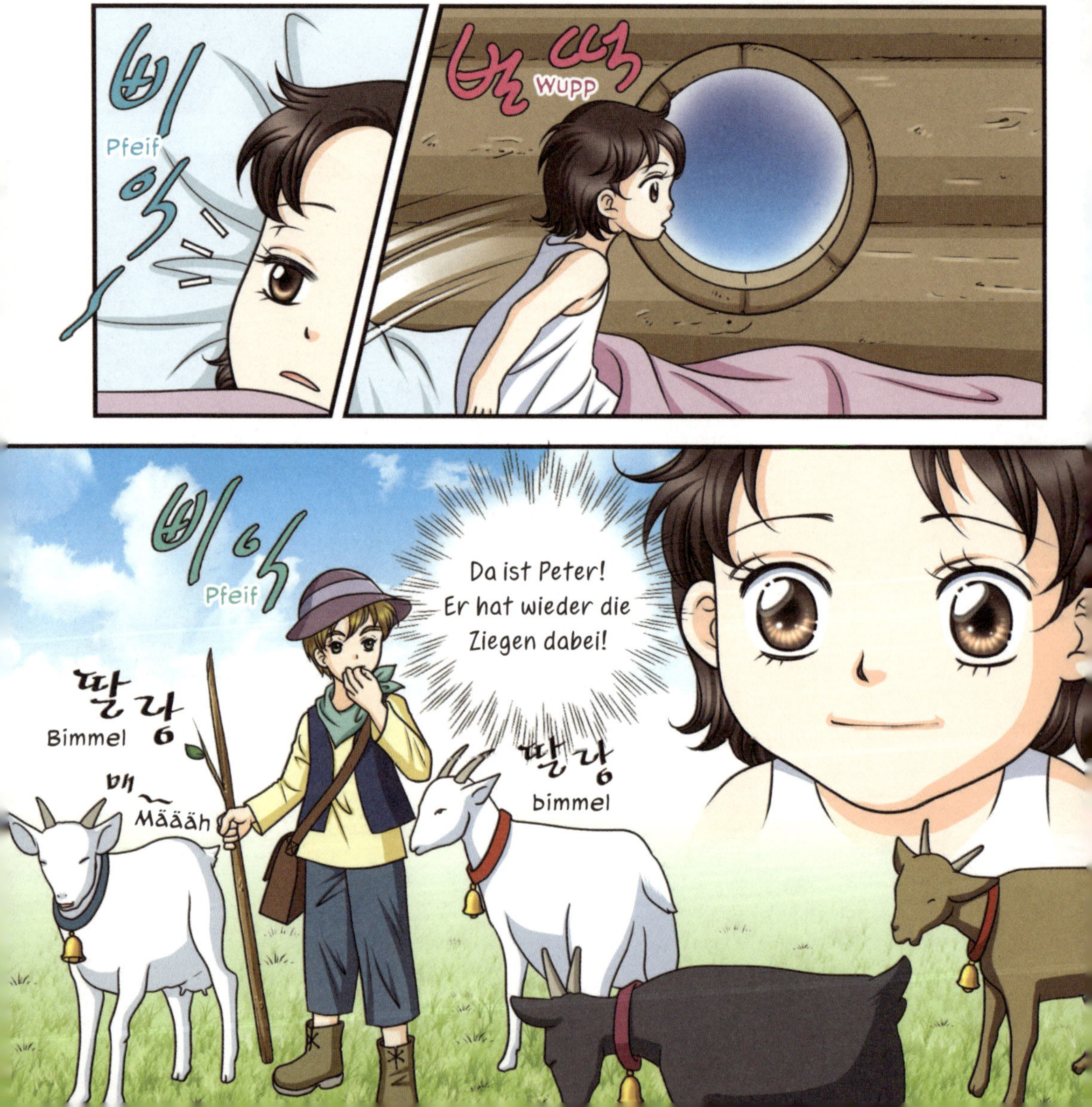

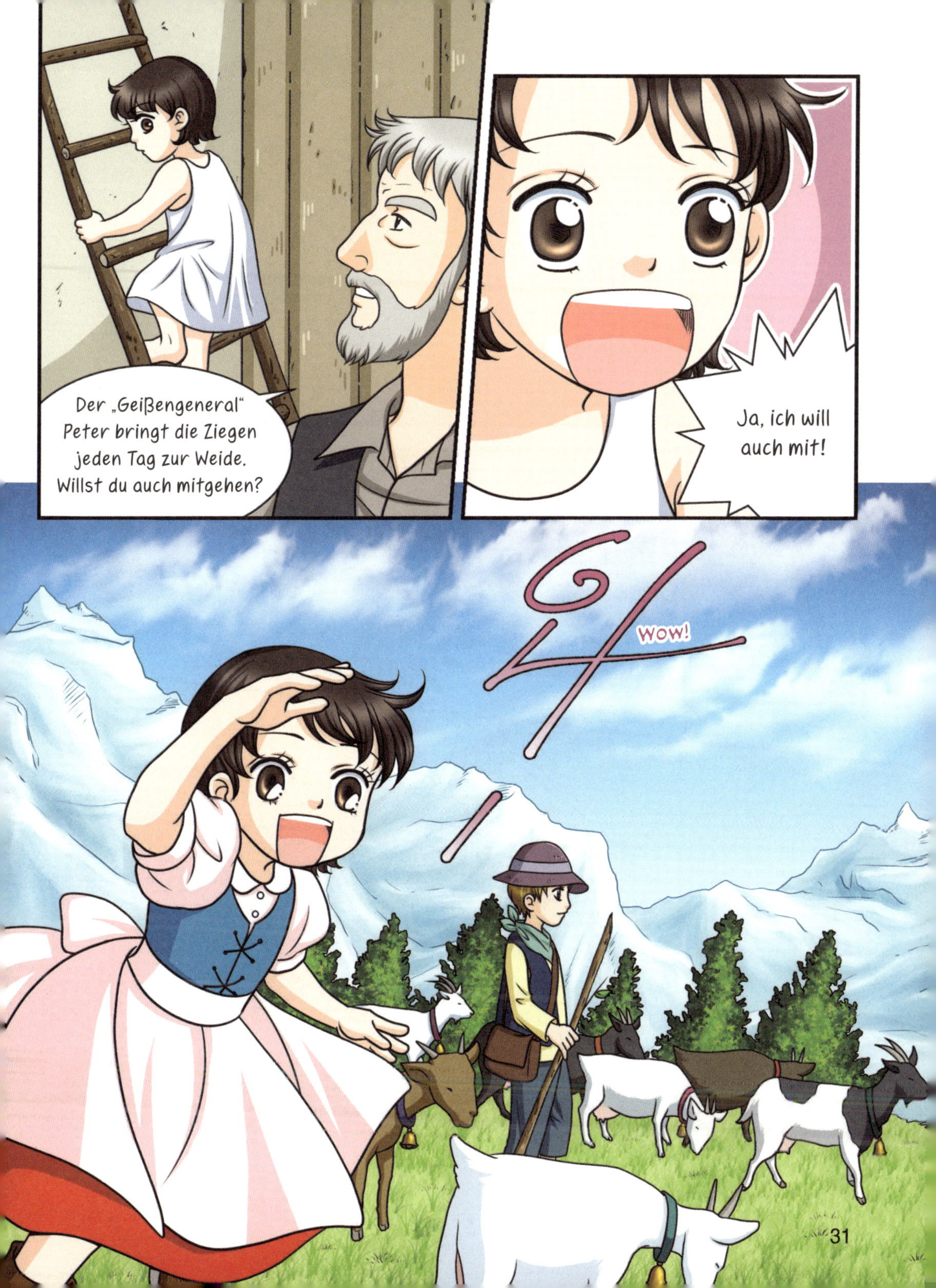
Der „Geißengeneral“ Peter bringt die Ziegen jeden Tag zur Weide. Willst du auch mitgehen?
Ja, ich will auch mit!
WOW!

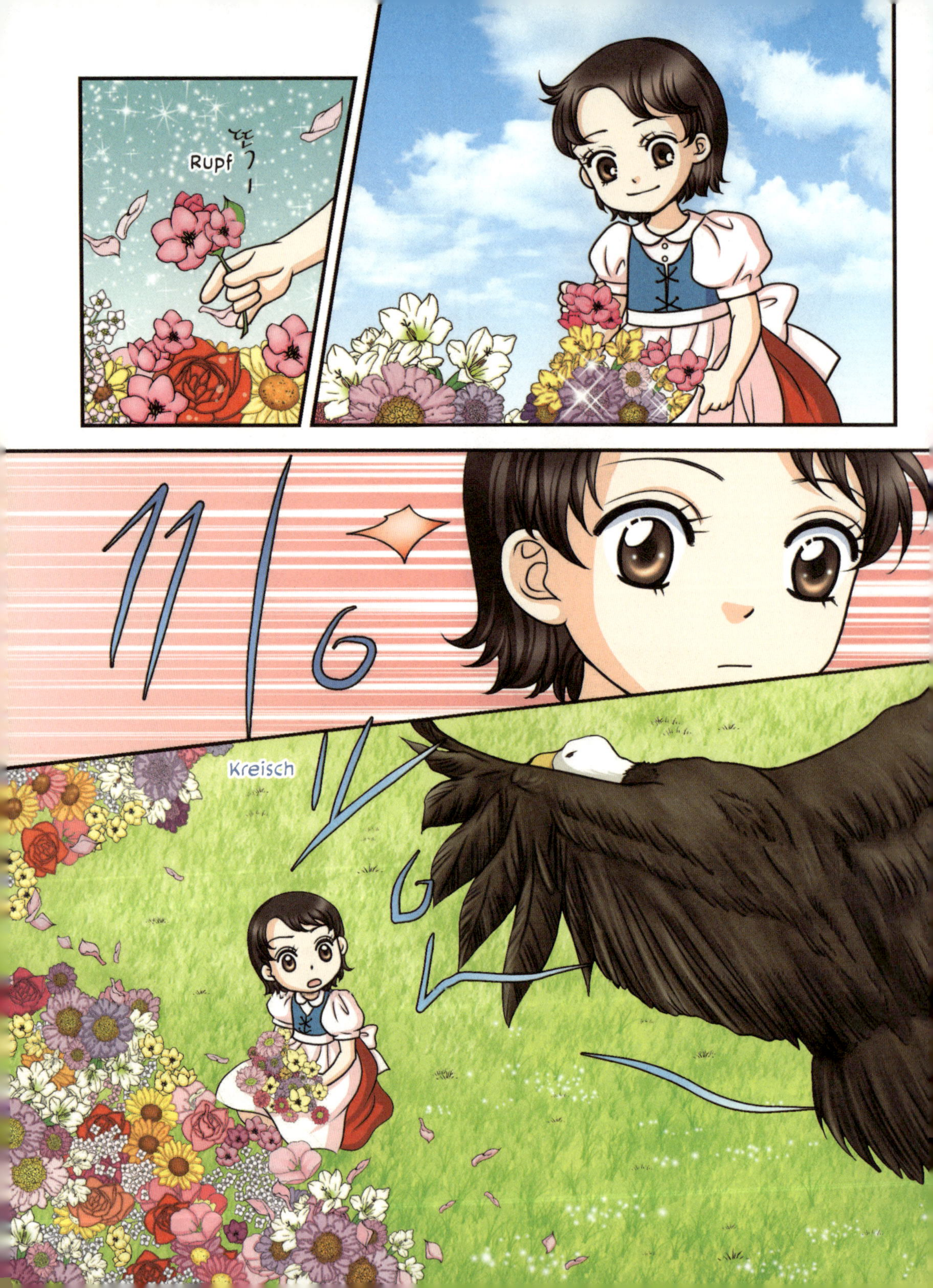
Rupf
Kreisch

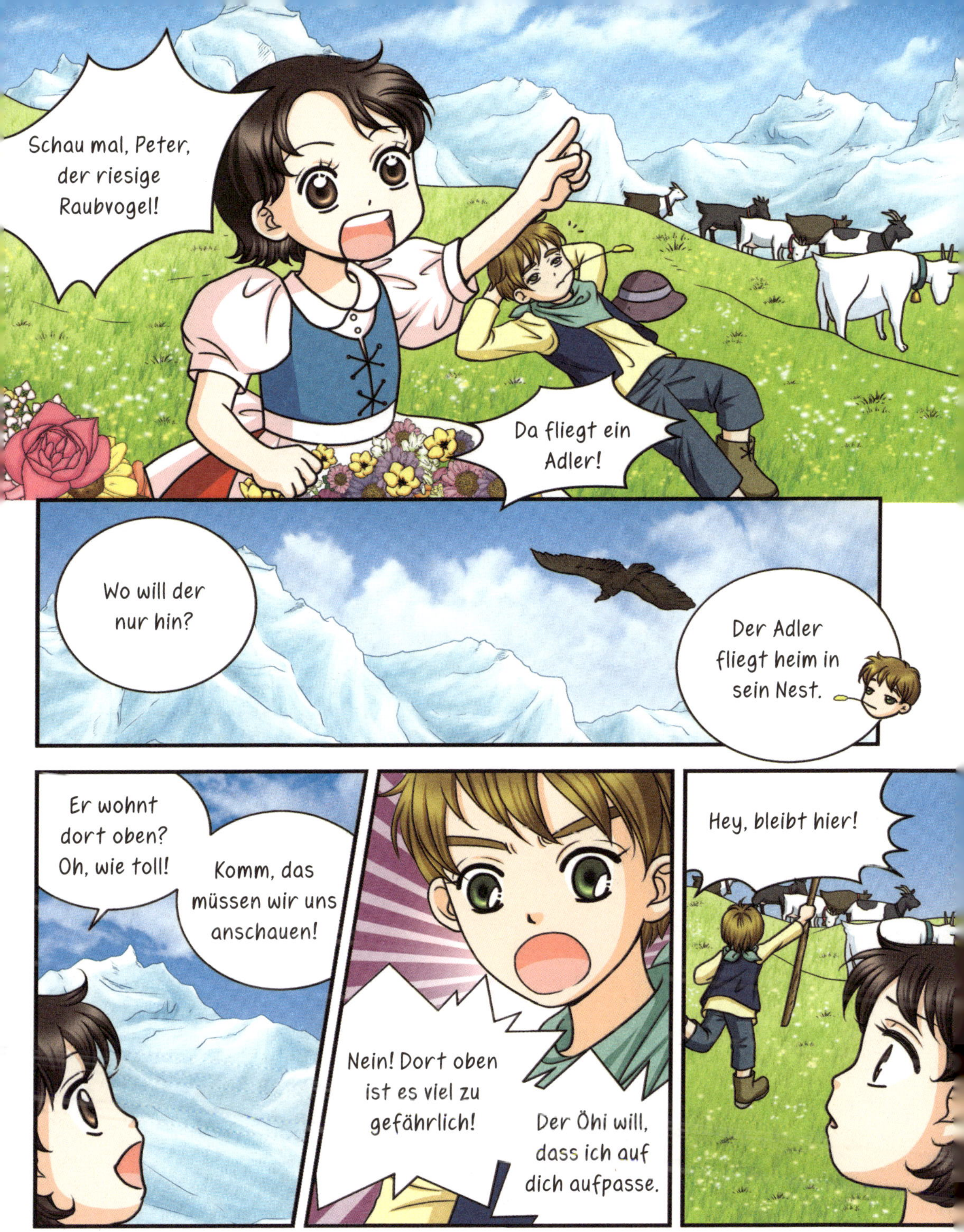
Schau mal, Peter, der riesige Raubvogel!
Da fliegt ein Adler!
Wo will der nur hin?
Der Adler fliegt heim in sein Nest.
Er wohnt dort oben? Oh, wie toll!
Komm, das müssen wir uns anschauen!
Nein! Dort oben ist es viel zu gefährlich!
Der Öhi will, dass ich auf dich aufpasse.
Hey, bleibt hier!

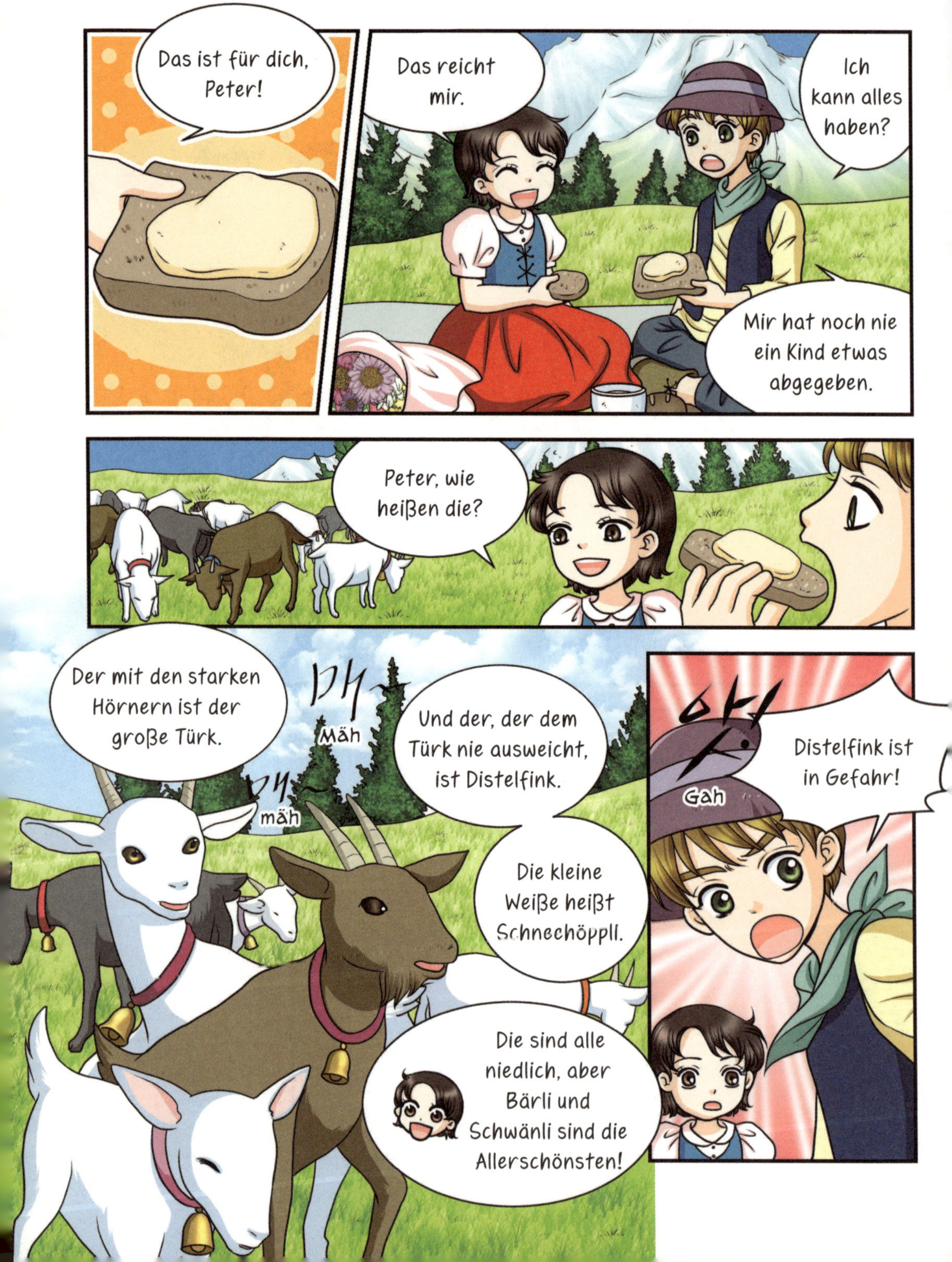
Das ist für dich, Peter!
Das reicht mir.
Ich kann alles haben?
Mir hat noch nie ein Kind etwas abgegeben.
Peter, wie heißen die?
Der mit den starken Hörnern ist der große Türk.
Mäh
mäh
Und der, der dem Türk nie ausweicht, ist Distelfink.
Die kleine Weiße heißt Schneehöppli.
Die sind alle niedlich, aber Bärli und Schwänli sind die Allerschönsten!
Gah
Distelfink ist in Gefahr!

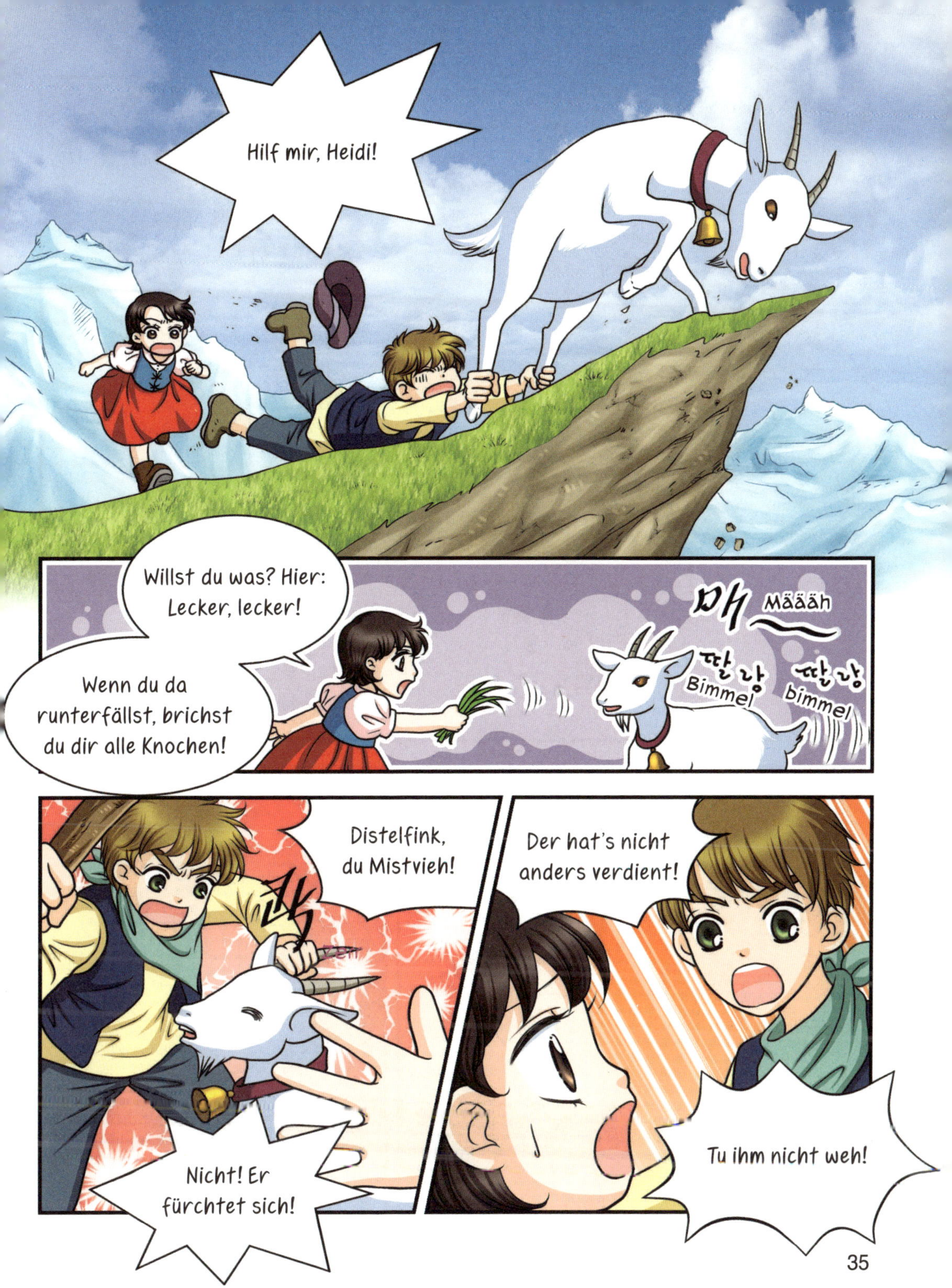
Hilf mir, Heidi!
Willst du was? Hier: Lecker, lecker!
Wenn du da runterfällst, brichst du dir alle Knochen!
매~ Määäh
딸랑 Bimmel
딸랑 bimmel
Distelfink, du Mistvieh!
Nicht! Er fürchtet sich!
Der hat's nicht anders verdient!
Tu ihm nicht weh!

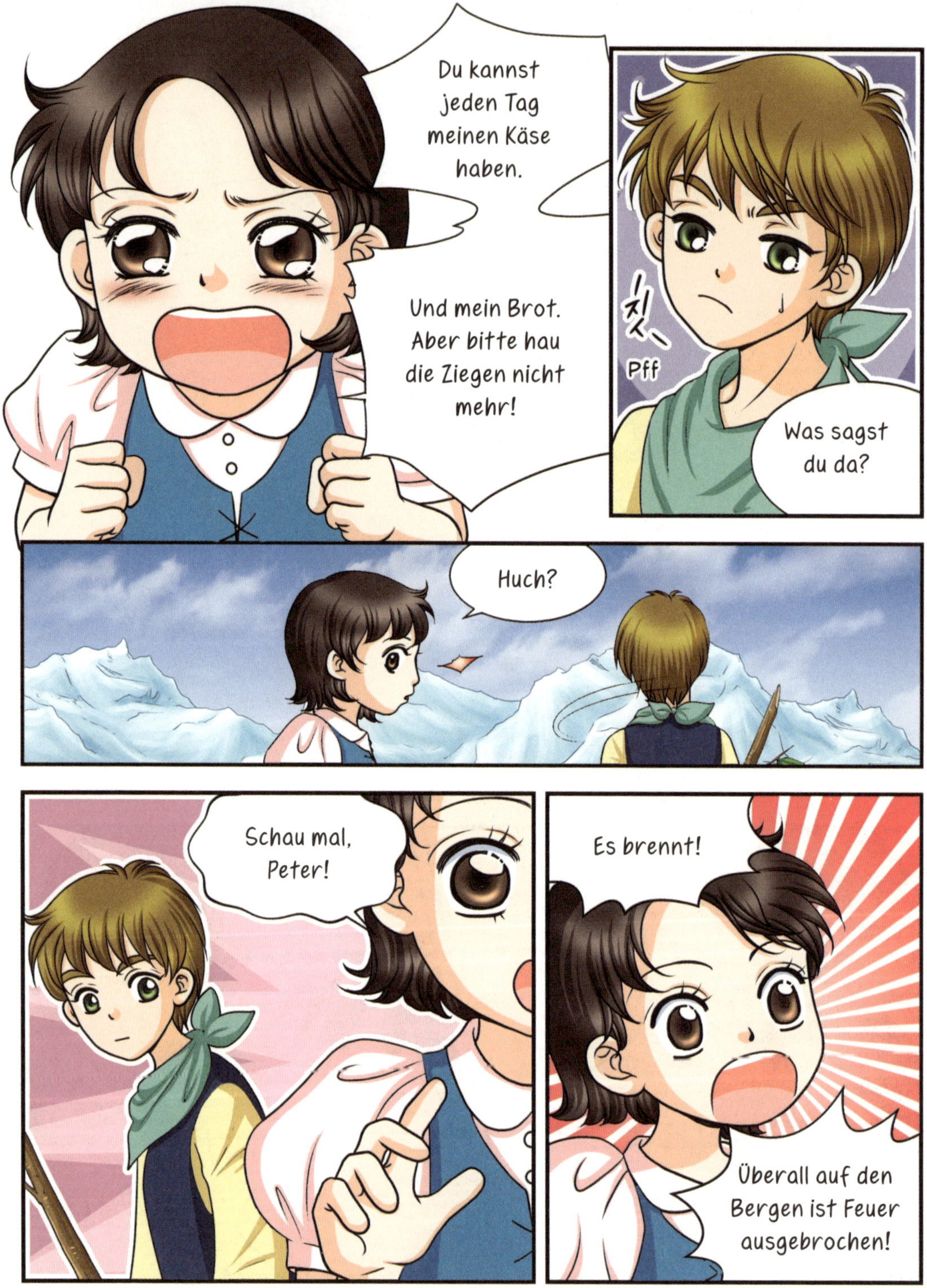
Du kannst jeden Tag meinen Käse haben.
Und mein Brot. Aber bitte hau die Ziegen nicht mehr!
Pff
Was sagst du da?
Huch?
Schau mal, Peter!
Es brennt!
Überall auf den Bergen ist Feuer ausgebrochen!

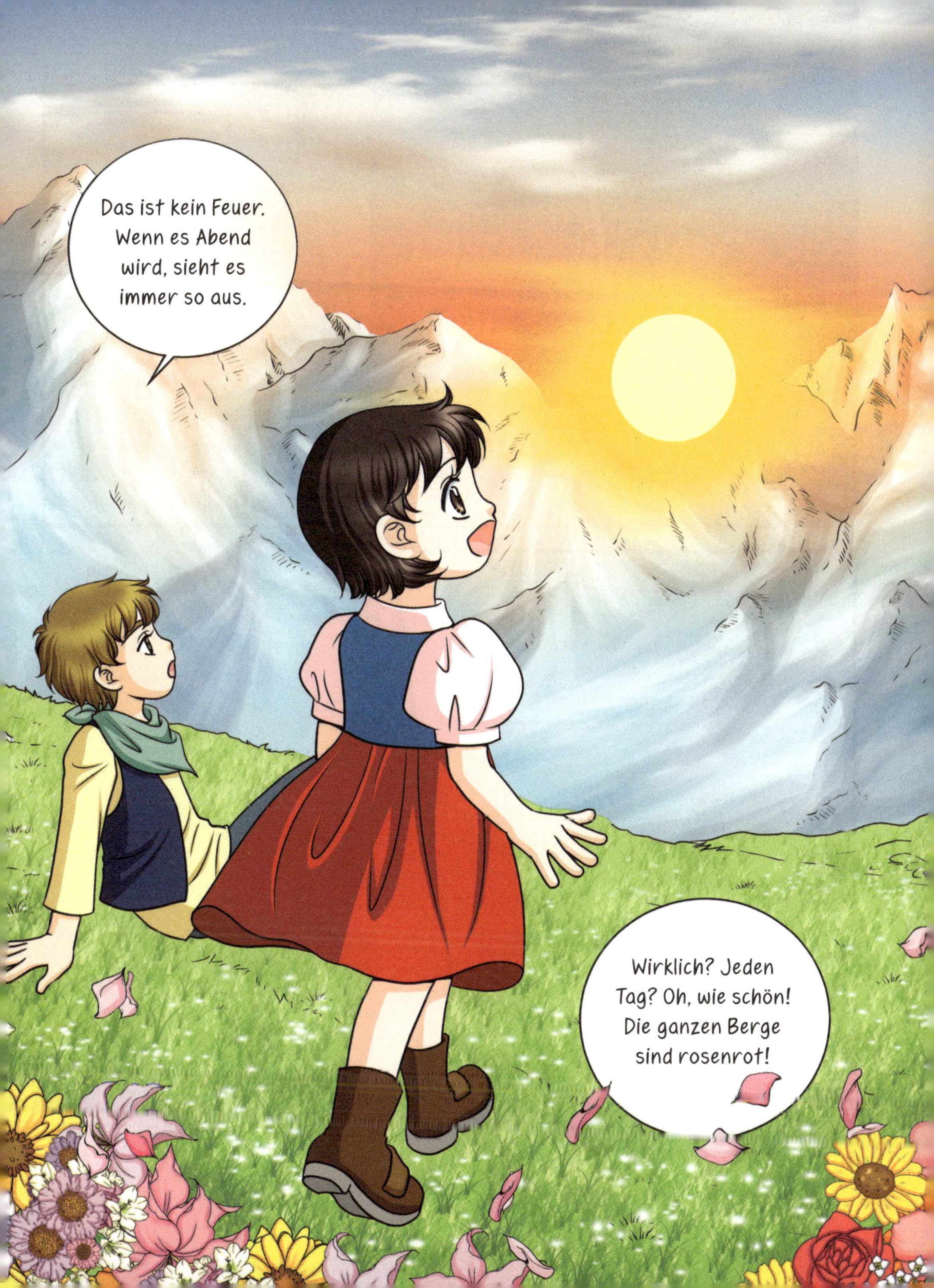
Das ist kein Feuer. Wenn es Abend wird, sieht es immer so aus.
Wirklich? Jeden Tag? Oh, wie schön! Die ganzen Berge sind rosenrot!

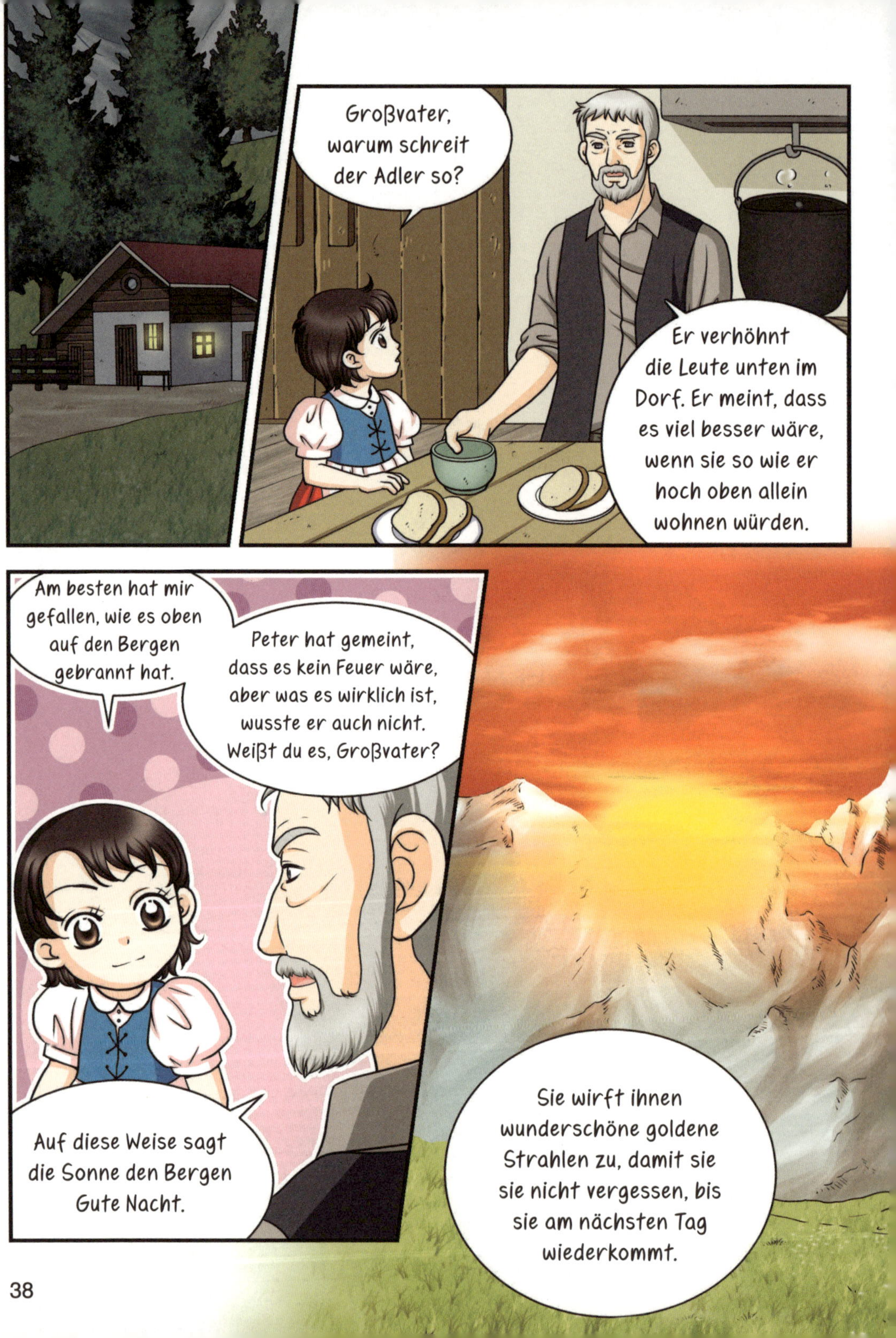
Großvater, warum schreit der Adler so?
Er verhöhnt die Leute unten im Dorf. Er meint, dass es viel besser wäre, wenn sie so wie er hoch oben allein wohnen würden.
Am besten hat mir gefallen, wie es oben auf den Bergen gebrannt hat.
Peter hat gemeint, dass es kein Feuer wäre, aber was es wirklich ist, wusste er auch nicht. Weißt du es, Großvater?
Auf diese Weise sagt die Sonne den Bergen Gute Nacht.
Sie wirft ihnen wunderschöne goldene Strahlen zu, damit sie sie nicht vergessen, bis sie am nächsten Tag wiederkommt.

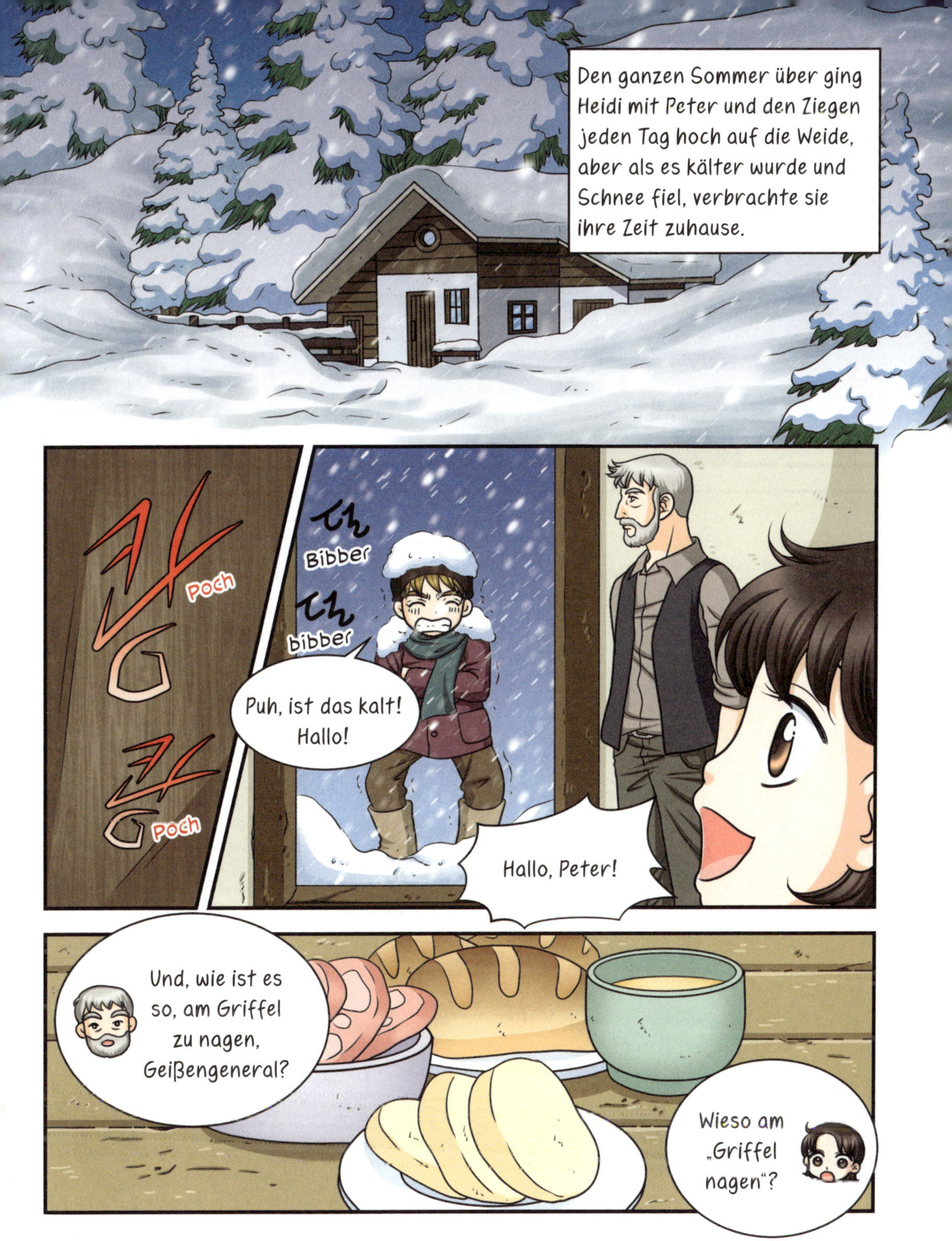
Den ganzen Sommer über ging Heidi mit Peter und den Ziegen jeden Tag hoch auf die Weide, aber als es kälter wurde und Schnee fiel, verbrachte sie ihre Zeit zuhause.
Poch
Poch
Bibber
bibber
Puh, ist das kalt! Hallo!
Hallo, Peter!
Und, wie ist es so, am Griffel zu nagen, Geißengeneral?
Wieso am „Griffel nagen"?

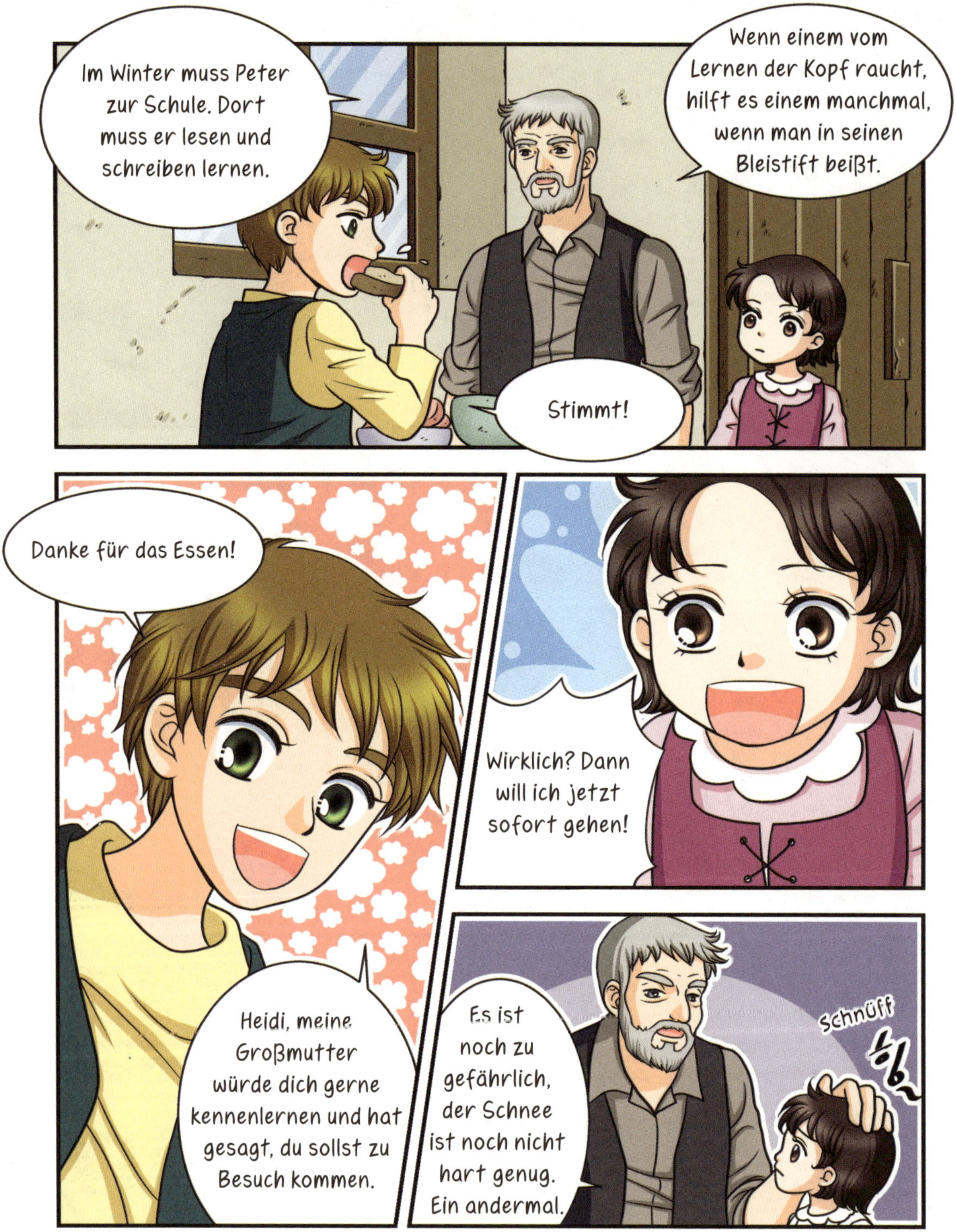

Im Winter muss Peter zur Schule. Dort muss er lesen und schreiben lernen.
Wenn einem vom Lernen der Kopf raucht, hilft es einem manchmal, wenn man in seinen Bleistift beißt.
Stimmt!
Danke für das Essen!
Wirklich? Dann will ich jetzt sofort gehen!
Heidi, meine Großmutter würde dich gerne kennenlernen und hat gesagt, du sollst zu Besuch kommen.
Es ist noch zu gefährlich, der Schnee ist noch nicht hart genug. Ein andermal.
Schnüff

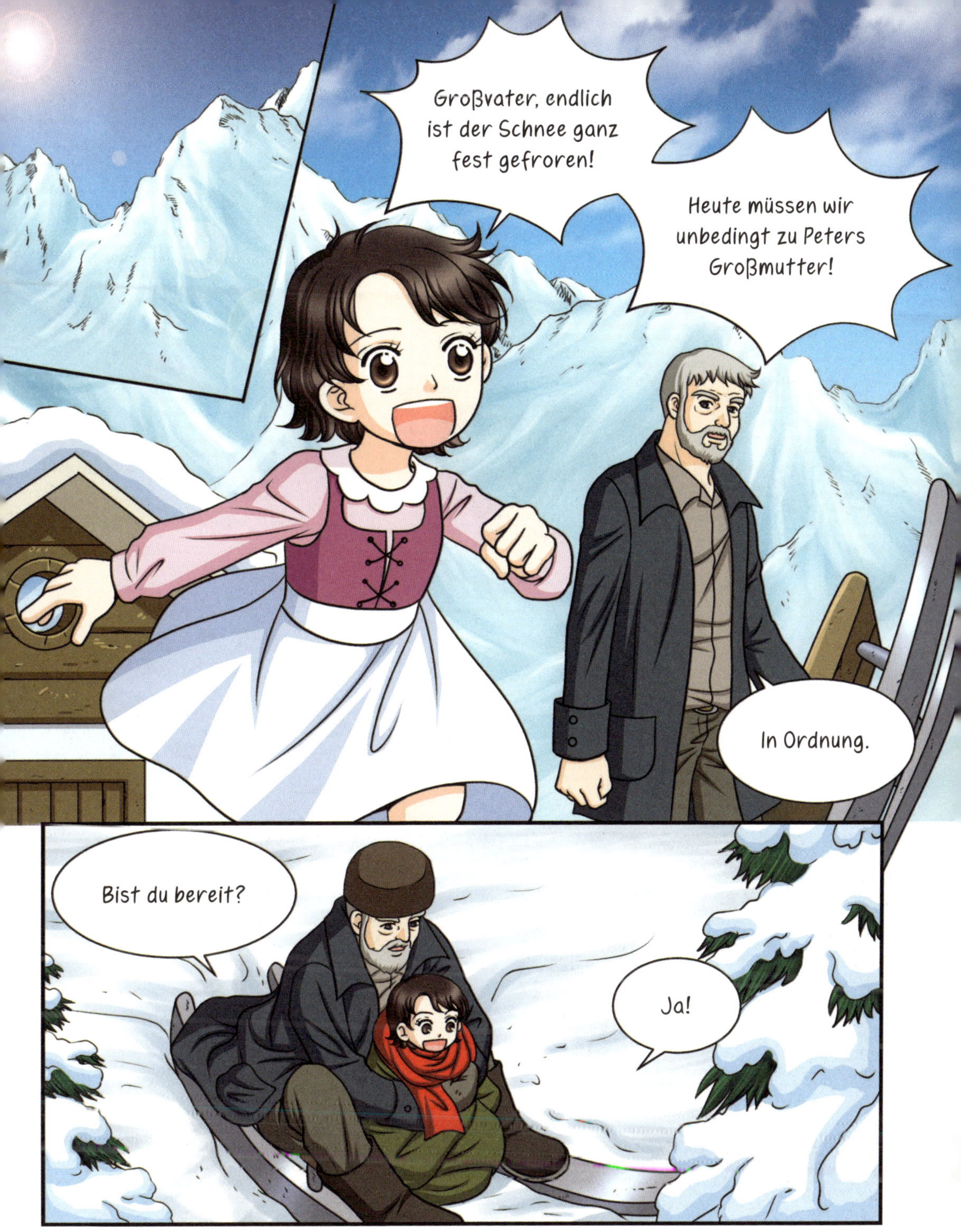
Großvater, endlich ist der Schnee ganz fest gefroren!
Heute müssen wir unbedingt zu Peters Großmutter!
In Ordnung.
Bist du bereit?
Ja!

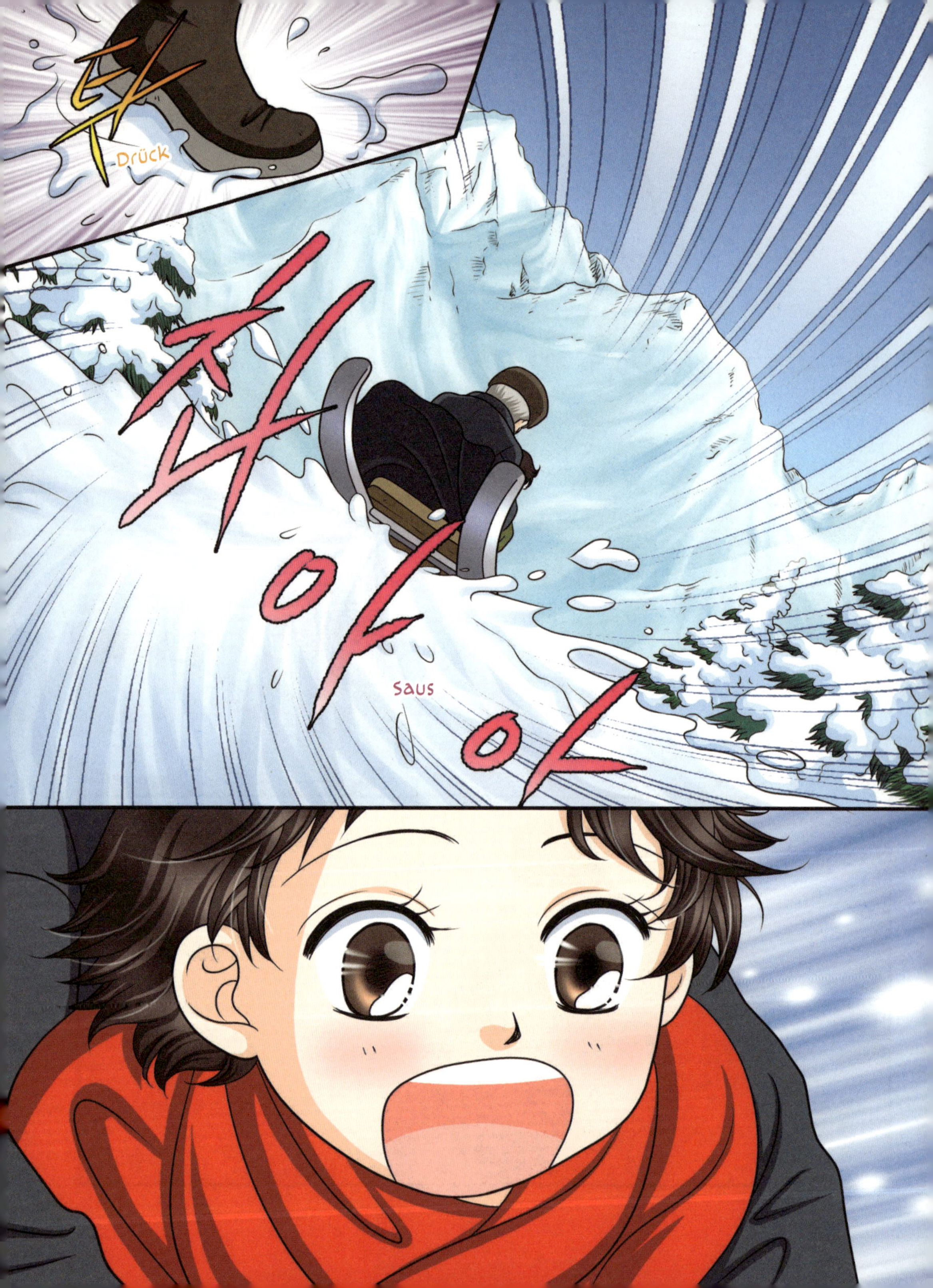

턱
Drück
쥐아아
saus

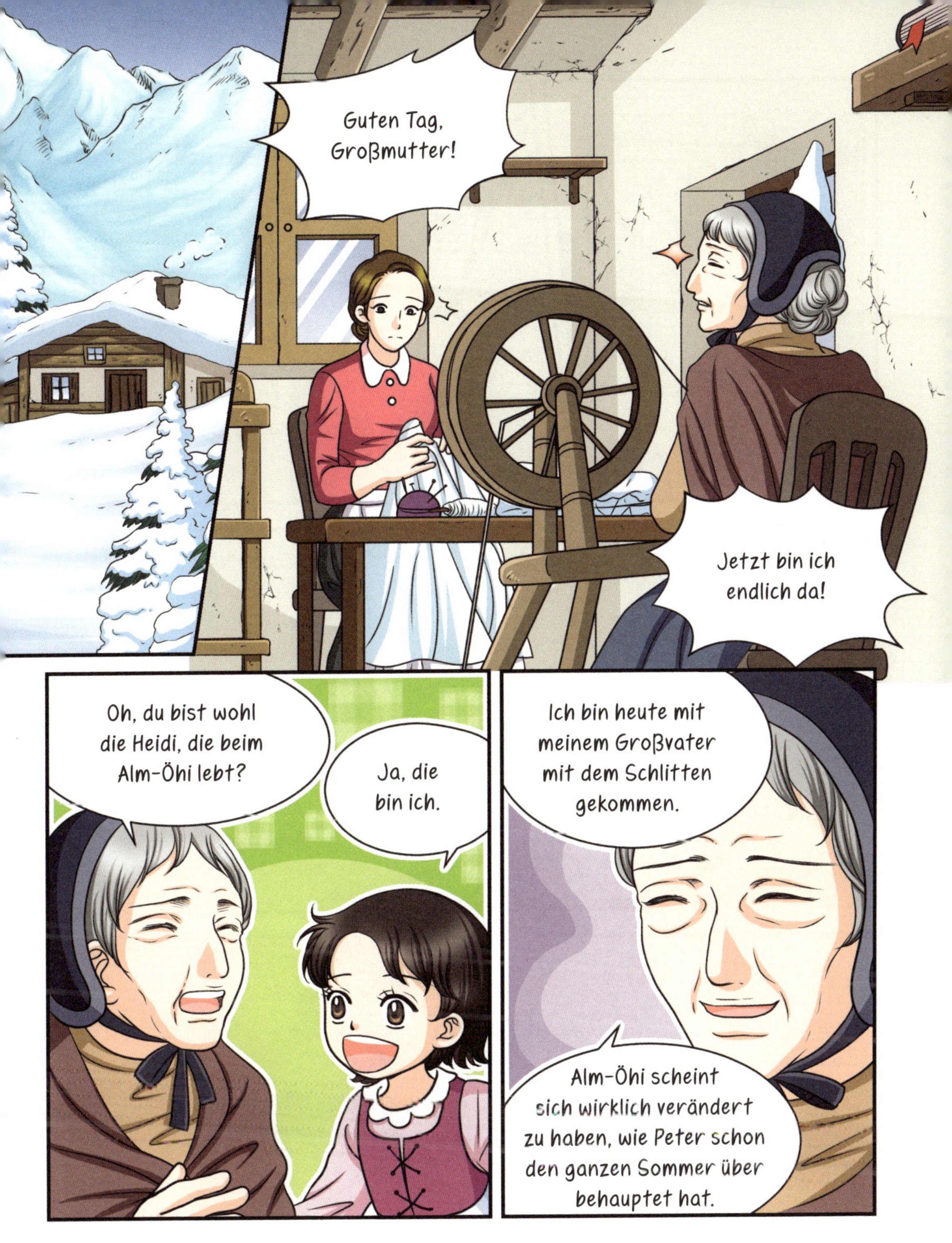

Guten Tag, Großmutter!
Jetzt bin ich endlich da!
Oh, du bist wohl die Heidi, die beim Alm-Öhi lebt?
Ja, die bin ich.
Ich bin heute mit meinem Großvater mit dem Schlitten gekommen.
Alm-Öhi scheint sich wirklich verändert zu haben, wie Peter schon den ganzen Sommer über behauptet hat.

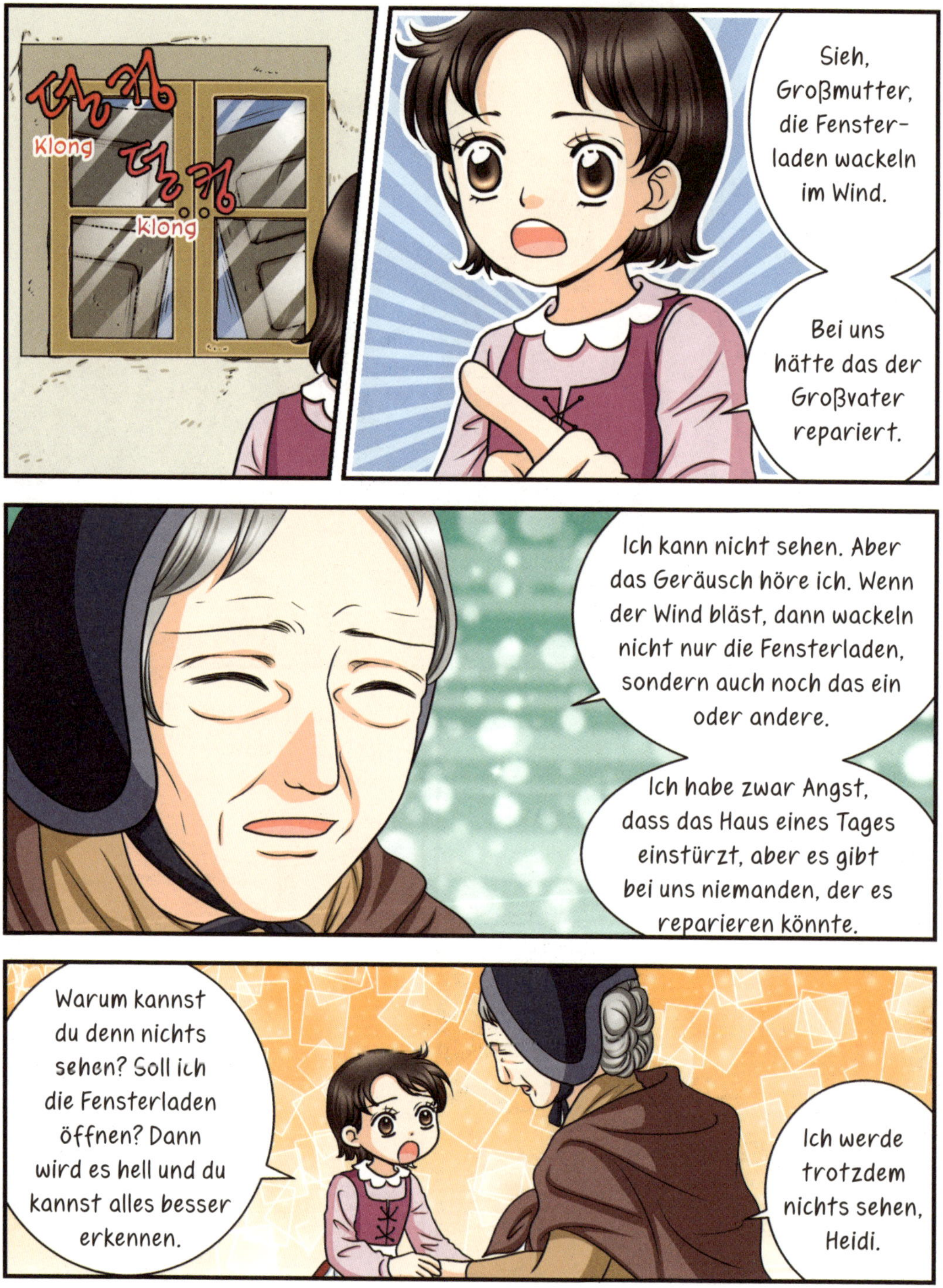
Klong
klong
Sieh, Großmutter, die Fensterladen wackeln im Wind.
Bei uns hätte das der Großvater repariert.
Ich kann nicht sehen. Aber das Geräusch höre ich. Wenn der Wind bläst, dann wackeln nicht nur die Fensterladen, sondern auch noch das ein oder andere.
Ich habe zwar Angst, dass das Haus eines Tages einstürzt, aber es gibt bei uns niemanden, der es reparieren könnte.
Warum kannst du denn nichts sehen? Soll ich die Fensterladen öffnen? Dann wird es hell und du kannst alles besser erkennen.
Ich werde trotzdem nichts sehen, Heidi.

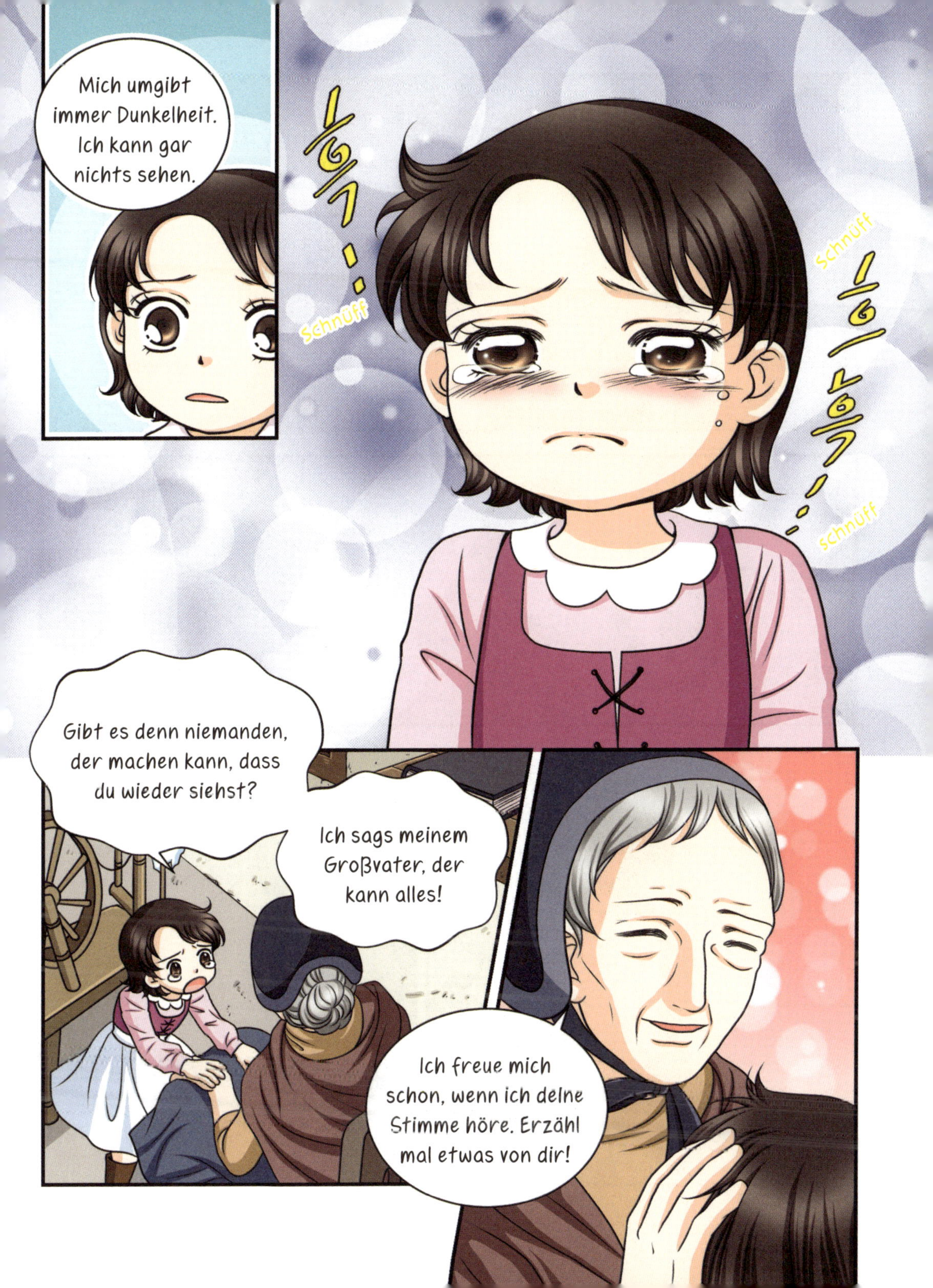
Mich umgibt immer Dunkelheit. Ich kann gar nichts sehen.
Schnüff
Schnüff
Schnüff
Gibt es denn niemanden, der machen kann, dass du wieder siehst?
Ich sags meinem Großvater, der kann alles!
Ich freue mich schon, wenn ich deine Stimme höre. Erzähl mal etwas von dir!

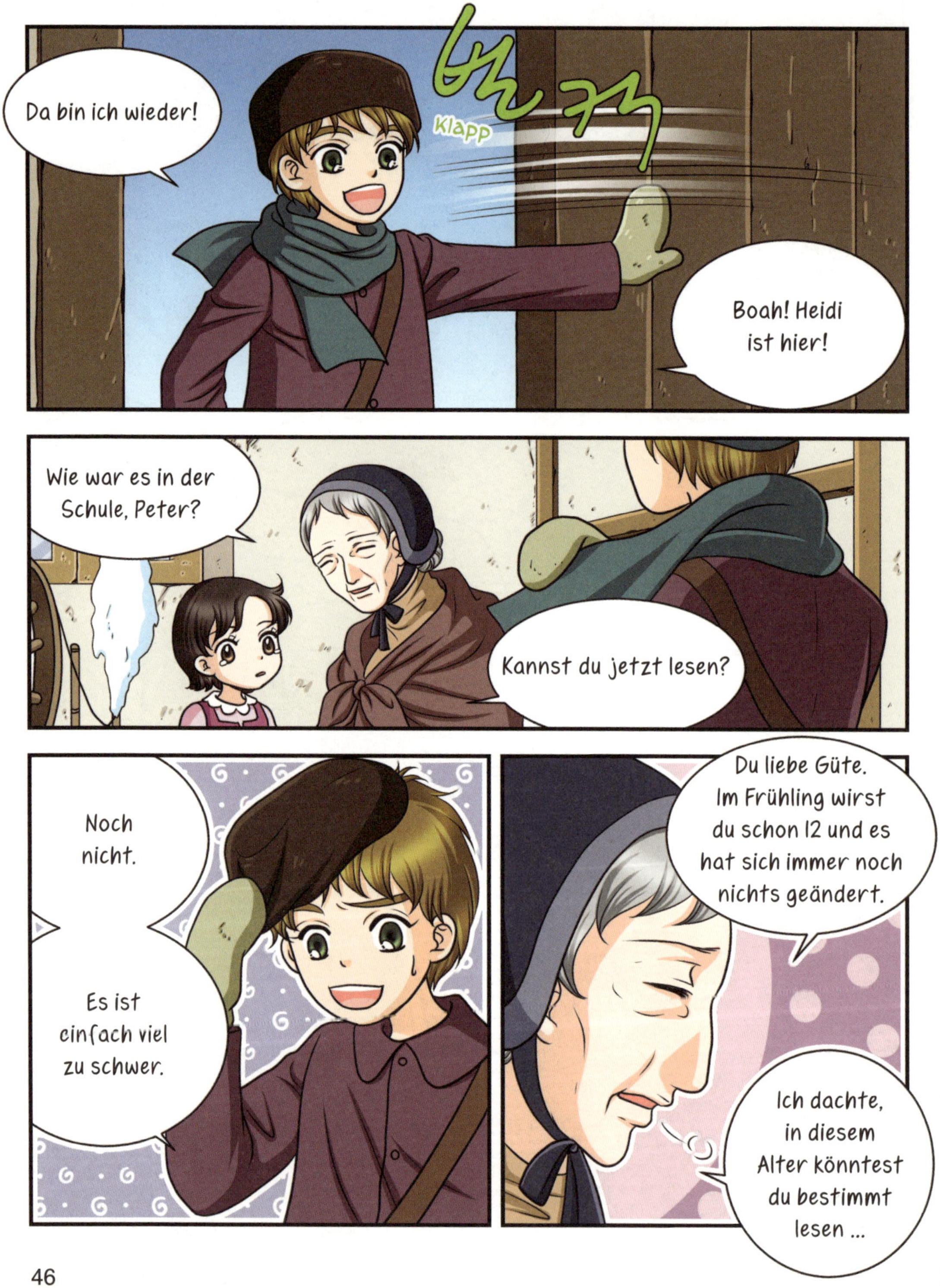
Da bin ich wieder!
Klapp
Boah! Heidi ist hier!
Wie war es in der Schule, Peter?
Kannst du jetzt lesen?
Noch nicht.
Es ist einfach viel zu schwer.
Du liebe Güte. Im Frühling wirst du schon 12 und es hat sich immer noch nichts geändert.
Ich dachte, in diesem Alter könntest du bestimmt lesen ...

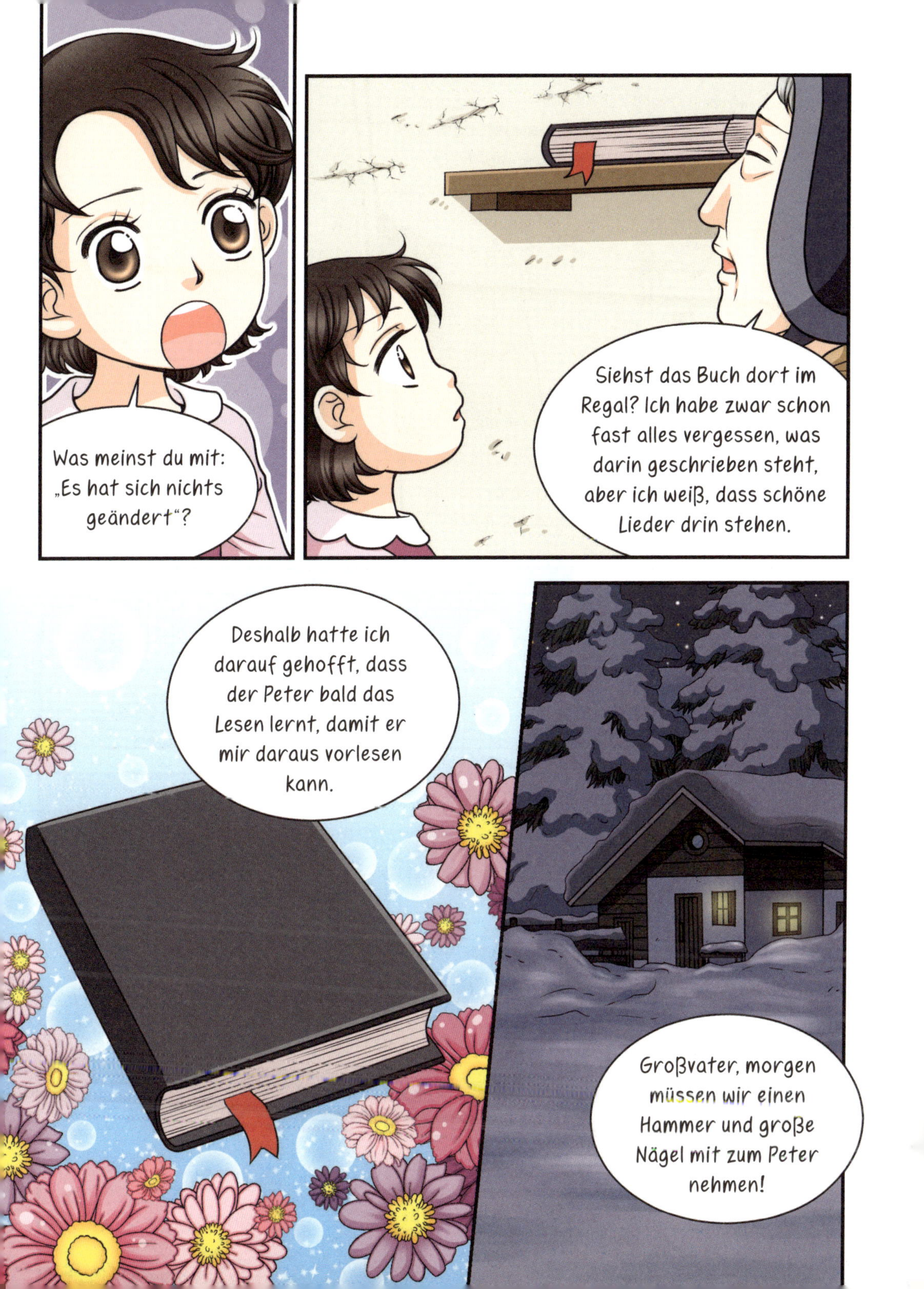

Was meinst du mit: „Es hat sich nichts geändert“?
Siehst das Buch dort im Regal? Ich habe zwar schon fast alles vergessen, was darin geschrieben steht, aber ich weiß, dass schöne Lieder drin stehen.
Deshalb hatte ich darauf gehofft, dass der Peter bald das Lesen lernt, damit er mir daraus vorlesen kann.
Großvater, morgen müssen wir einen Hammer und große Nägel mit zum Peter nehmen!

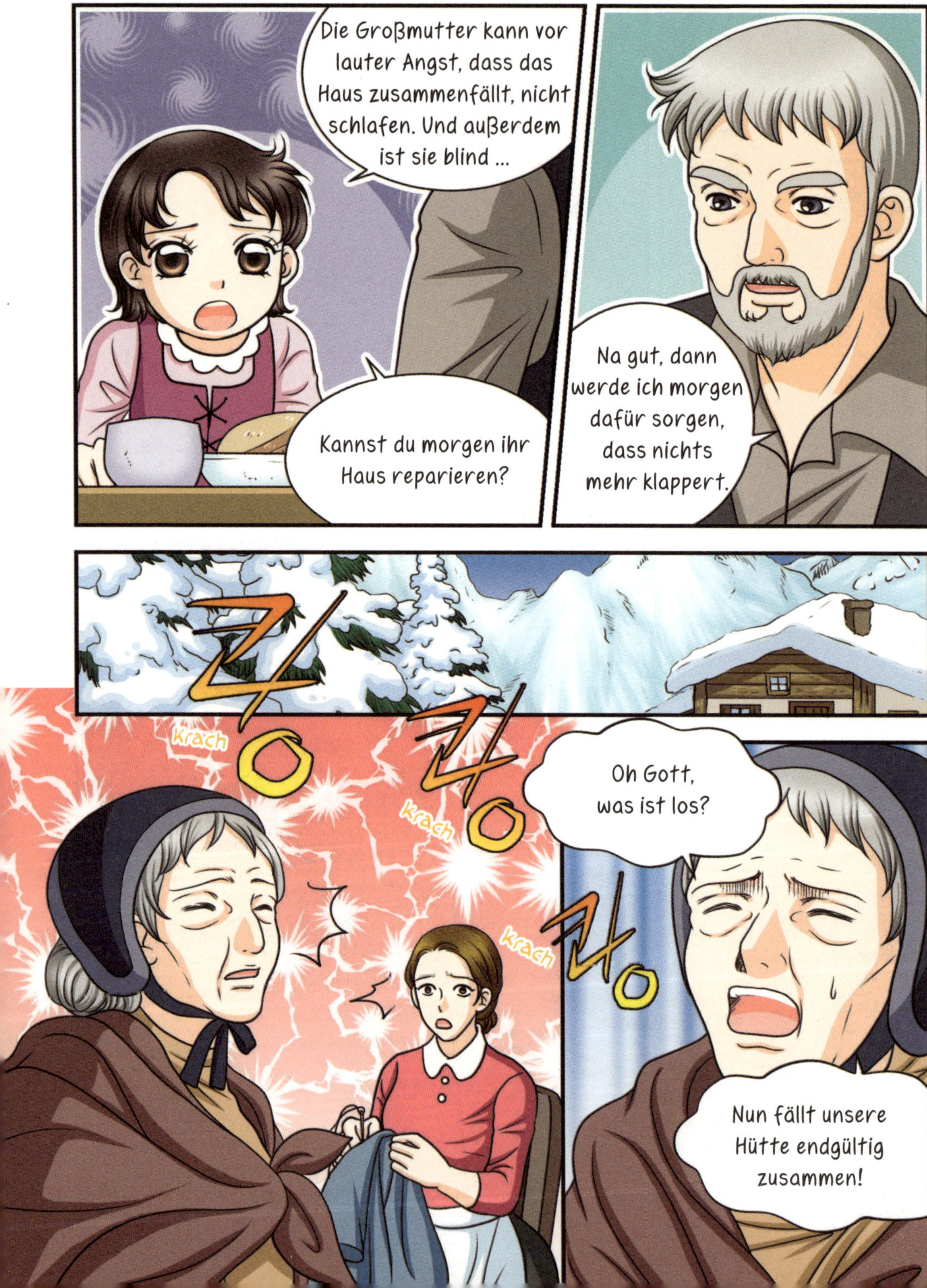
Die Großmutter kann vor lauter Angst, dass das Haus zusammenfällt, nicht schlafen. Und außerdem ist sie blind ...
Kannst du morgen ihr Haus reparieren?
Na gut, dann werde ich morgen dafür sorgen, dass nichts mehr klappert.
Krach
Krach
Krach
Oh Gott, was ist los?
Nun fällt unsere Hütte endgültig zusammen!

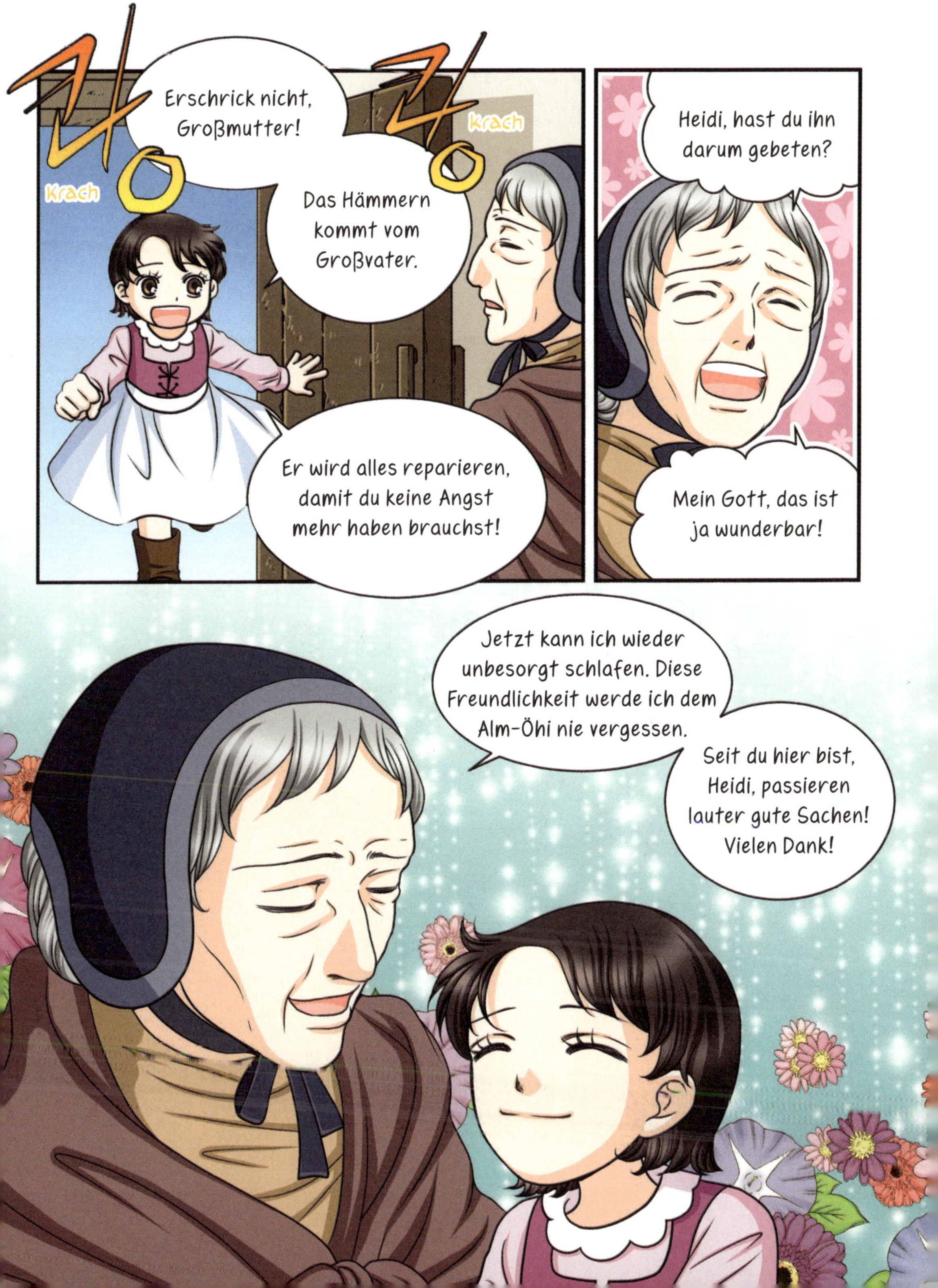
Krach
Erschrick nicht, Großmutter!
Krach
Das Hämmern kommt vom Großvater.
Er wird alles reparieren, damit du keine Angst mehr haben brauchst!
Heidi, hast du ihn darum gebeten?
Mein Gott, das ist ja wunderbar!
Jetzt kann ich wieder unbesorgt schlafen. Diese Freundlichkeit werde ich dem Alm-Öhi nie vergessen.
Seit du hier bist, Heidi, passieren lauter gute Sachen! Vielen Dank!

3. Kapitel
Unerwünschter Besuch

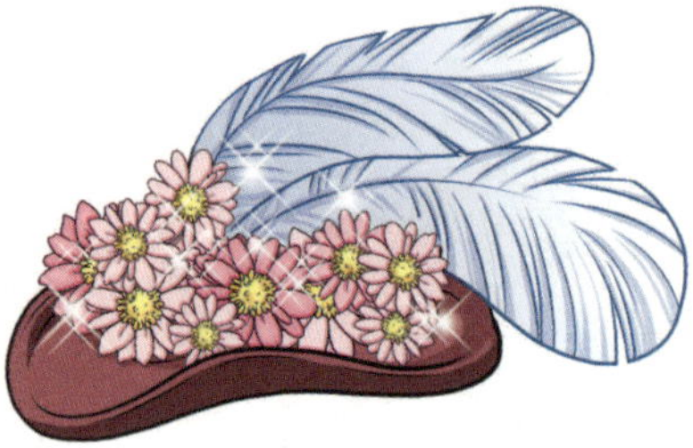

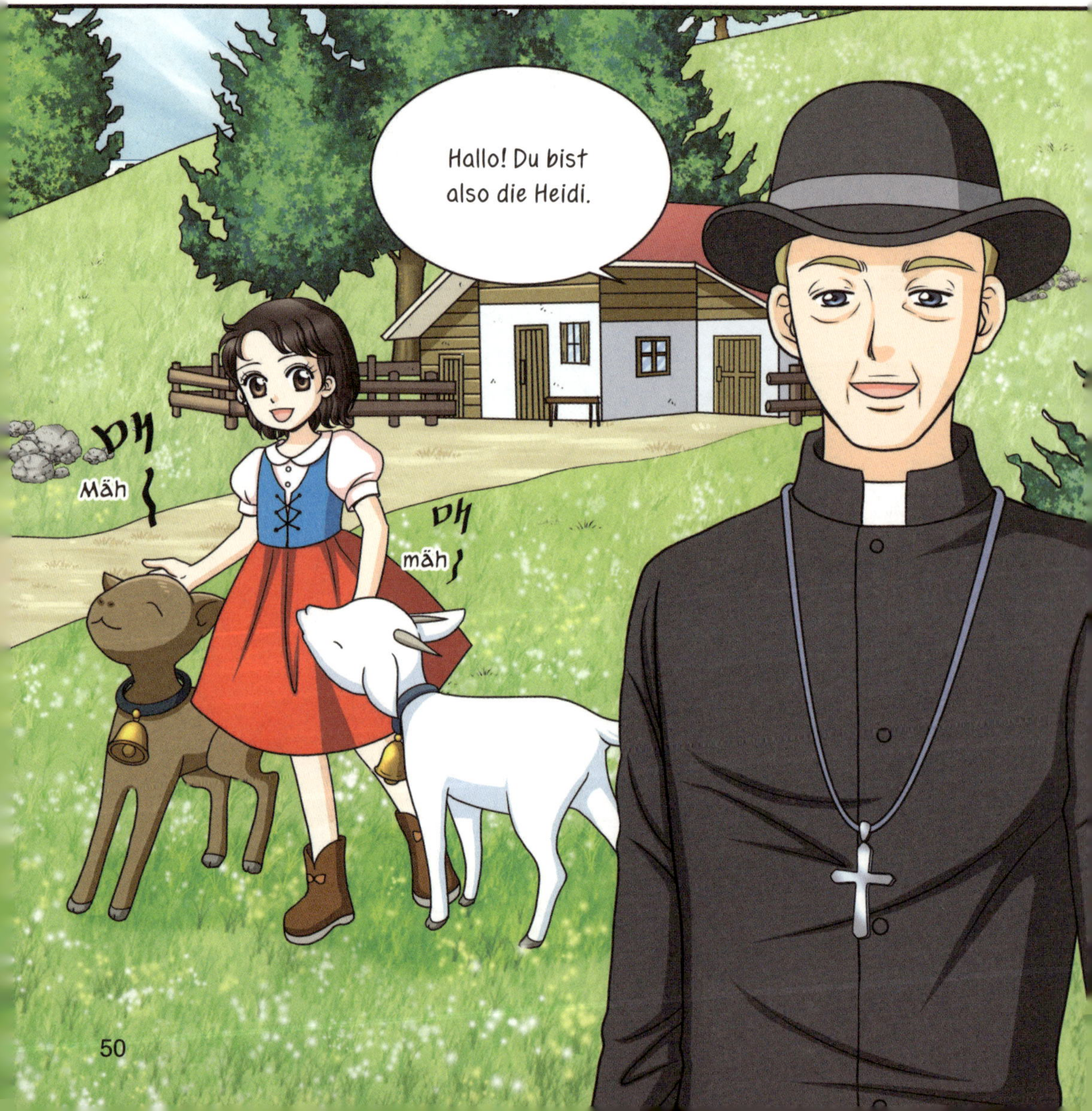

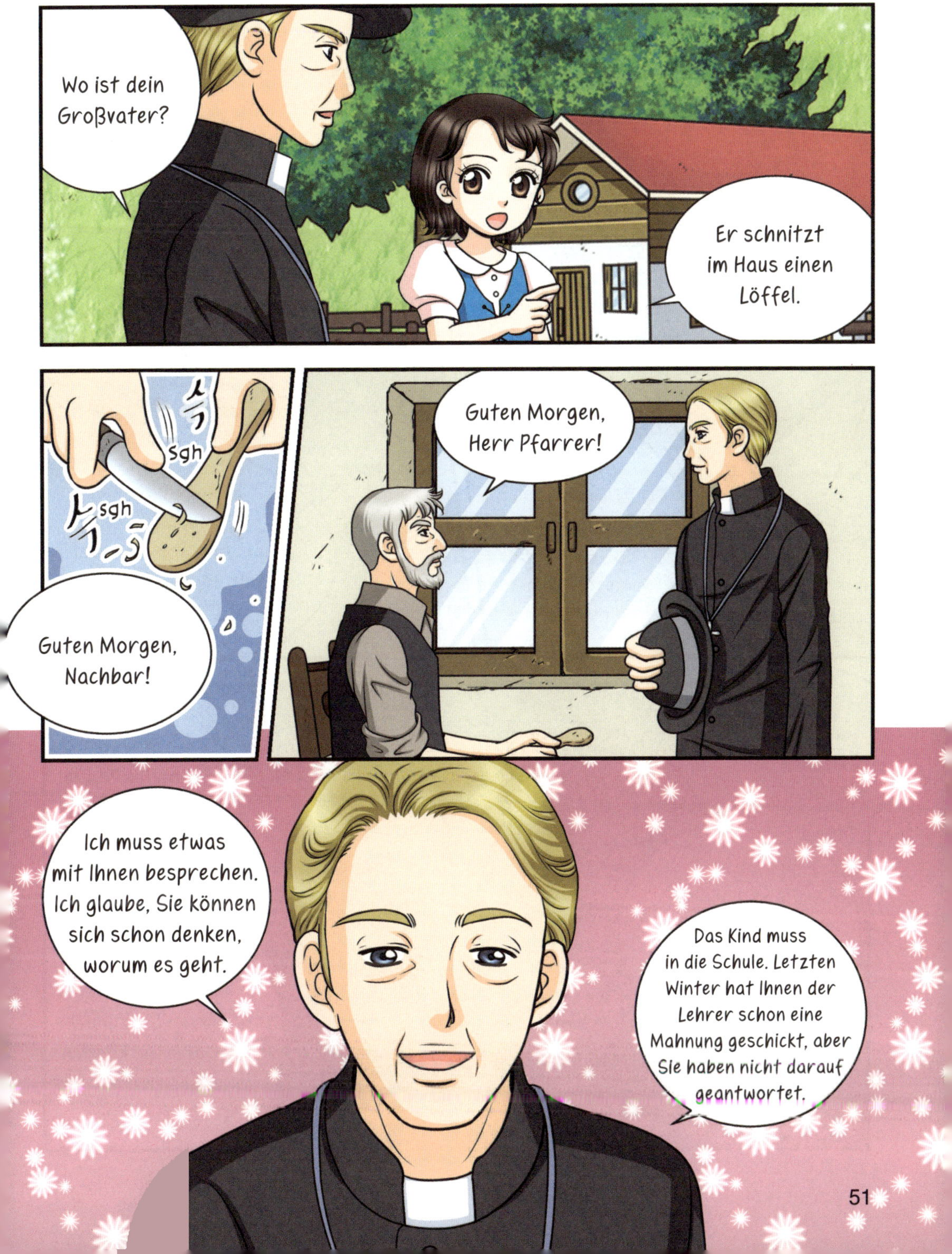
Wo ist dein Großvater?
Er schnitzt im Haus einen Löffel.
Sgh
sgh
Guten Morgen, Nachbar!
Guten Morgen, Herr Pfarrer!
Ich muss etwas mit Ihnen besprechen. Ich glaube, Sie können sich schon denken, worum es geht.
Das Kind muss in die Schule. Letzten Winter hat Ihnen der Lehrer schon eine Mahnung geschickt, aber Sie haben nicht darauf geantwortet.

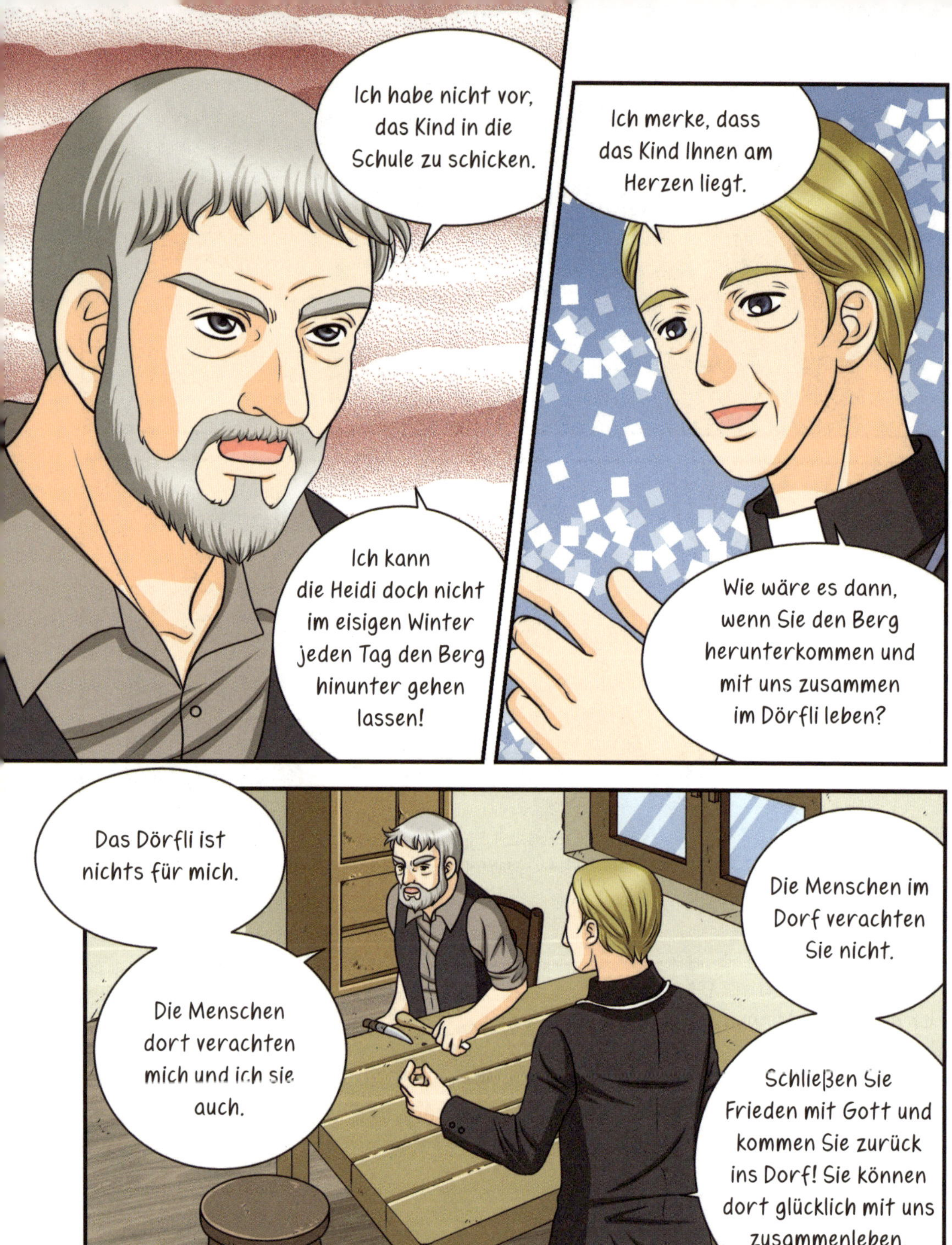
Ich habe nicht vor, das Kind in die Schule zu schicken.
Ich kann die Heidi doch nicht im eisigen Winter jeden Tag den Berg hinunter gehen lassen!
Ich merke, dass das Kind Ihnen am Herzen liegt.
Wie wäre es dann, wenn Sie den Berg herunterkommen und mit uns zusammen im Dörfli leben?
Das Dörfli ist nichts für mich.
Die Menschen dort verachten mich und ich sie auch.
Die Menschen im Dorf verachten Sie nicht.
Schließen Sie Frieden mit Gott und kommen Sie zurück ins Dorf! Sie können dort glücklich mit uns zusammenleben.

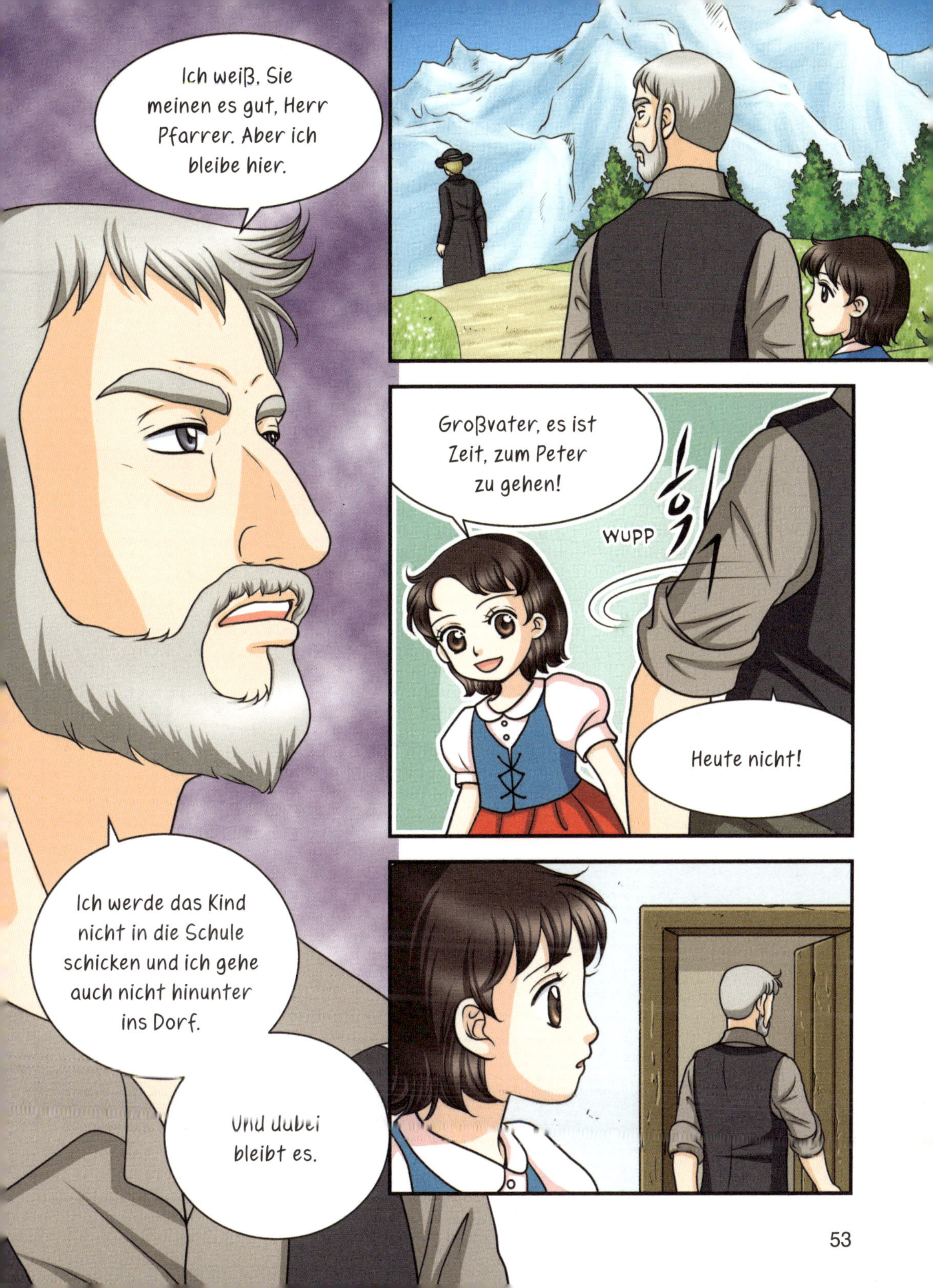
Ich weiß, Sie meinen es gut, Herr Pfarrer. Aber ich bleibe hier.
Ich werde das Kind nicht in die Schule schicken und ich gehe auch nicht hinunter ins Dorf.
Und dabei bleibt es.
Großvater, es ist Zeit, zum Peter zu gehen!
WUPP
Heute nicht!

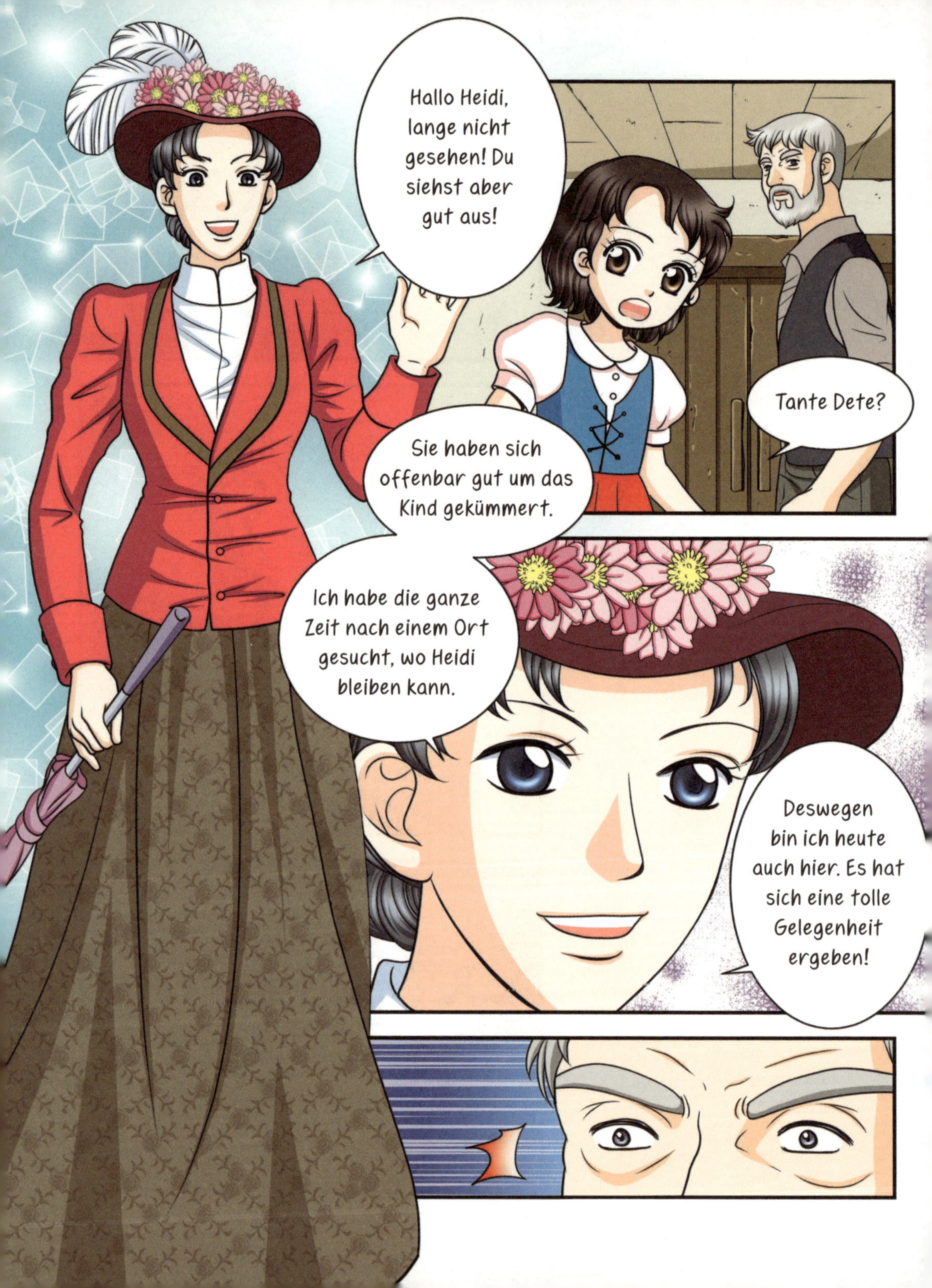
Hallo Heidi, lange nicht gesehen! Du siehst aber gut aus!
Tante Dete?
Sie haben sich offenbar gut um das Kind gekümmert.
Ich habe die ganze Zeit nach einem Ort gesucht, wo Heidi bleiben kann.
Deswegen bin ich heute auch hier. Es hat sich eine tolle Gelegenheit ergeben!

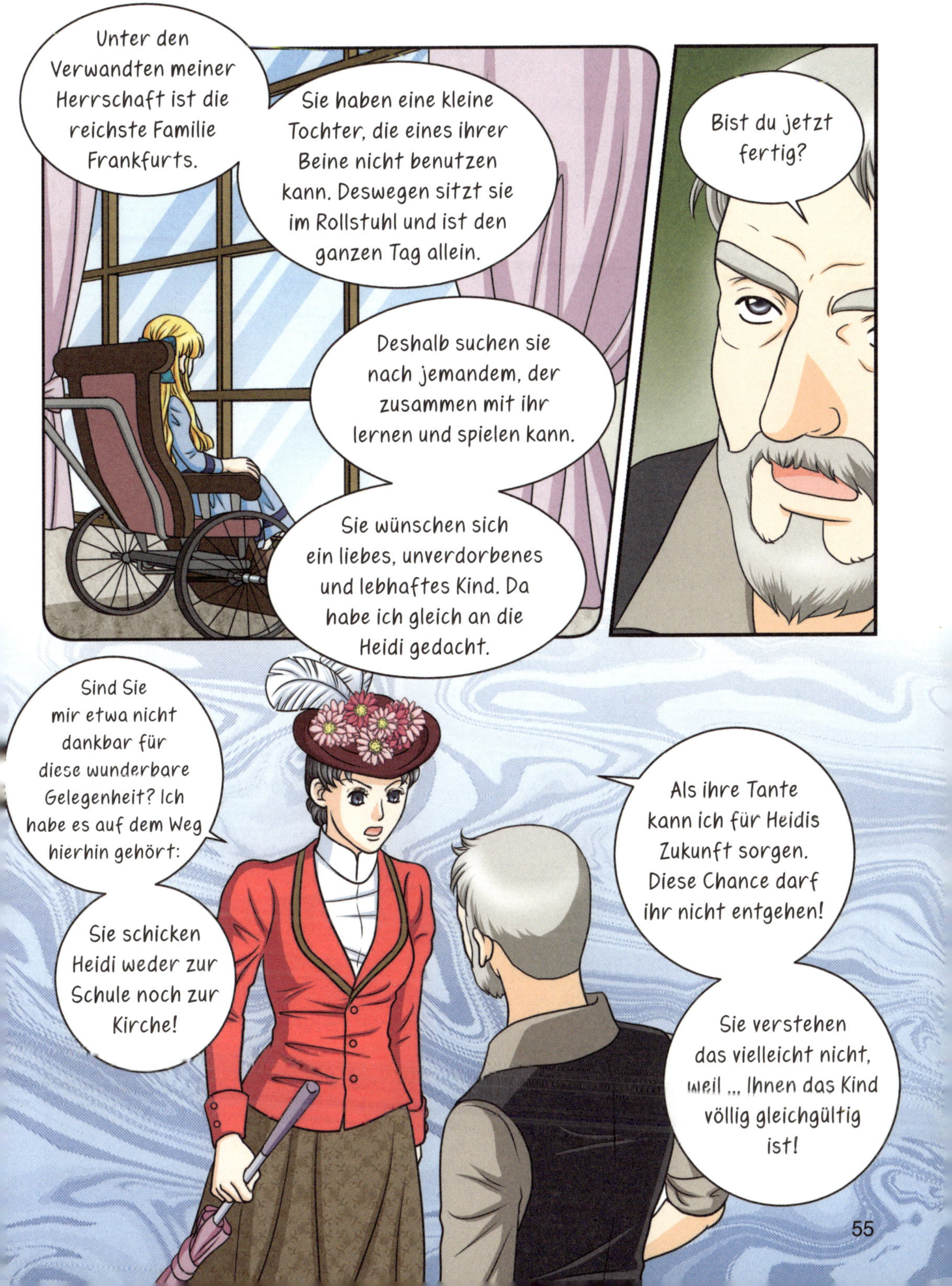

Unter den Verwandten meiner Herrschaft ist die reichste Familie Frankfurts.
Sie haben eine kleine Tochter, die eines ihrer Beine nicht benutzen kann. Deswegen sitzt sie im Rollstuhl und ist den ganzen Tag allein.
Deshalb suchen sie nach jemandem, der zusammen mit ihr lernen und spielen kann.
Sie wünschen sich ein liebes, unverdorbenes und lebhaftes Kind. Da habe ich gleich an die Heidi gedacht.
Bist du jetzt fertig?
Sind Sie mir etwa nicht dankbar für diese wunderbare Gelegenheit? Ich habe es auf dem Weg hierhin gehört:
Sie schicken Heidi weder zur Schule noch zur Kirche!
Als ihre Tante kann ich für Heidis Zukunft sorgen. Diese Chance darf ihr nicht entgehen!
Sie verstehen das vielleicht nicht, weil ... Ihnen das Kind völlig gleichgültig ist!

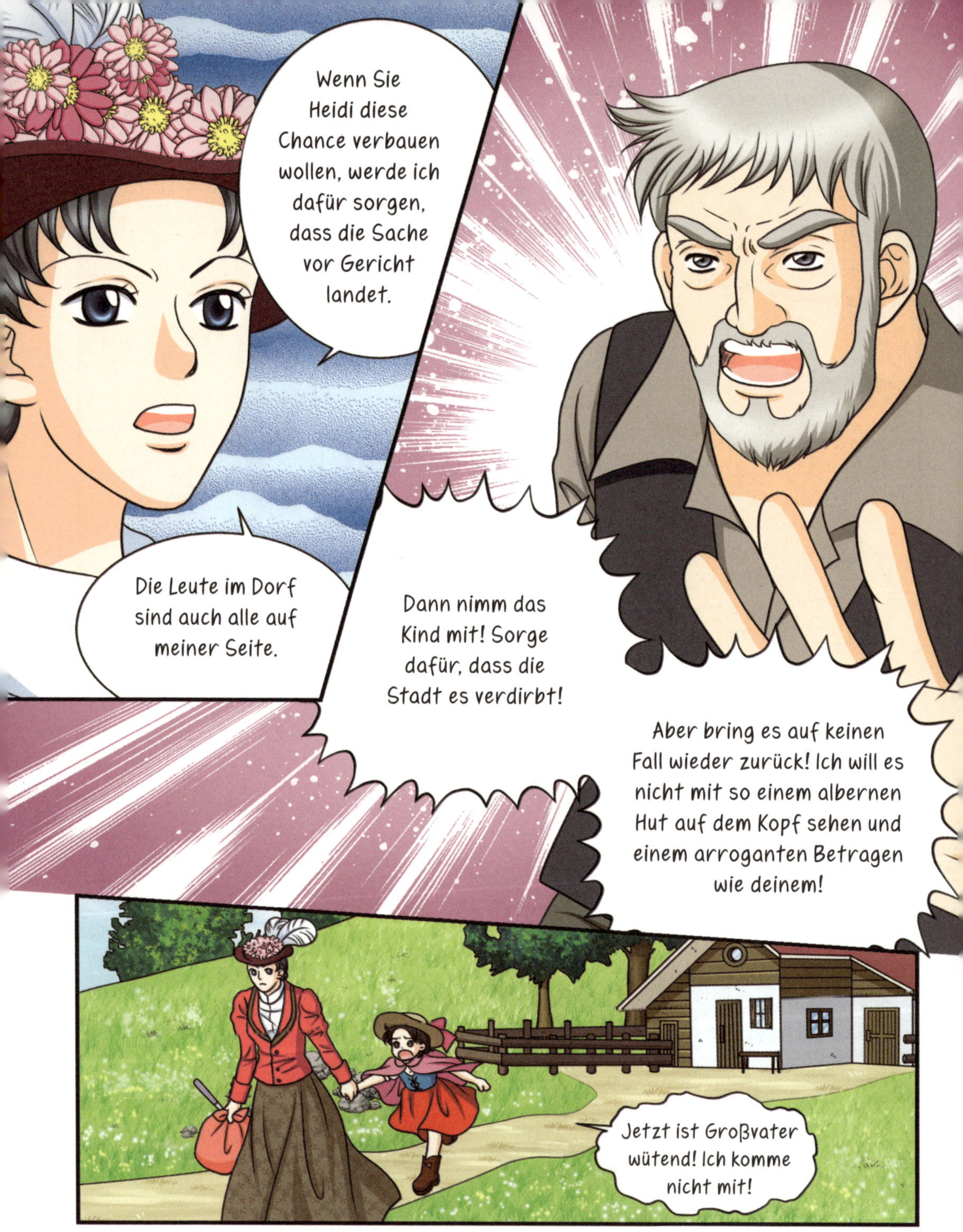
Wenn Sie Heidi diese Chance verbauen wollen, werde ich dafür sorgen, dass die Sache vor Gericht landet.
Die Leute im Dorf sind auch alle auf meiner Seite.
Dann nimm das Kind mit! Sorge dafür, dass die Stadt es verdirbt!
Aber bring es auf keinen Fall wieder zurück! Ich will es nicht mit so einem albernen Hut auf dem Kopf sehen und einem arroganten Betragen wie deinem!
Jetzt ist Großvater wütend! Ich komme nicht mit!

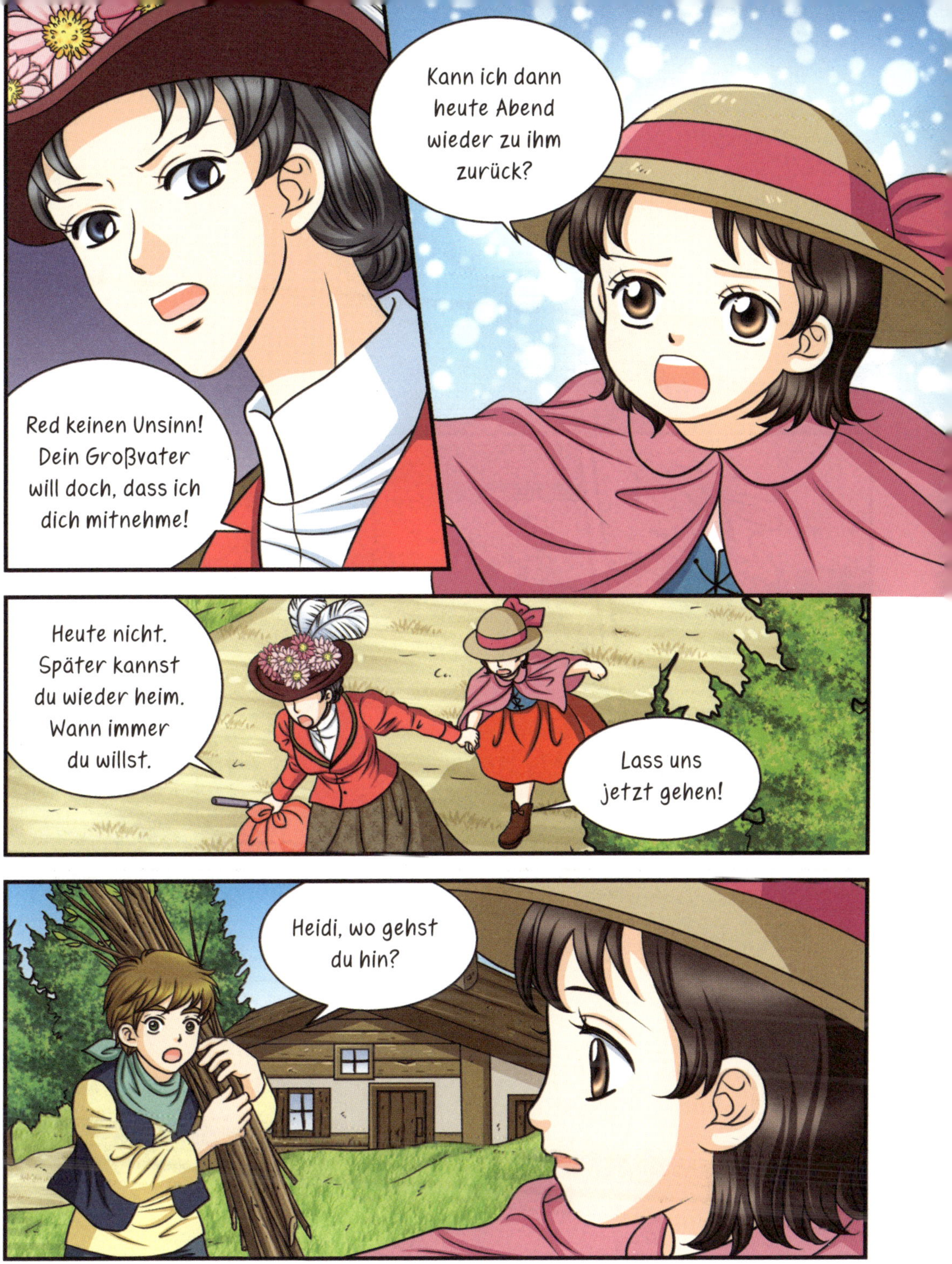
Kann ich dann heute Abend wieder zu ihm zurück?
Red keinen Unsinn! Dein Großvater will doch, dass ich dich mitnehme!
Heute nicht. Später kannst du wieder heim. Wann immer du willst.
Lass uns jetzt gehen!
Heidi, wo gehst du hin?

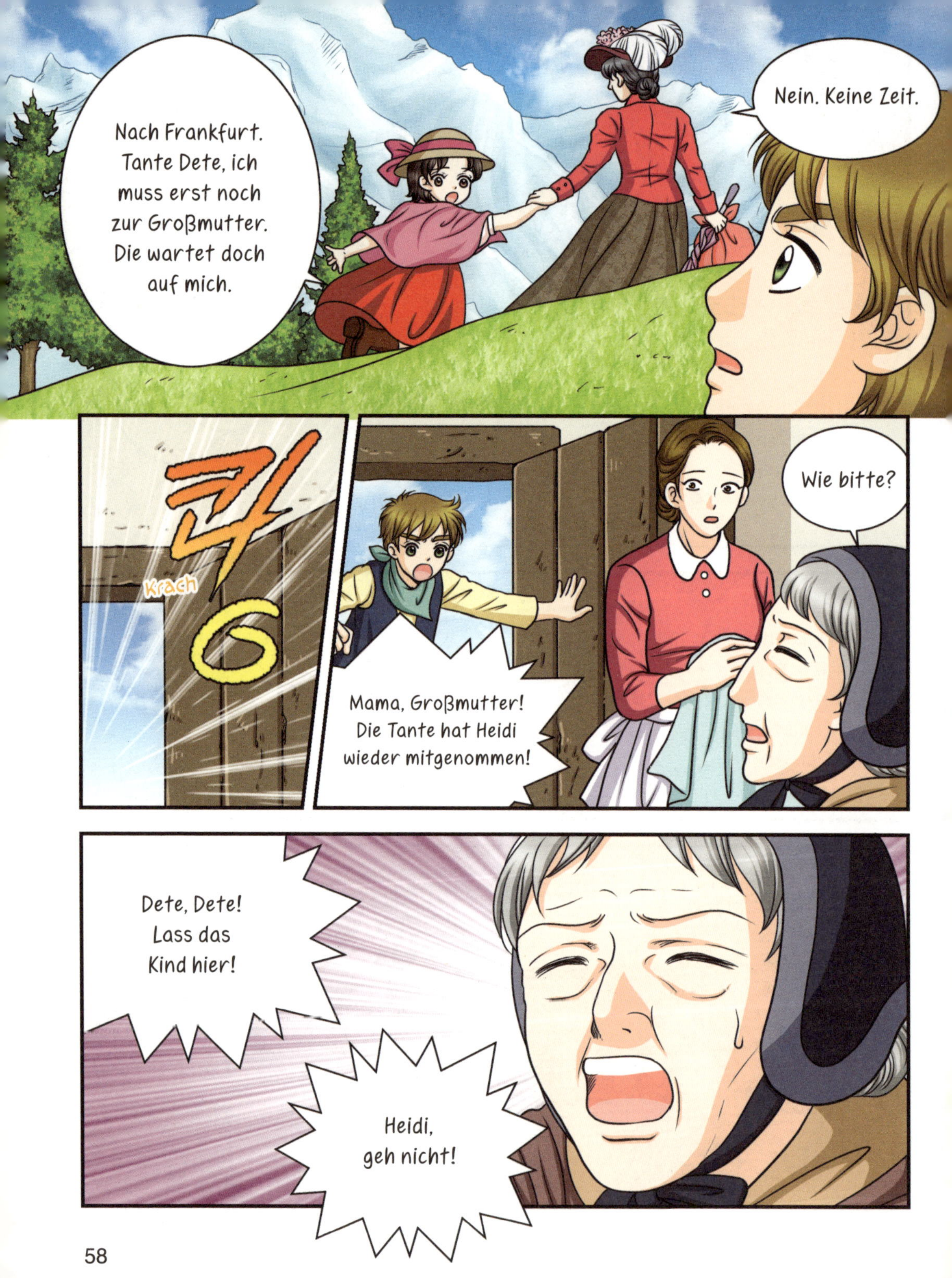
Nach Frankfurt. Tante Dete, ich muss erst noch zur Großmutter. Die wartet doch auf mich.
Nein. Keine Zeit.
Krach
Mama, Großmutter! Die Tante hat Heidi wieder mitgenommen!
Wie bitte?
Dete, Dete! Lass das Kind hier!
Heidi, geh nicht!

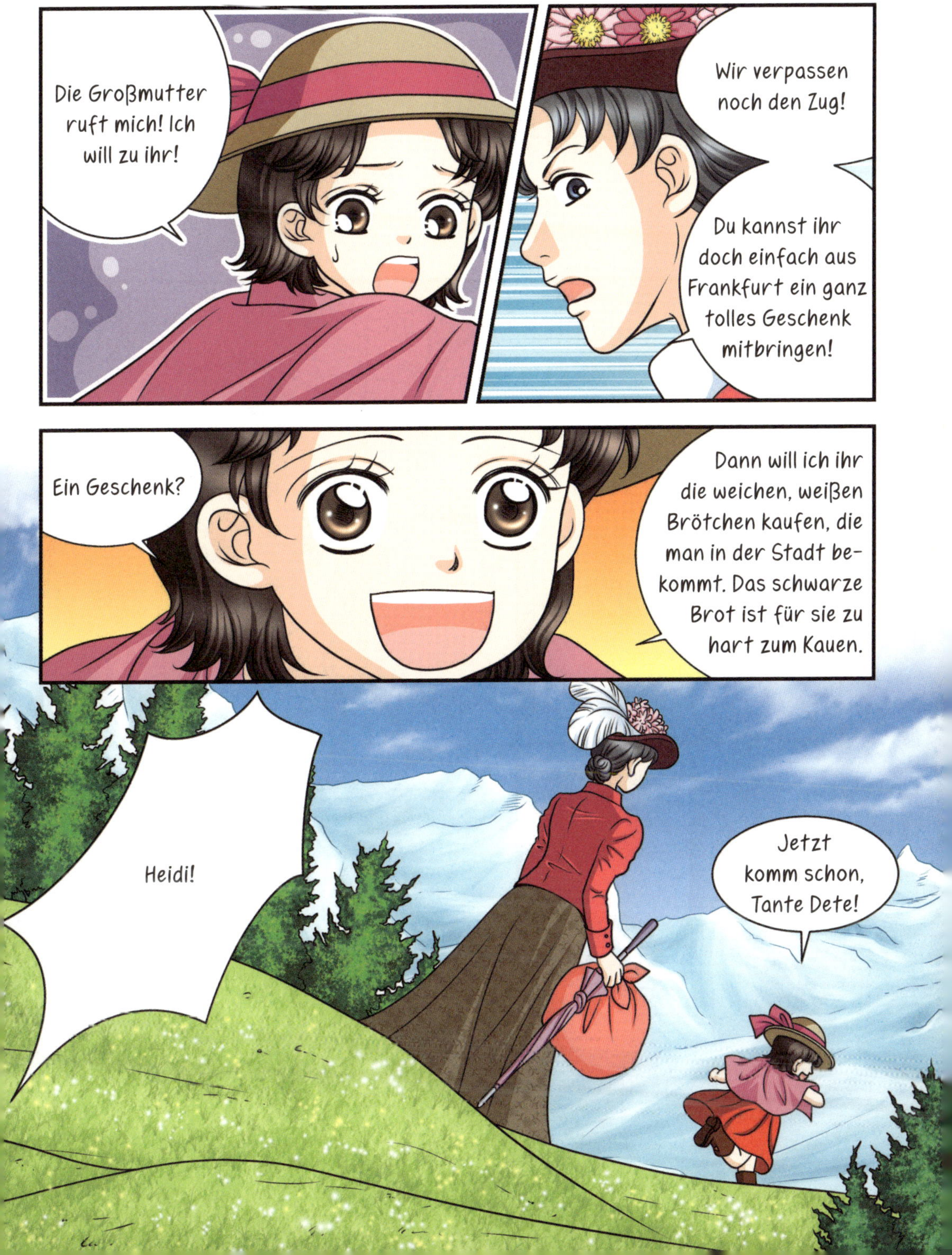
Die Großmutter ruft mich! Ich will zu ihr!
Wir verpassen noch den Zug!
Du kannst ihr doch einfach aus Frankfurt ein ganz tolles Geschenk mitbringen!
Ein Geschenk?
Dann will ich ihr die weichen, weißen Brötchen kaufen, die man in der Stadt bekommt. Das schwarze Brot ist für sie zu hart zum Kauen.
Heidi!
Jetzt komm schon, Tante Dete!

4. Kapitel

Ein neues Leben

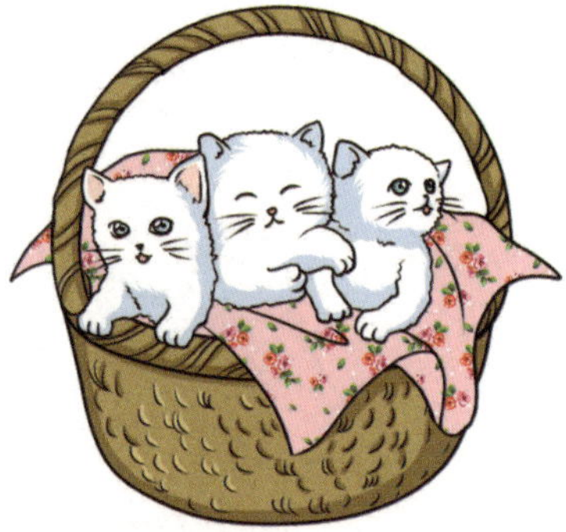

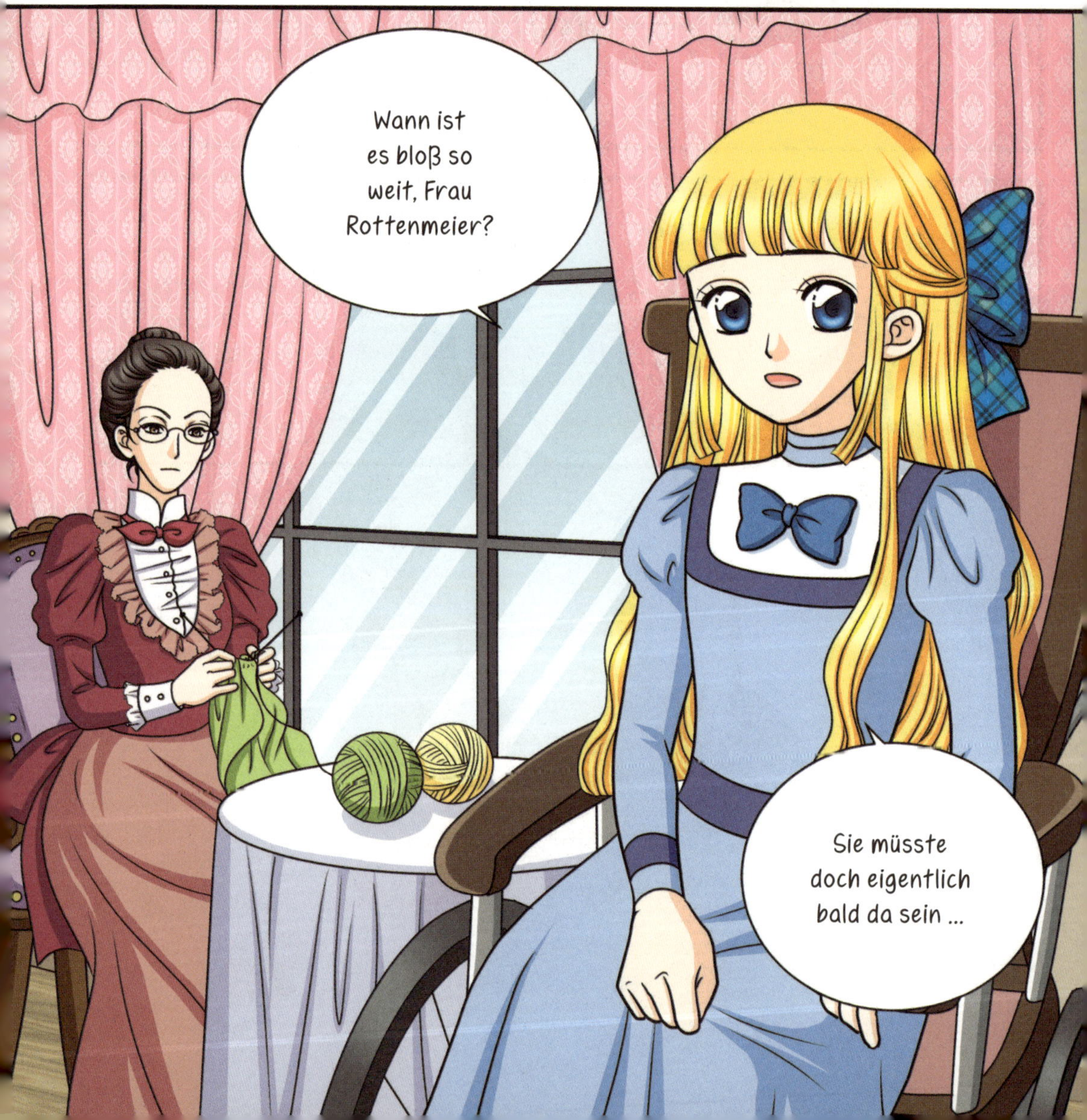

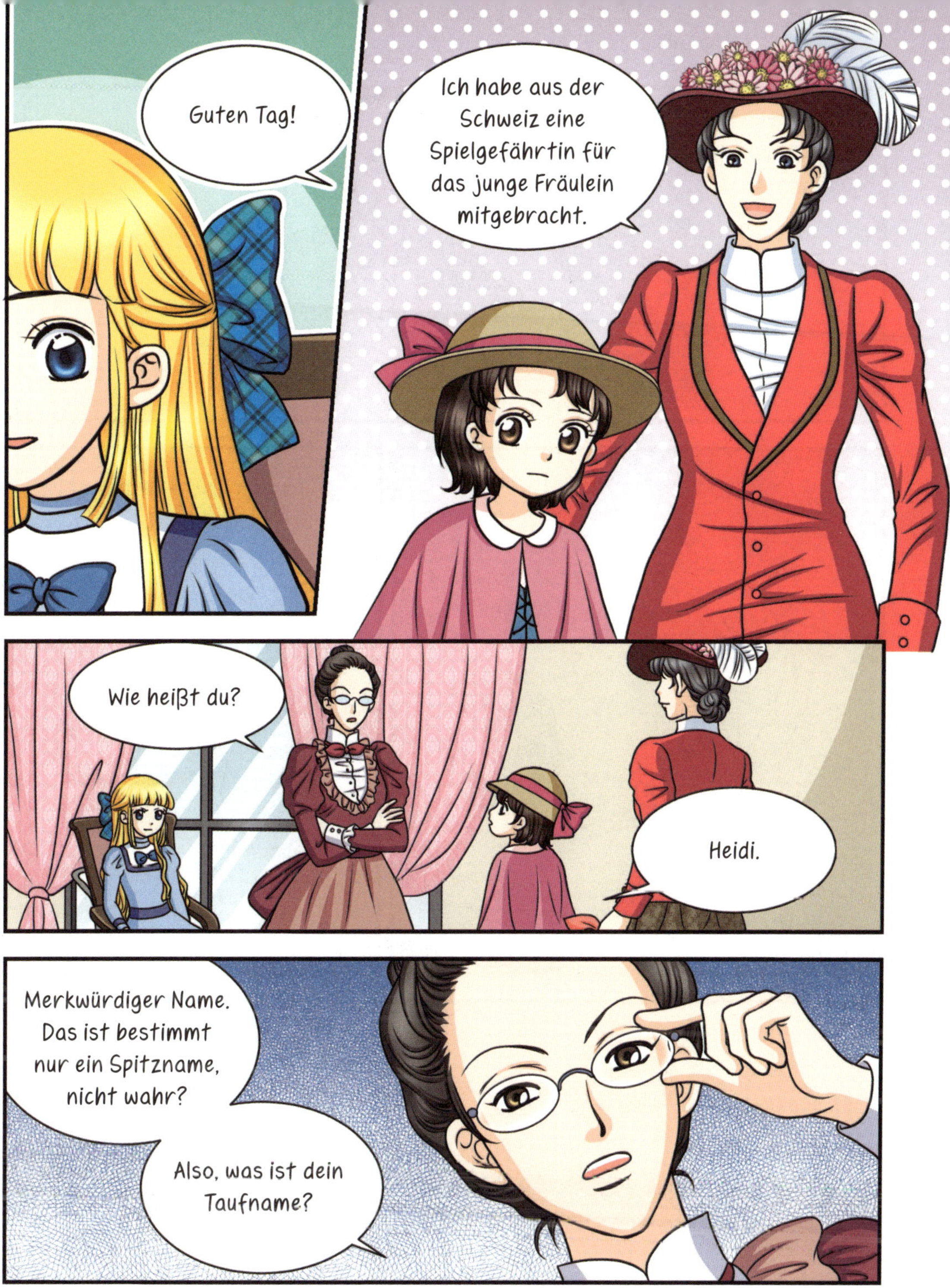
Guten Tag!
Ich habe aus der Schweiz eine Spielgefährtin für das junge Fräulein mitgebracht.
Wie heißt du?
Heidi.
Merkwürdiger Name. Das ist bestimmt nur ein Spitzname, nicht wahr?
Also, was ist dein Taufname?

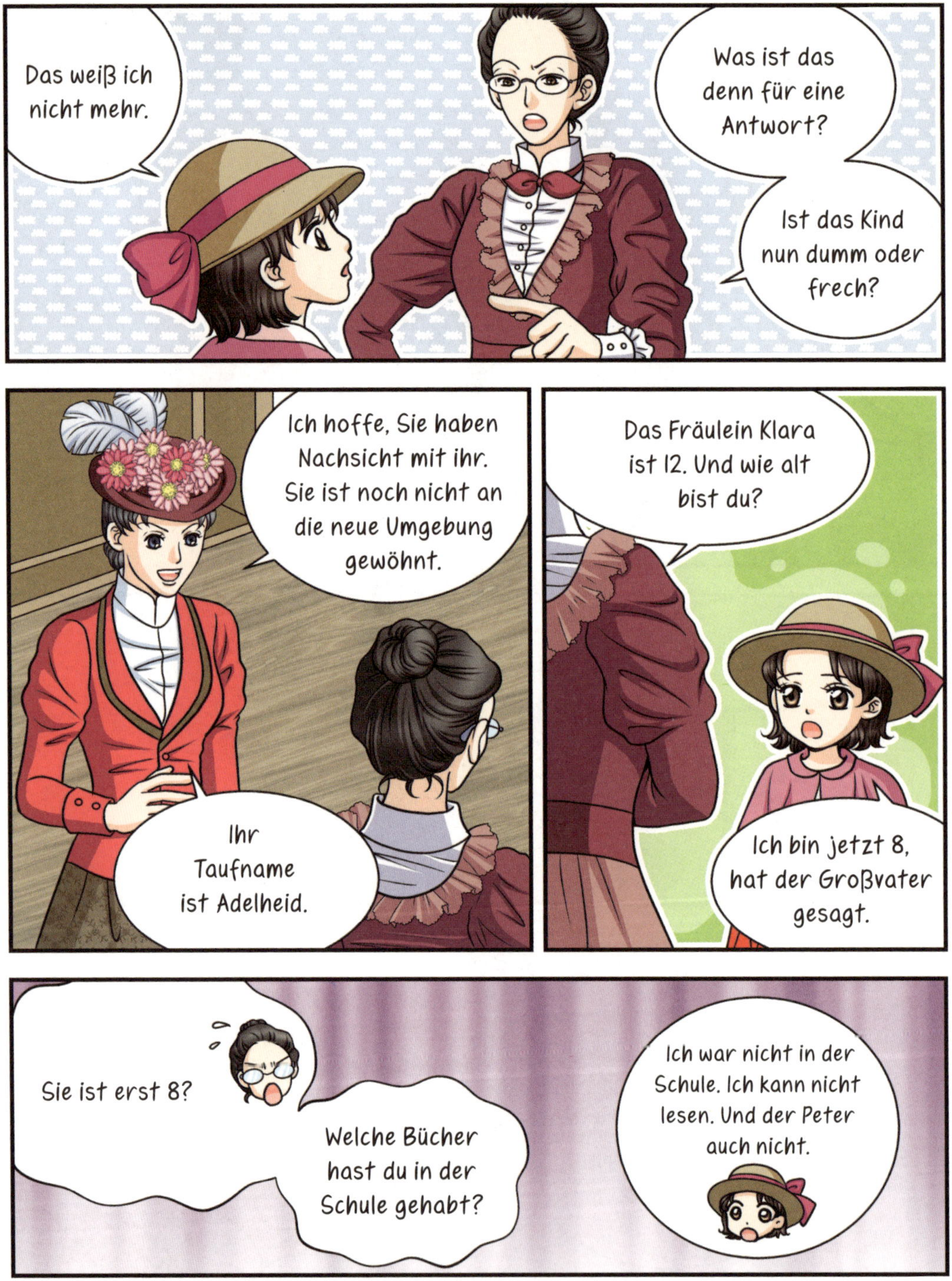
Das weiß ich nicht mehr.
Was ist das denn für eine Antwort?
Ist das Kind nun dumm oder frech?
Ich hoffe, Sie haben Nachsicht mit ihr. Sie ist noch nicht an die neue Umgebung gewöhnt.
Ihr Taufname ist Adelheid.
Das Fräulein Klara ist 12. Und wie alt bist du?
Ich bin jetzt 8, hat der Großvater gesagt.
Sie ist erst 8?
Welche Bücher hast du in der Schule gehabt?
Ich war nicht in der Schule. Ich kann nicht lesen. Und der Peter auch nicht.

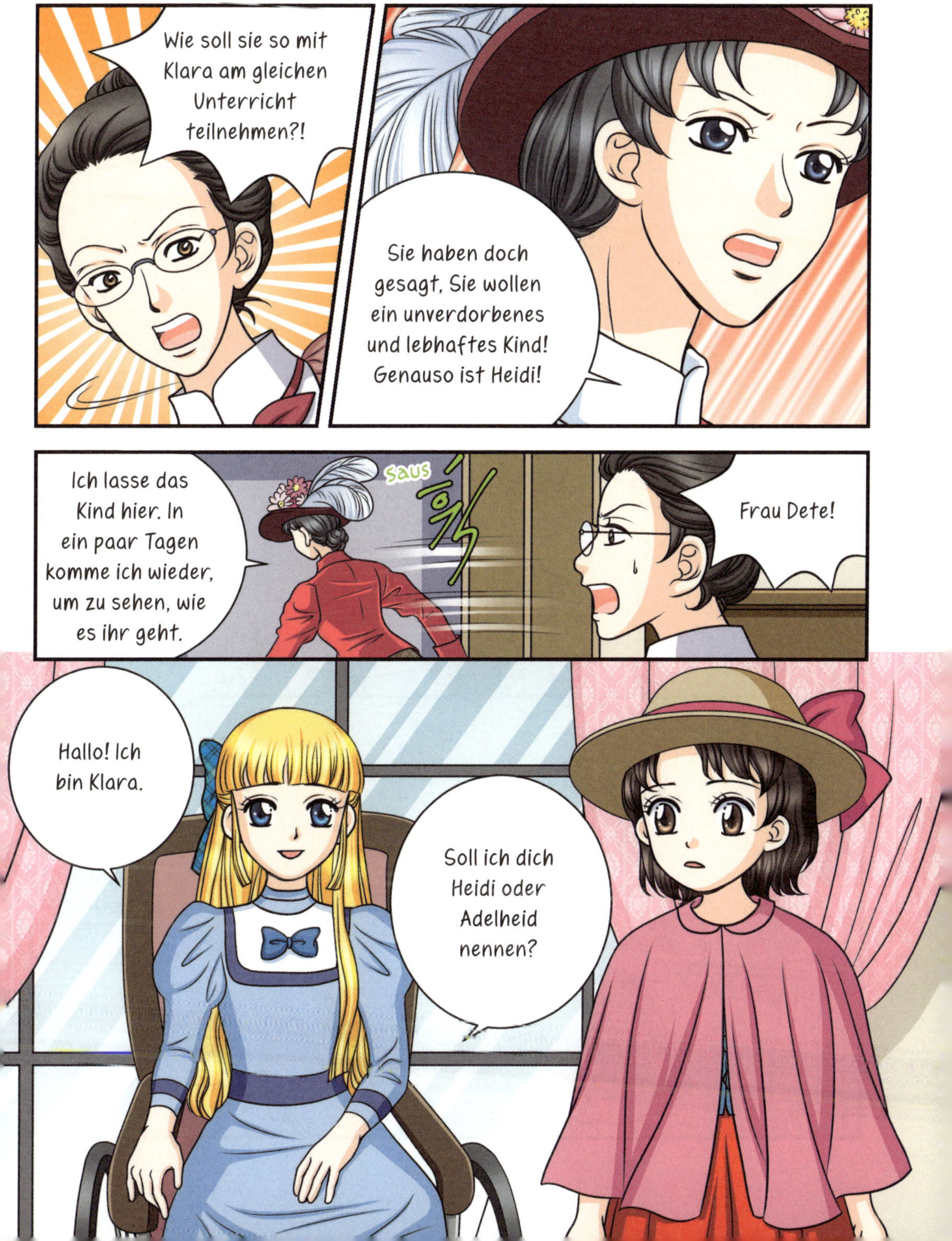
Wie soll sie so mit Klara am gleichen Unterricht teilnehmen?!
Sie haben doch gesagt, Sie wollen ein unverdorbenes und lebhaftes Kind! Genauso ist Heidi!
Ich lasse das Kind hier. In ein paar Tagen komme ich wieder, um zu sehen, wie es ihr geht.
Saus
Frau Dete!
Hallo! Ich bin Klara.
Soll ich dich Heidi oder Adelheid nennen?

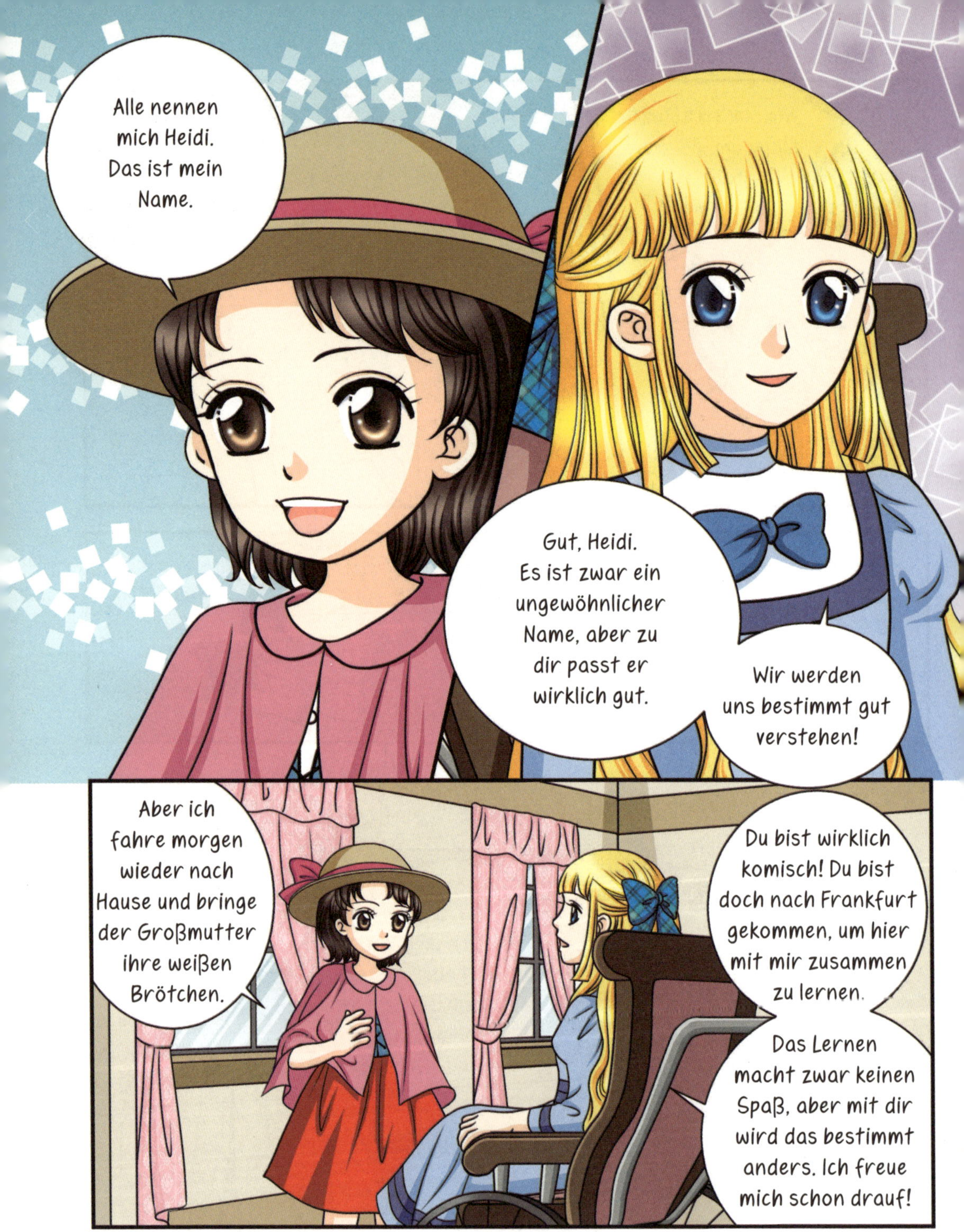
Alle nennen mich Heidi. Das ist mein Name.
Gut, Heidi. Es ist zwar ein ungewöhnlicher Name, aber zu dir passt er wirklich gut.
Wir werden uns bestimmt gut verstehen!
Aber ich fahre morgen wieder nach Hause und bringe der Großmutter ihre weißen Brötchen.
Du bist wirklich komisch! Du bist doch nach Frankfurt gekommen, um hier mit mir zusammen zu lernen.
Das Lernen macht zwar keinen Spaß, aber mit dir wird das bestimmt anders. Ich freue mich schon drauf!

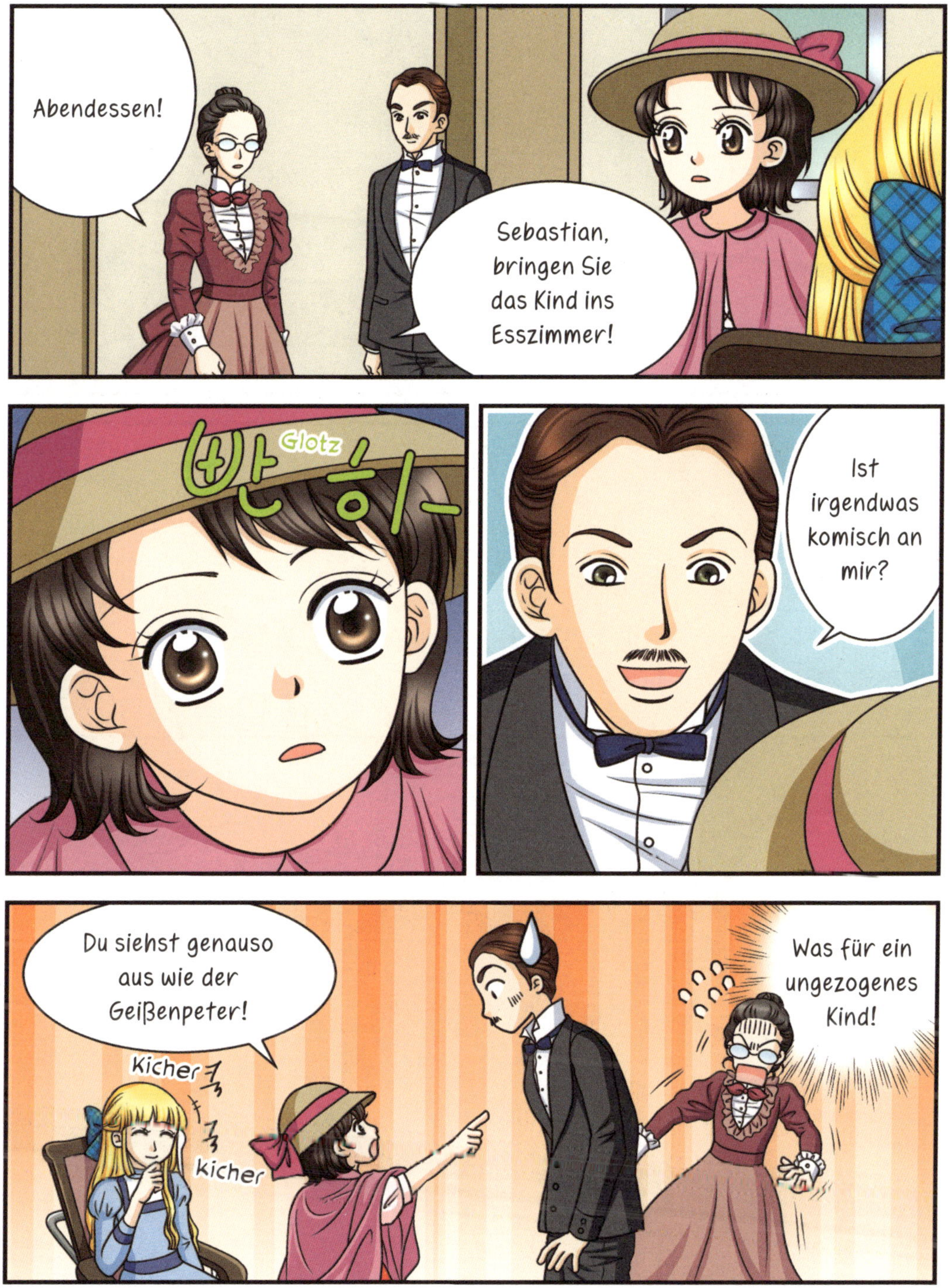
Abendessen!
Sebastian, bringen Sie das Kind ins Esszimmer!
빤히
Glotz
Ist irgendwas komisch an mir?
Du siehst genauso aus wie der Geißenpeter!
Kicher
kicher
Was für ein ungezogenes Kind!

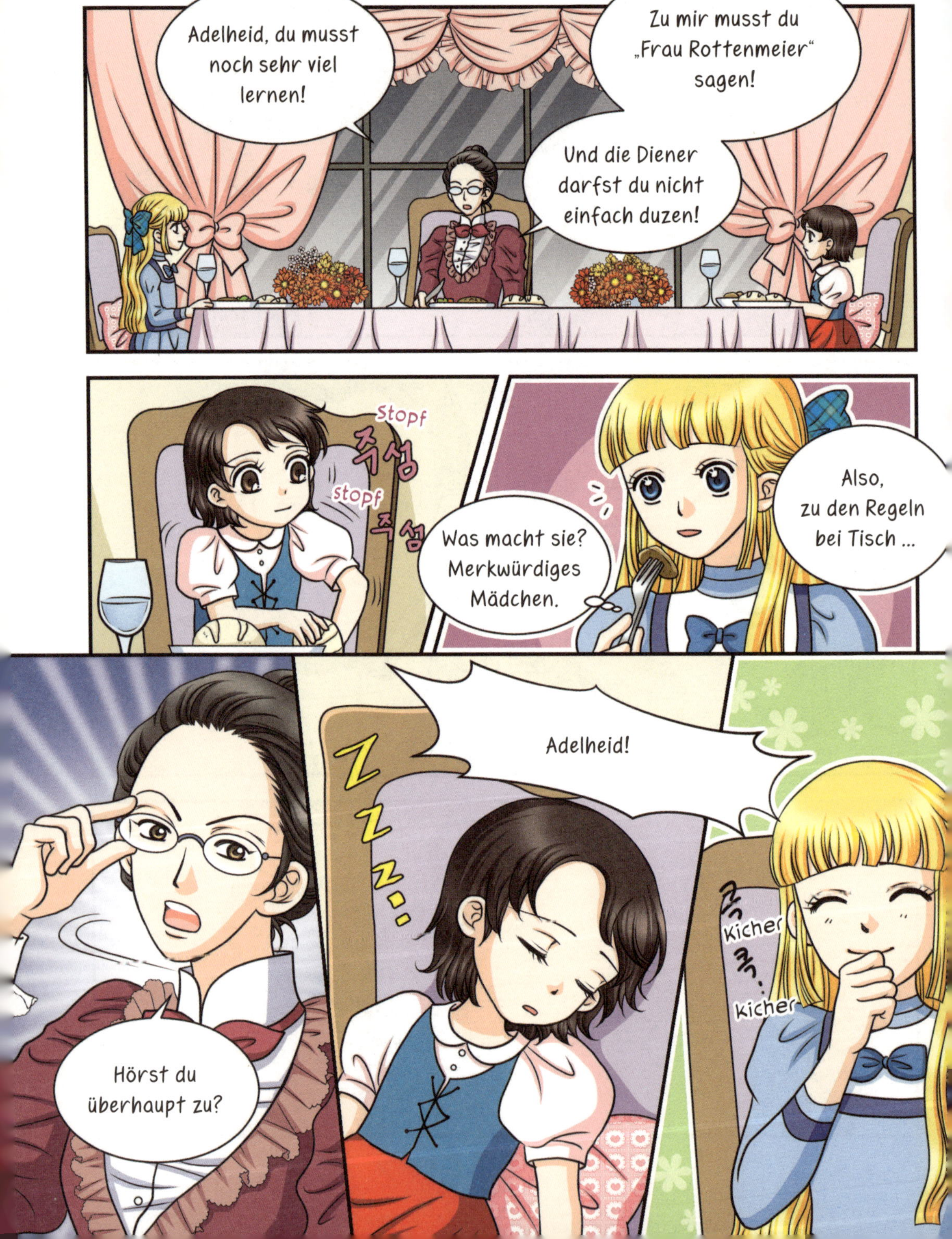

Adelheid, du musst noch sehr viel lernen!
Zu mir musst du „Frau Rottenmeier“ sagen!
Und die Diener darfst du nicht einfach duzen!
Stopf
주섬
stopf
주섬
Was macht sie? Merkwürdiges Mädchen.
Also, zu den Regeln bei Tisch ...
Hörst du überhaupt zu?
Z Z Z..
Adelheid!
Kicher
kicher

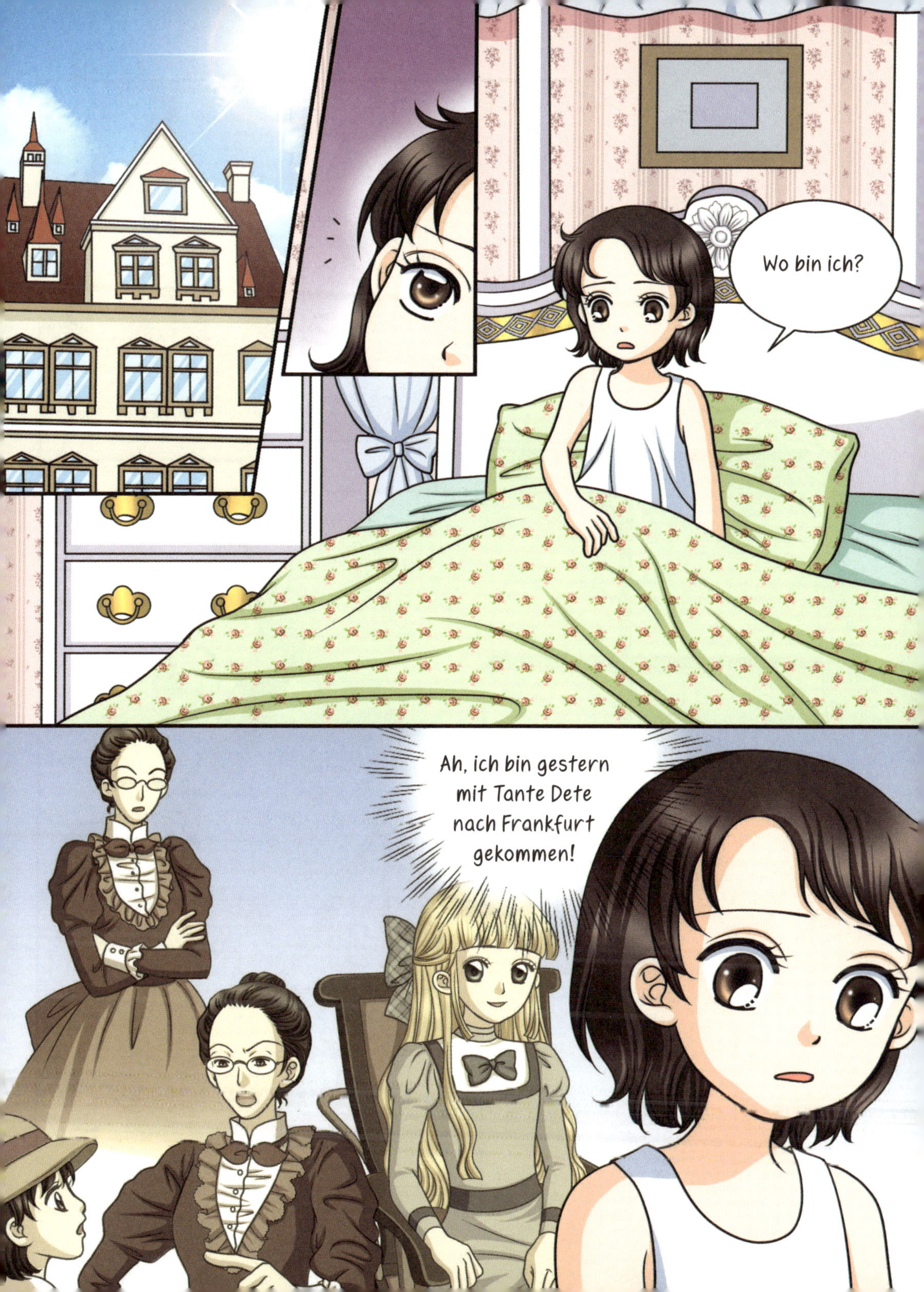
Wo bin ich?
Ah, ich bin gestern mit Tante Dete nach Frankfurt gekommen!

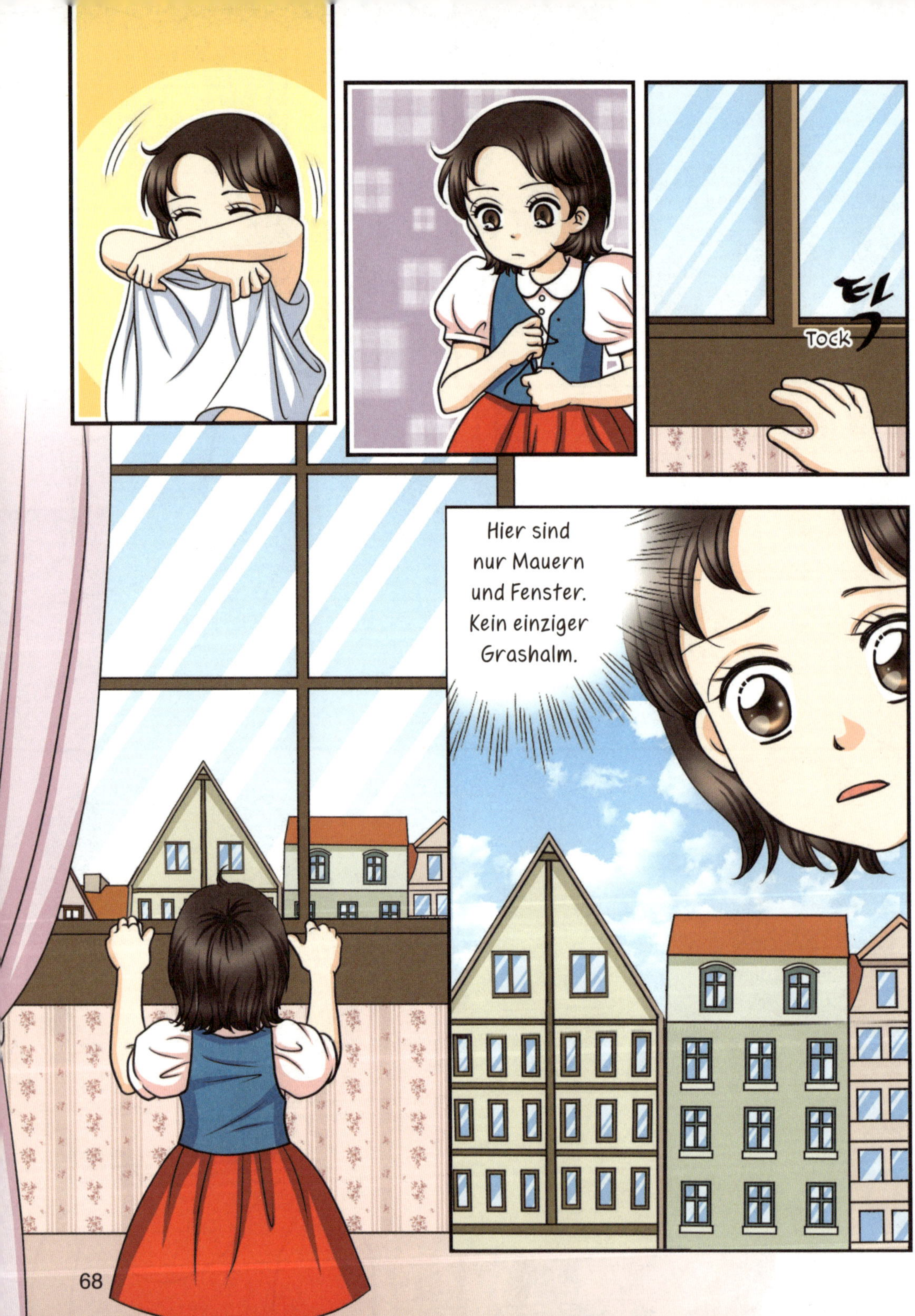
Tock
Hier sind nur Mauern und Fenster. Kein einziger Grashalm.

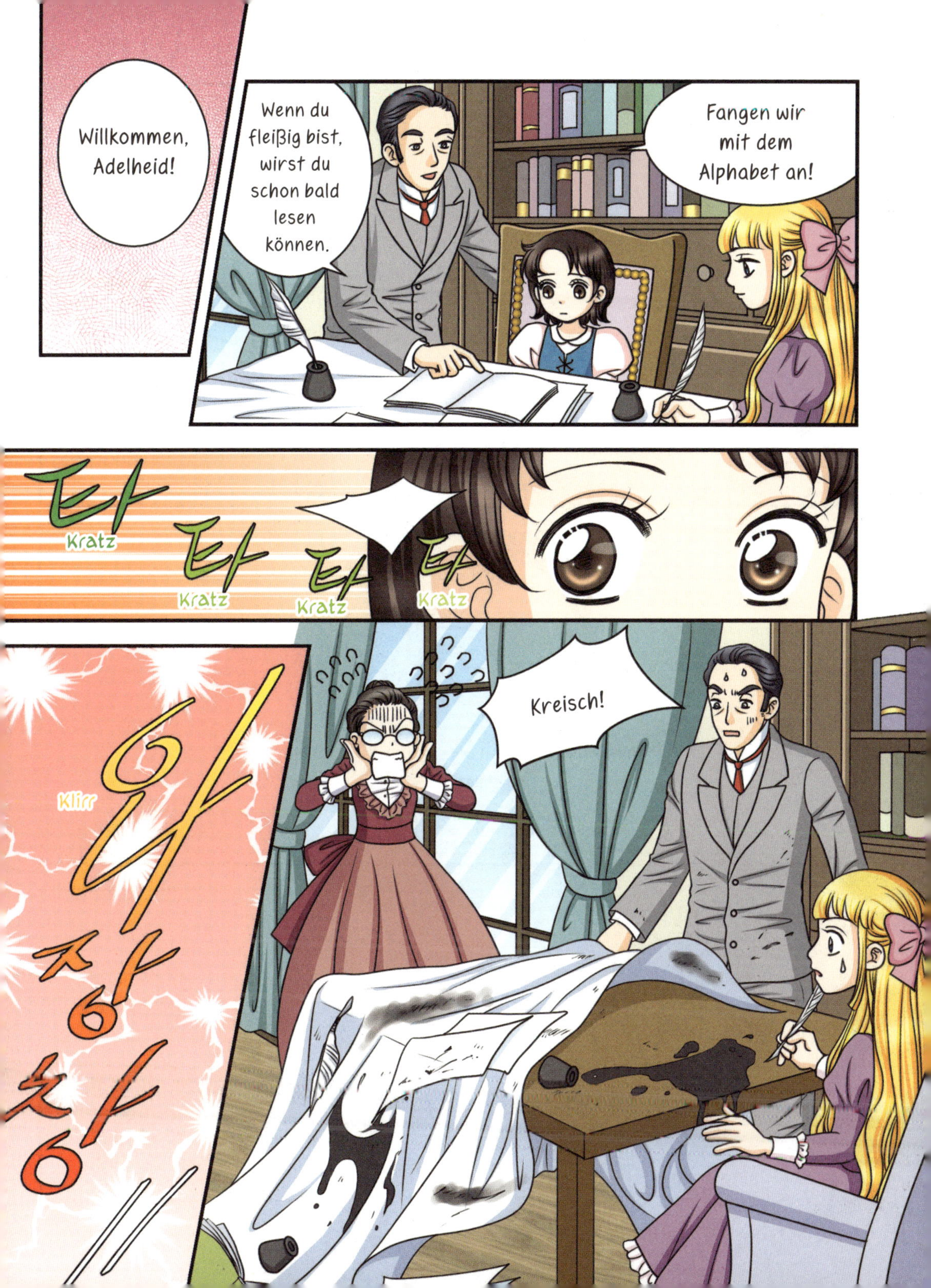
Willkommen, Adelheid!
Wenn du fleißig bist, wirst du schon bald lesen können.
Fangen wir mit dem Alphabet an!
Kratz
Kratz
Kratz
Kratz
Klirr
Kreisch!

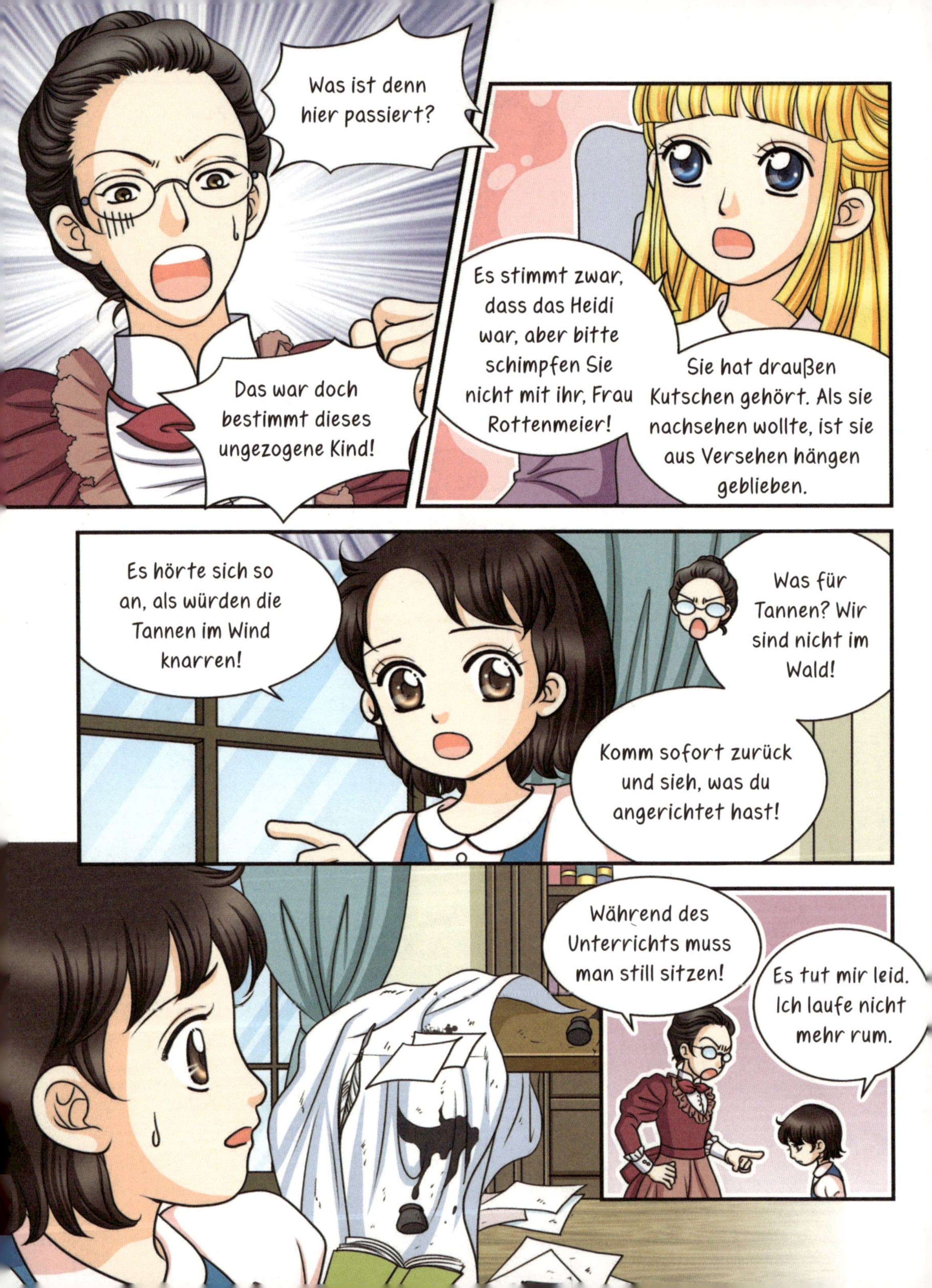
Was ist denn hier passiert?
Das war doch bestimmt dieses ungezogene Kind!
Es stimmt zwar, dass das Heidi war, aber bitte schimpfen Sie nicht mit ihr, Frau Rottenmeier!
Sie hat draußen Kutschen gehört. Als sie nachsehen wollte, ist sie aus Versehen hängen geblieben.
Es hörte sich so an, als würden die Tannen im Wind knarren!
Was für Tannen? Wir sind nicht im Wald!
Komm sofort zurück und sieh, was du angerichtet hast!
Während des Unterrichts muss man still sitzen!
Es tut mir leid. Ich laufe nicht mehr rum.

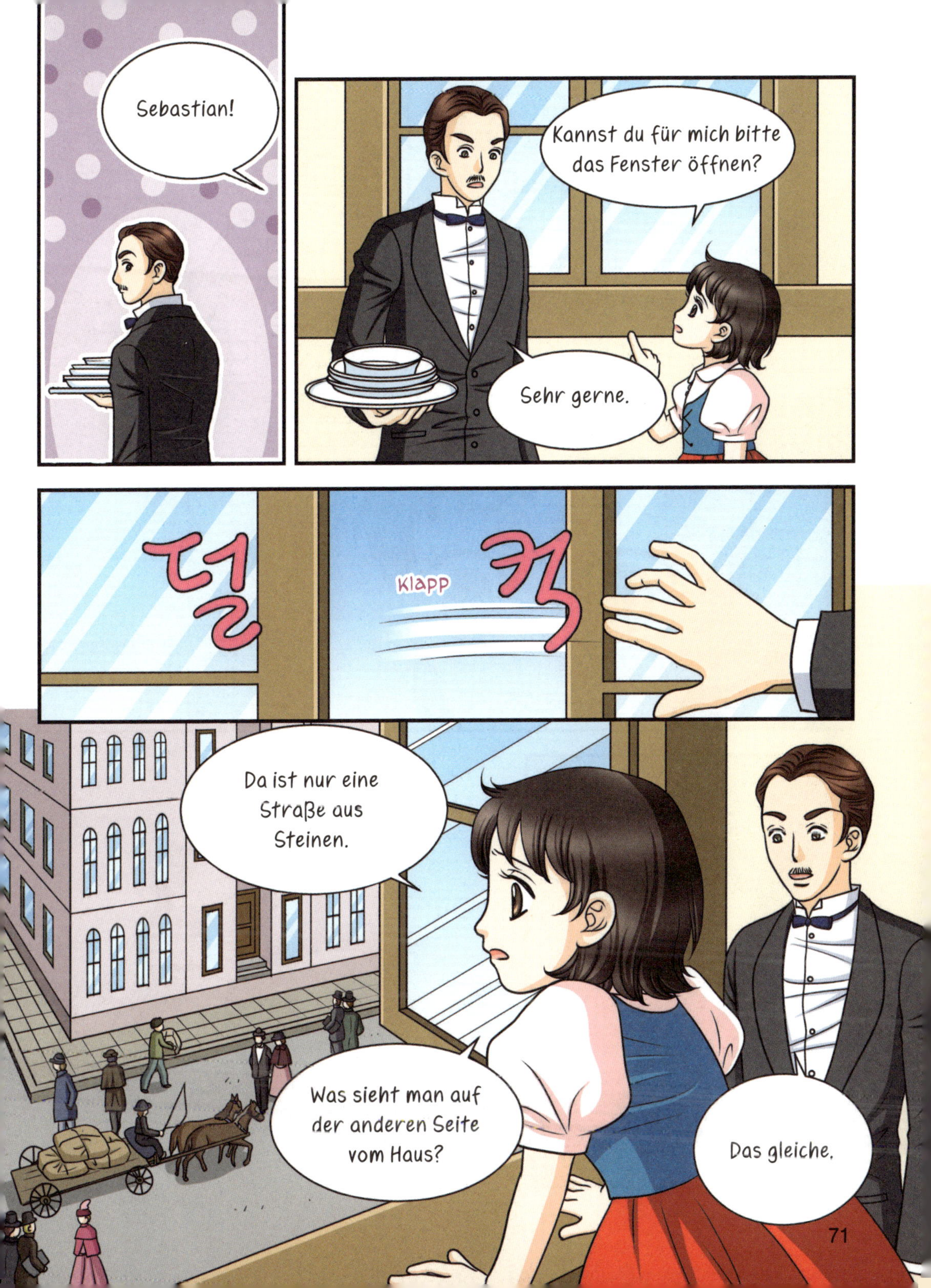
Sebastian!
Kannst du für mich bitte das Fenster öffnen?
Sehr gerne.
덜
Klapp
컥
Da ist nur eine Straße aus Steinen.
Was sieht man auf der anderen Seite vom Haus?
Das gleiche.

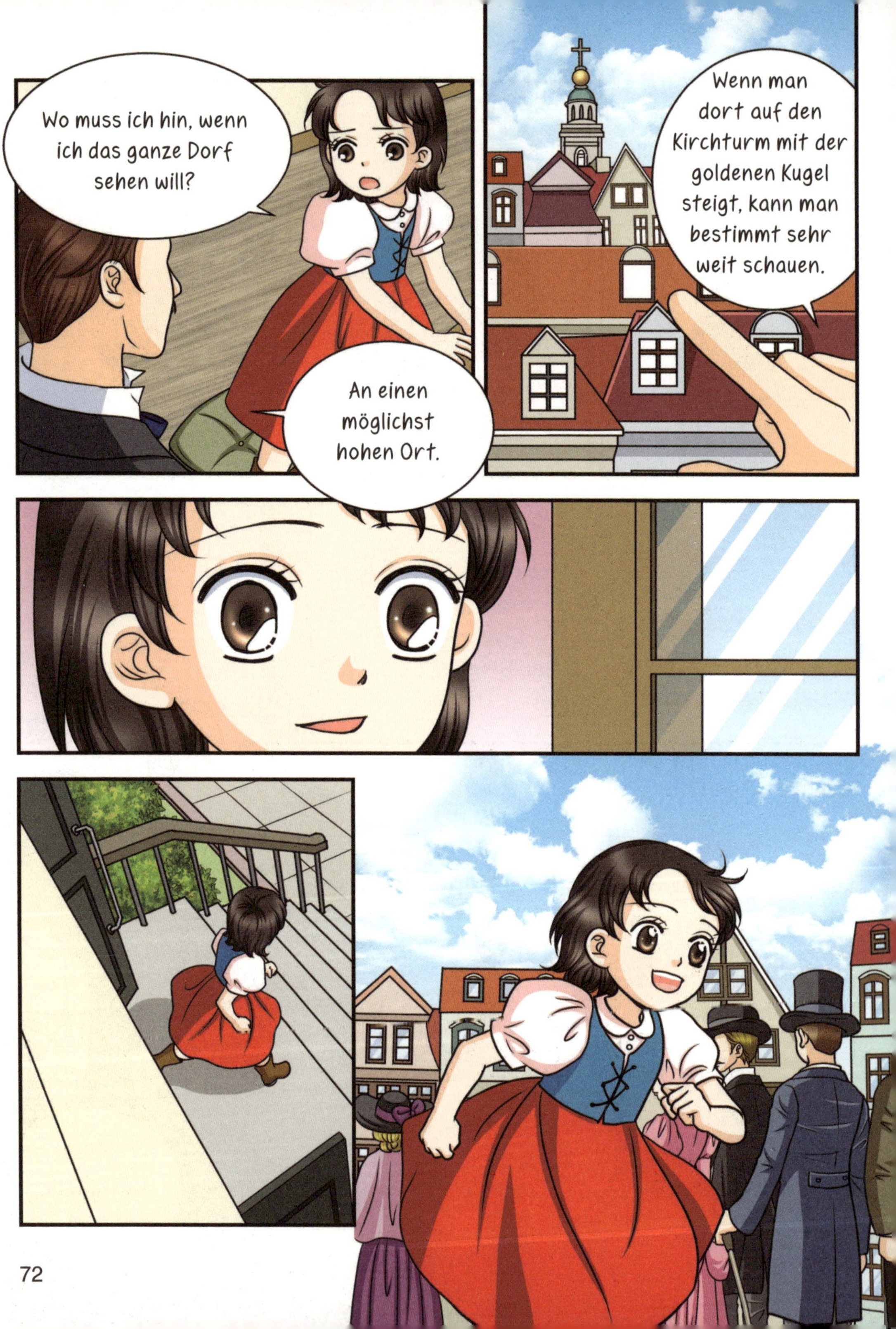
Wo muss ich hin, wenn ich das ganze Dorf sehen will?
An einen möglichst hohen Ort.
Wenn man dort auf den Kirchturm mit der goldenen Kugel steigt, kann man bestimmt sehr weit schauen.

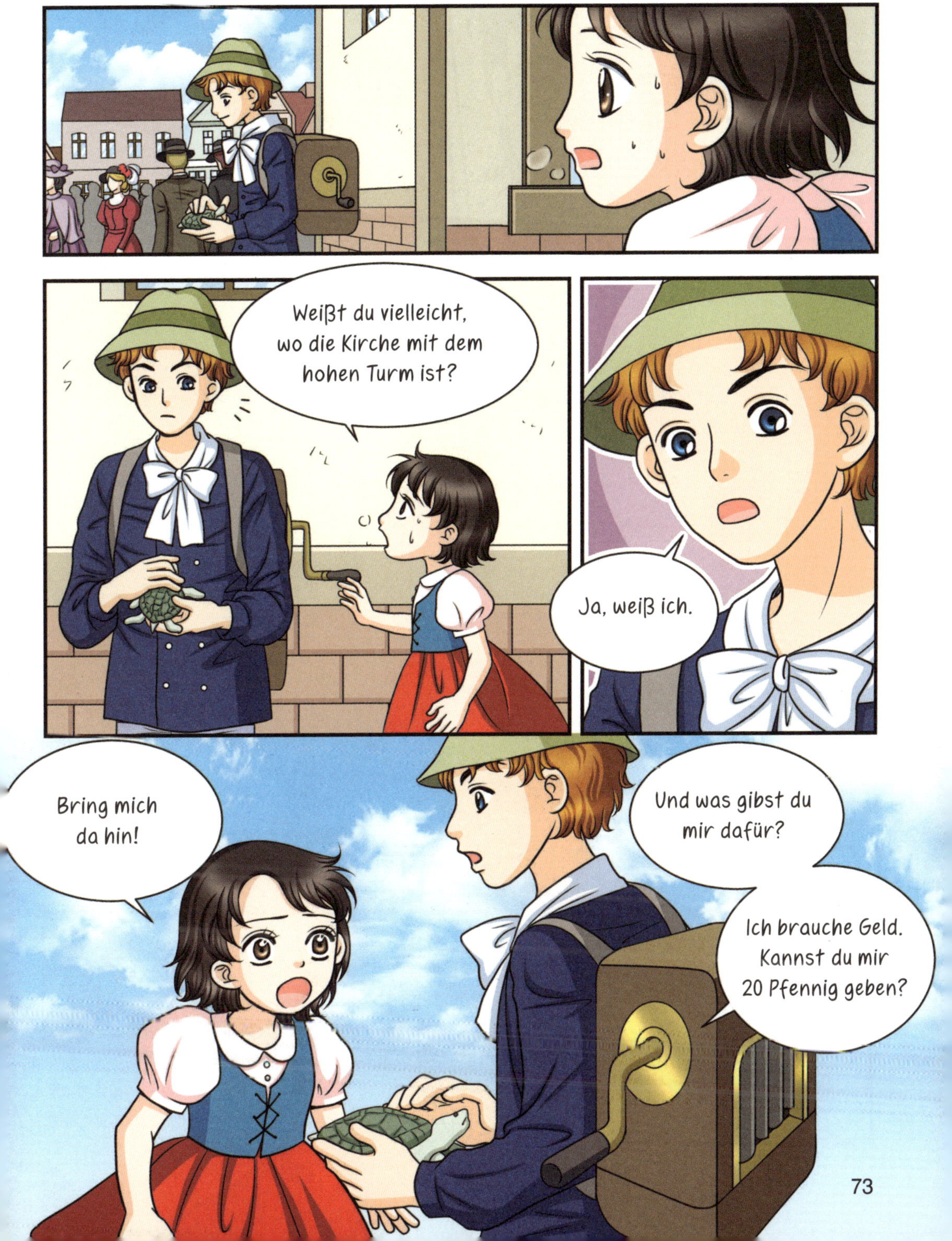
Weißt du vielleicht,
wo die Kirche mit dem
hohen Turm ist?
Ja, weiß ich.
Bring mich
da hin!
Und was gibst du
mir dafür?
Ich brauche Geld.
Kannst du mir
20 Pfennig geben?

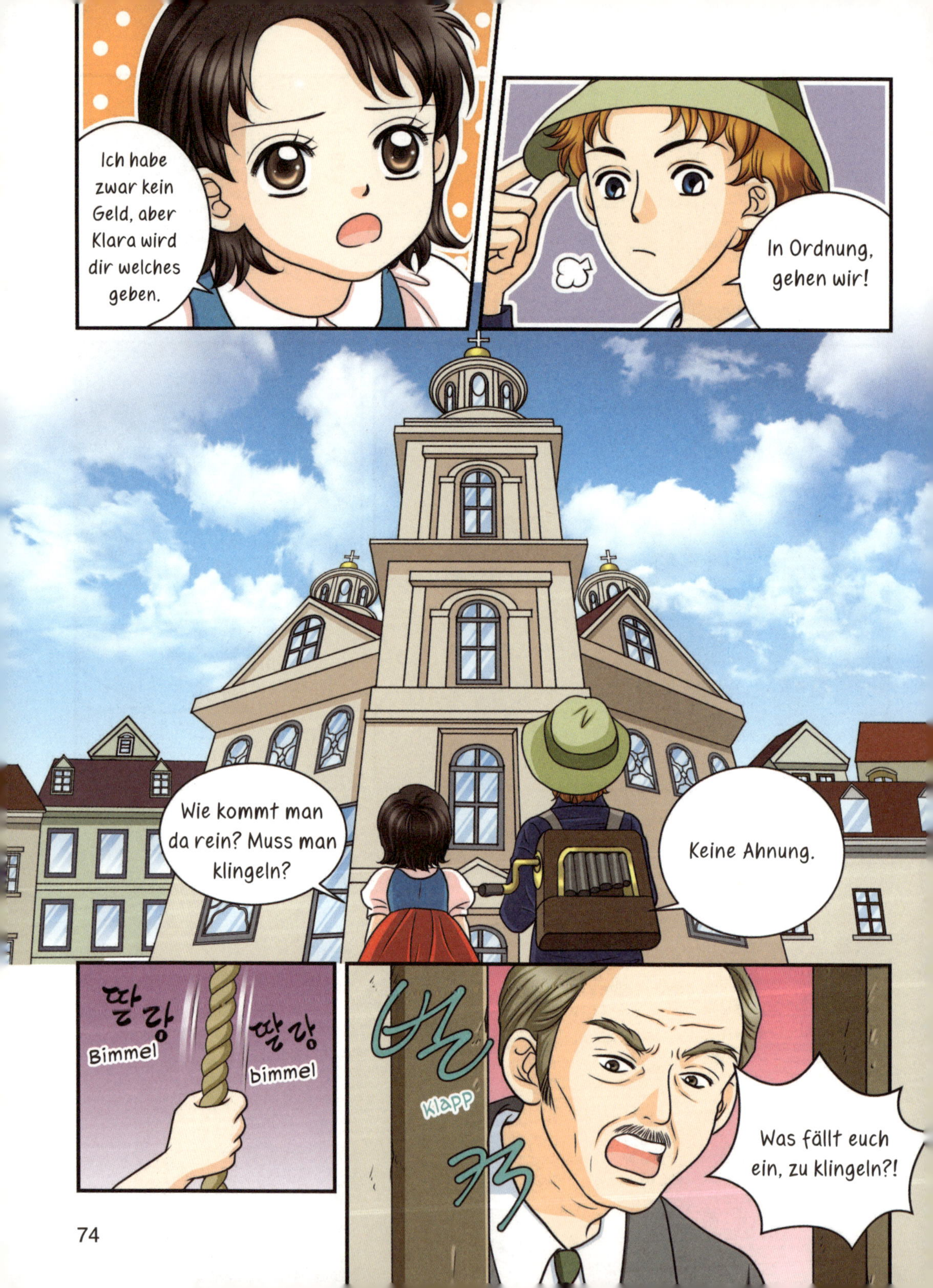
Ich habe zwar kein Geld, aber Klara wird dir welches geben.
In Ordnung, gehen wir!
Wie kommt man da rein? Muss man klingeln?
Keine Ahnung.
딸랑
Bimmel
딸랑
bimmel
Klapp
Was fällt euch ein, zu klingeln?!

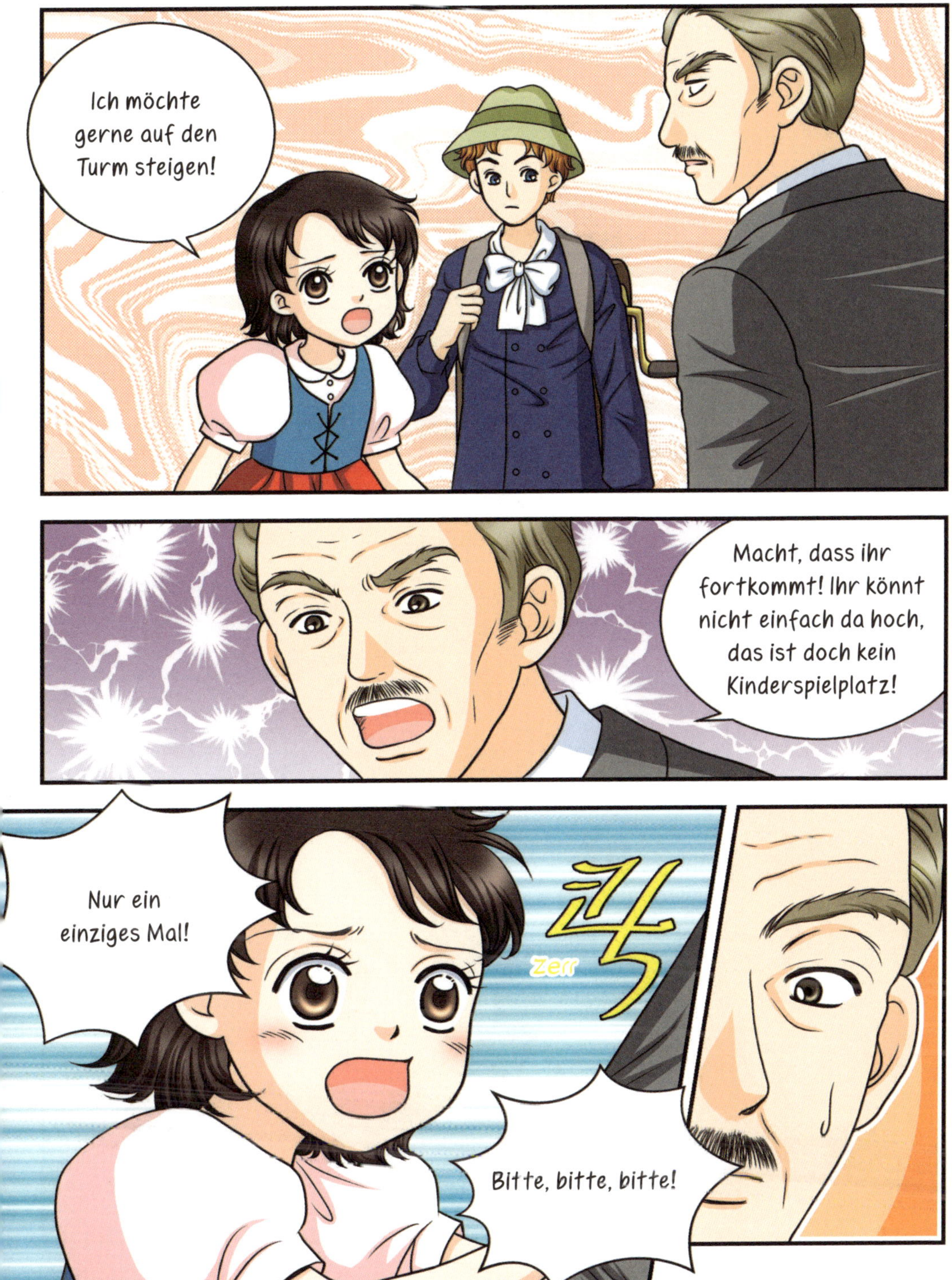
Ich möchte gerne auf den Turm steigen!
Macht, dass ihr fortkommt! Ihr könnt nicht einfach da hoch, das ist doch kein Kinderspielplatz!
Nur ein einziges Mal!
Zerr
Bitte, bitte, bitte!

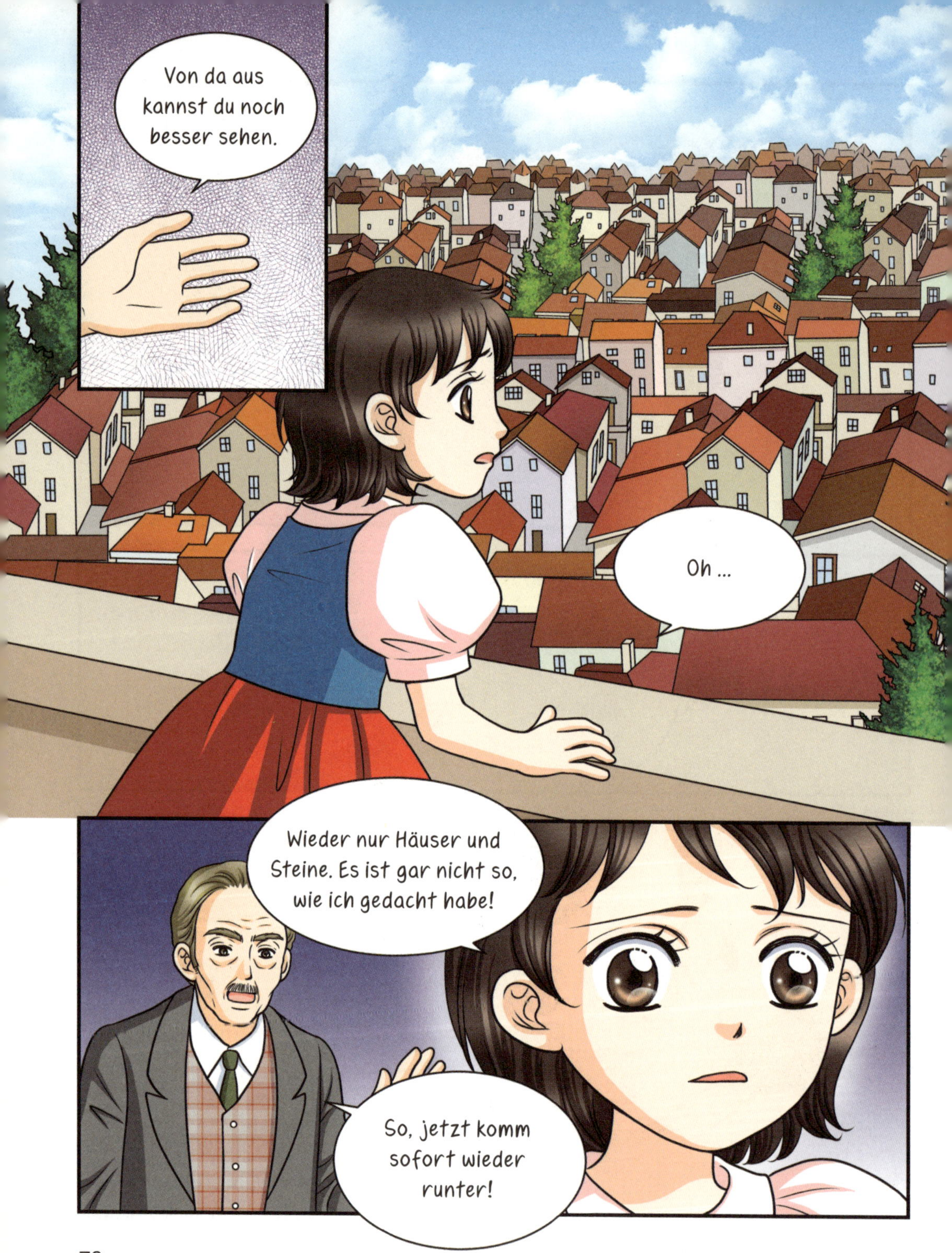
Von da aus kannst du noch besser sehen.
Oh ...
Wieder nur Häuser und Steine. Es ist gar nicht so, wie ich gedacht habe!
So, jetzt komm sofort wieder runter!

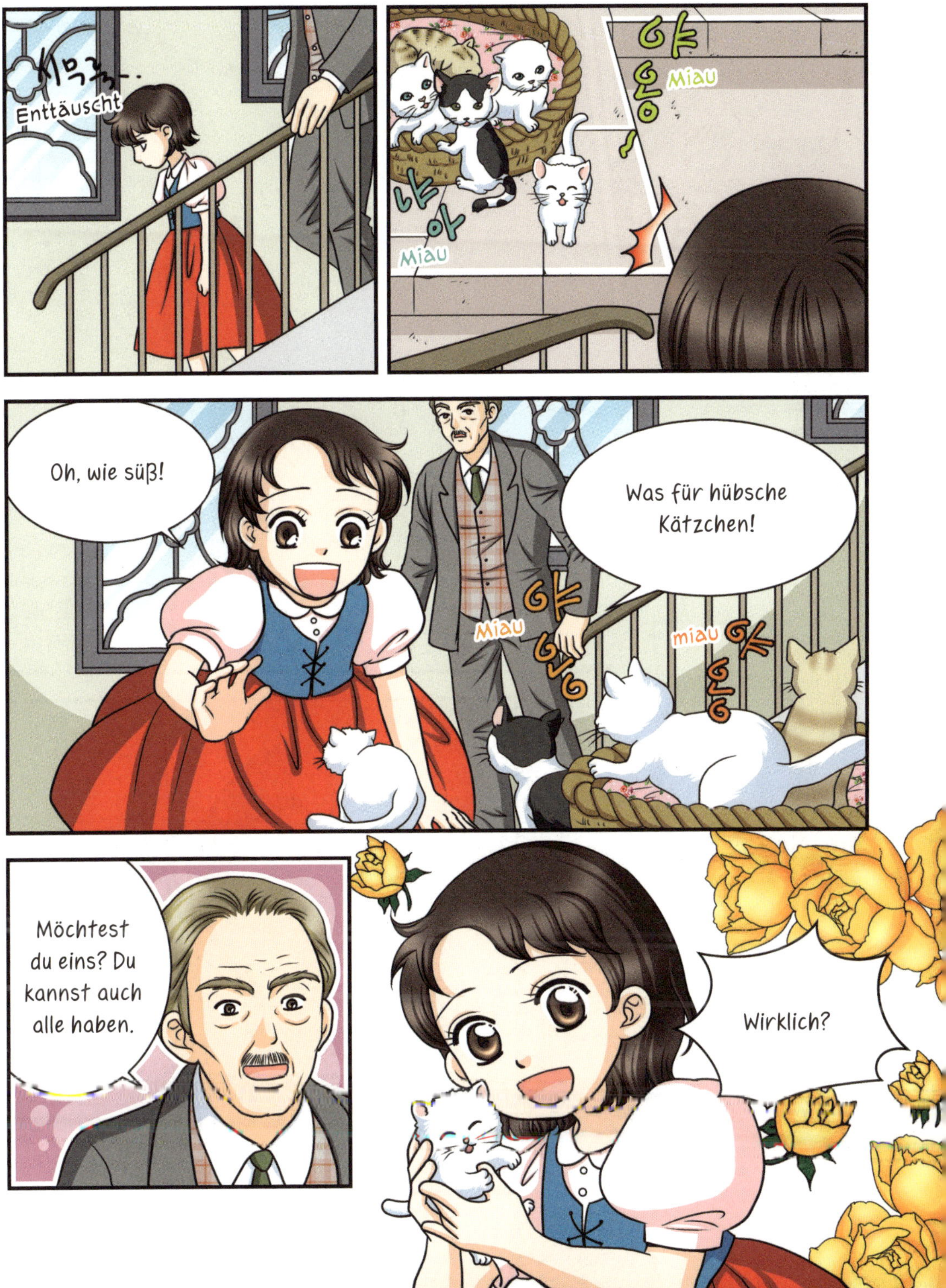
Enttäuscht
Miau
Miau
Oh, wie süß!
Was für hübsche Kätzchen!
Miau
miau
Möchtest du eins? Du kannst auch alle haben.
Wirklich?

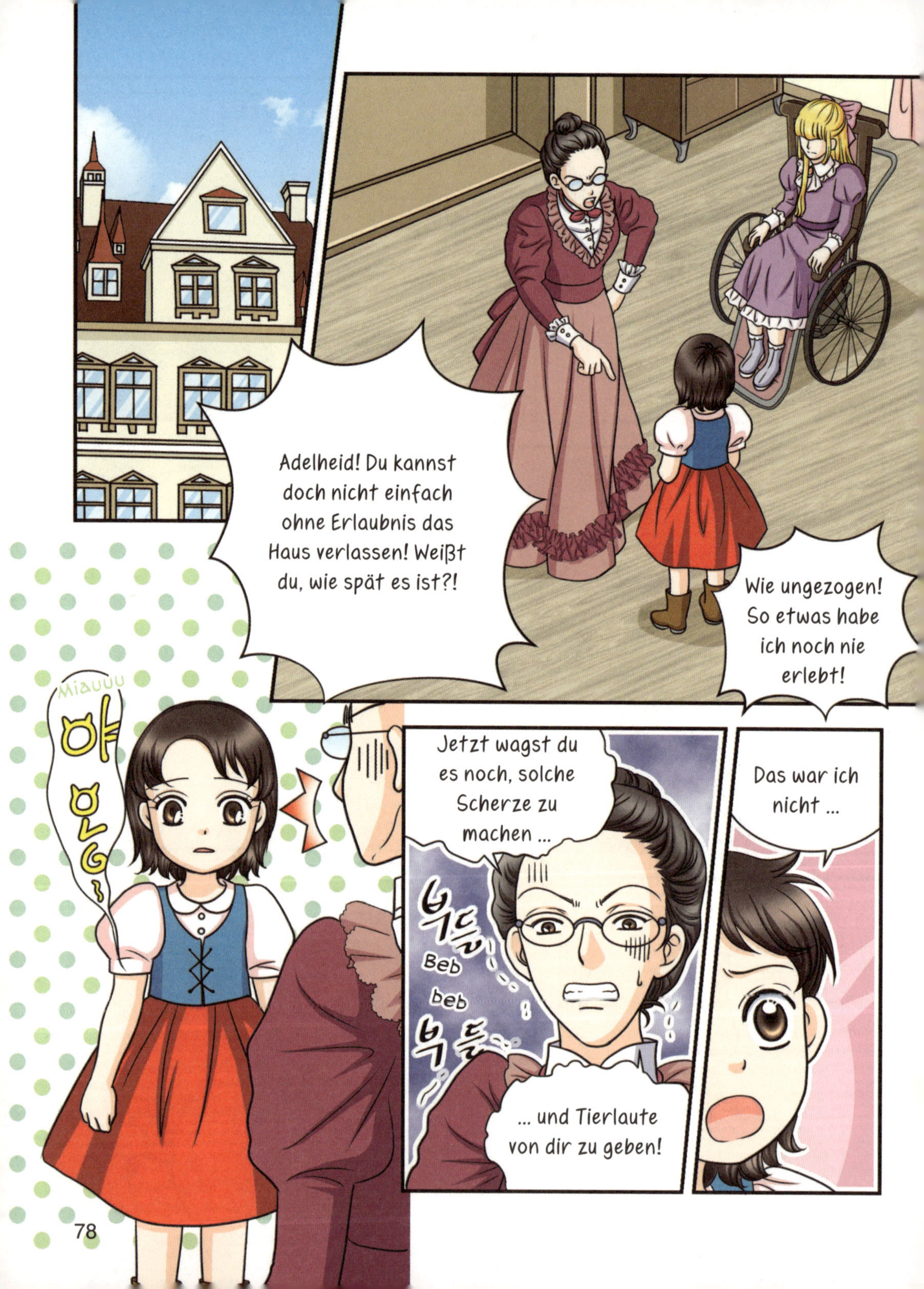
Adelheid! Du kannst doch nicht einfach ohne Erlaubnis das Haus verlassen! Weißt du, wie spät es ist?!
Wie ungezogen! So etwas habe ich noch nie erlebt!
Miauuu
야옹~
Jetzt wagst du es noch, solche Scherze zu machen ...
부들
Beb
beb
부들
... und Tierlaute von dir zu geben!
Das war ich nicht ...

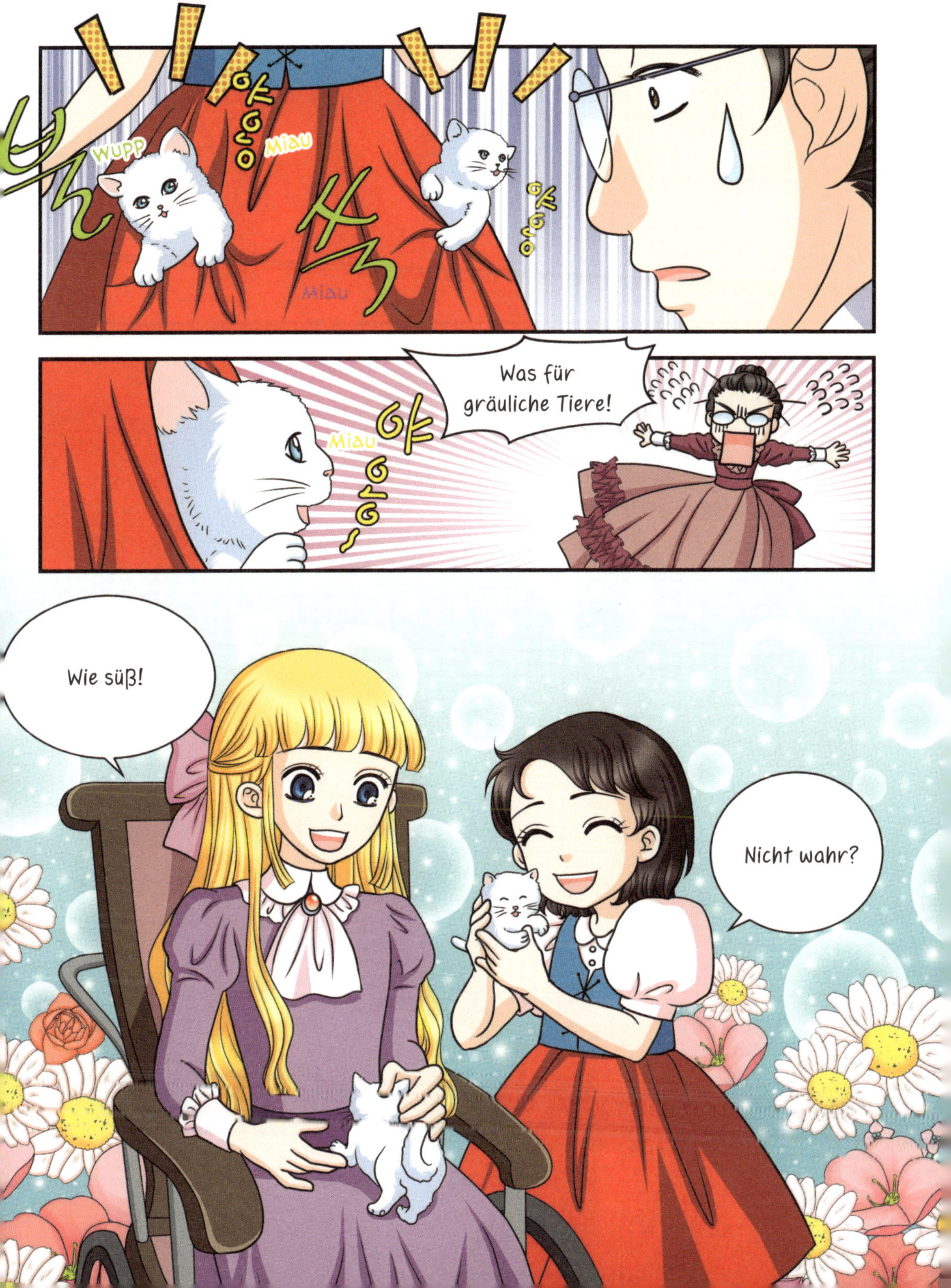
Wupp
Miau
Miau
Miau
Was für gräuliche Tiere!
Miau
Wie süß!
Nicht wahr?

5. Kapitel
Schwere Zeiten

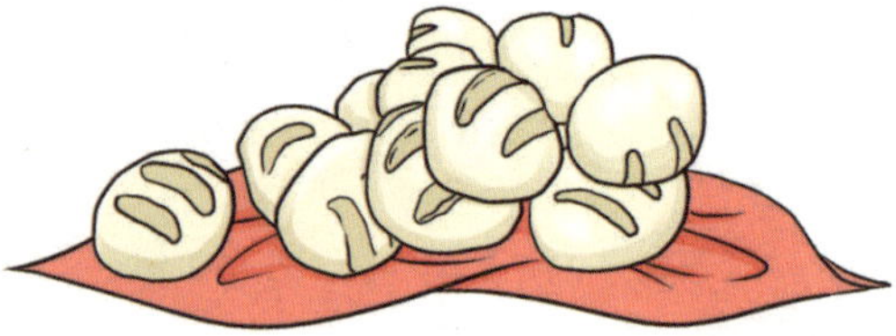

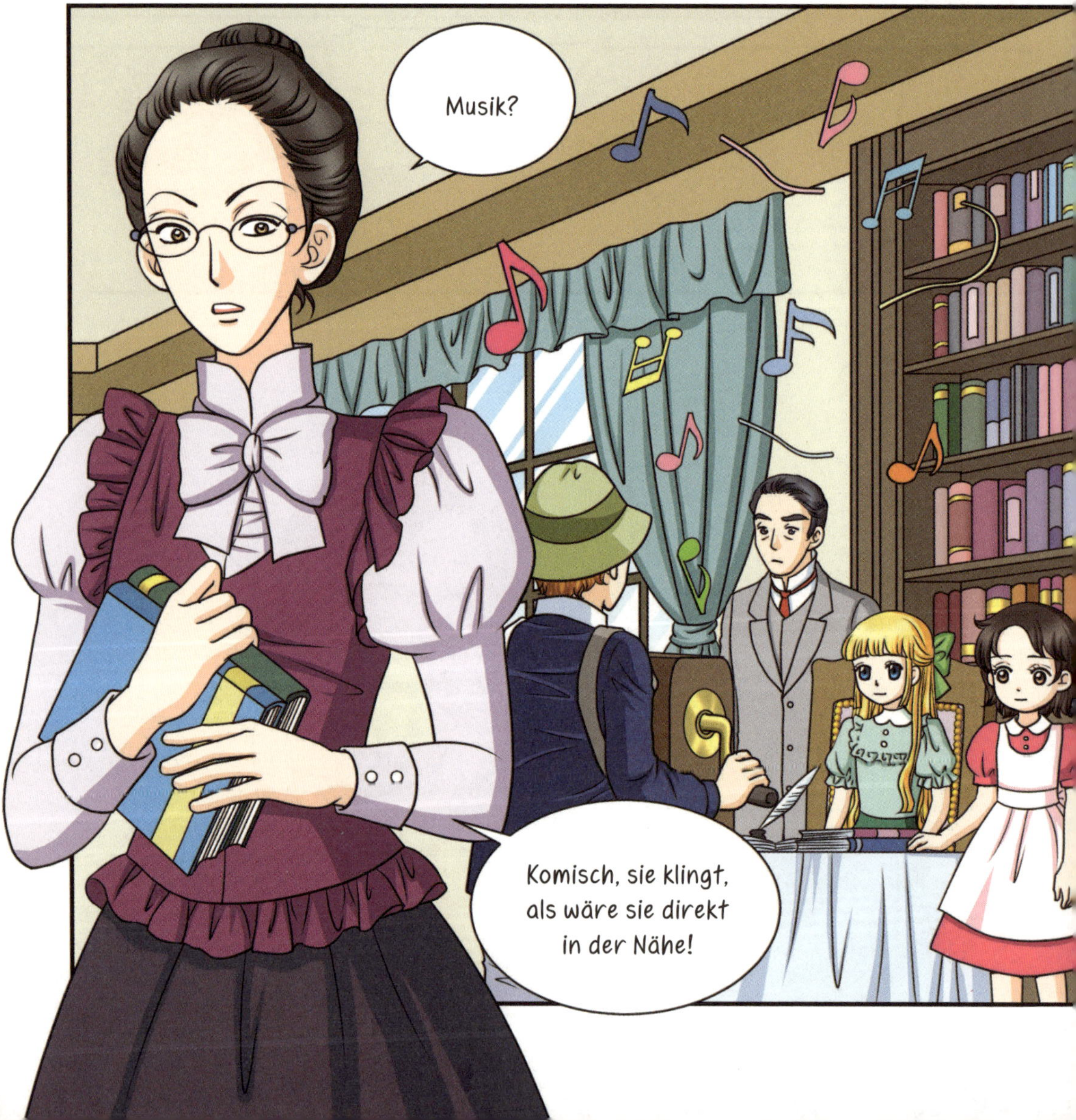

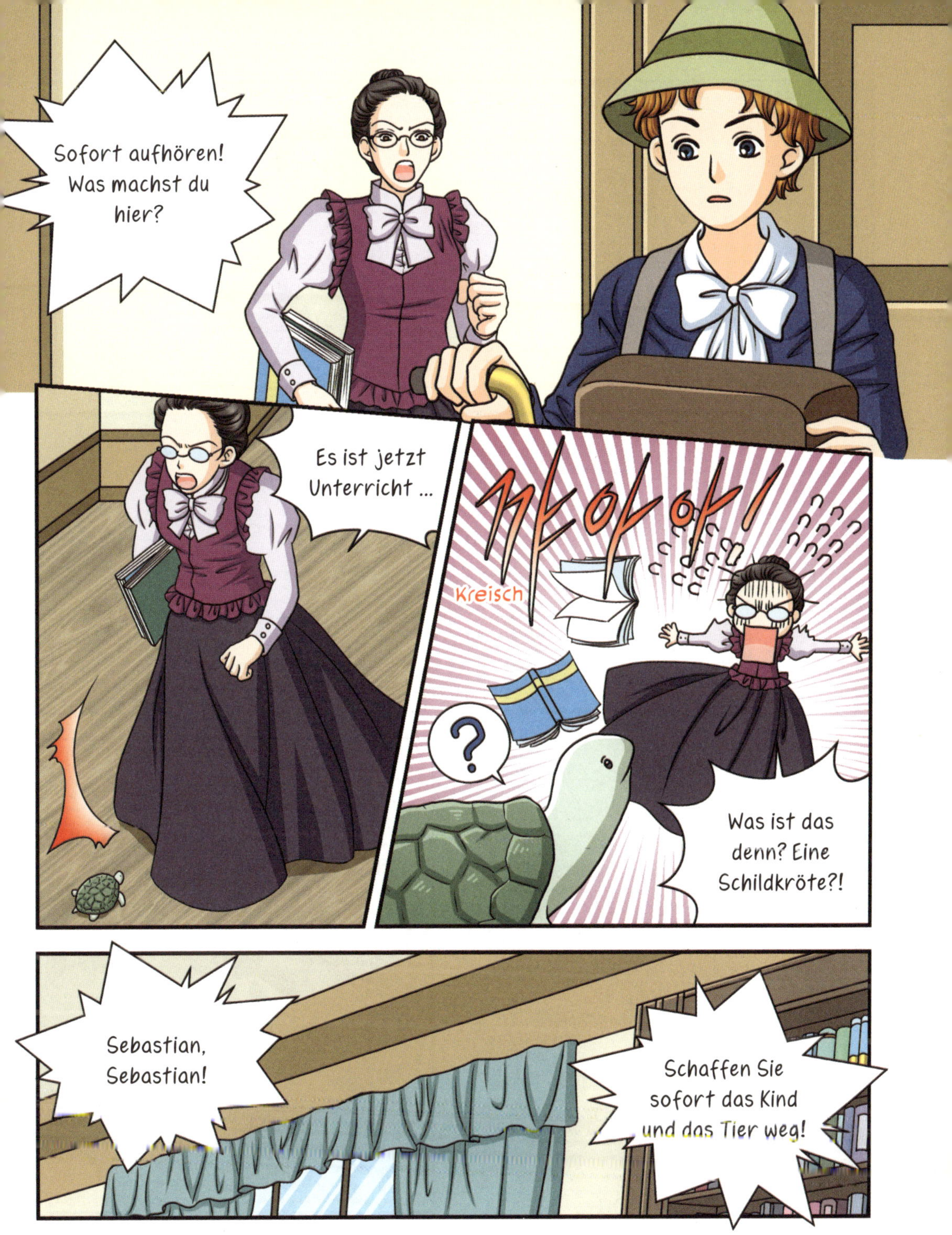
Sofort aufhören! Was machst du hier?
Es ist jetzt Unterricht ...
Kreisch
?
Was ist das denn? Eine Schildkröte?!
Sebastian, Sebastian!
Schaffen Sie sofort das Kind und das Tier weg!

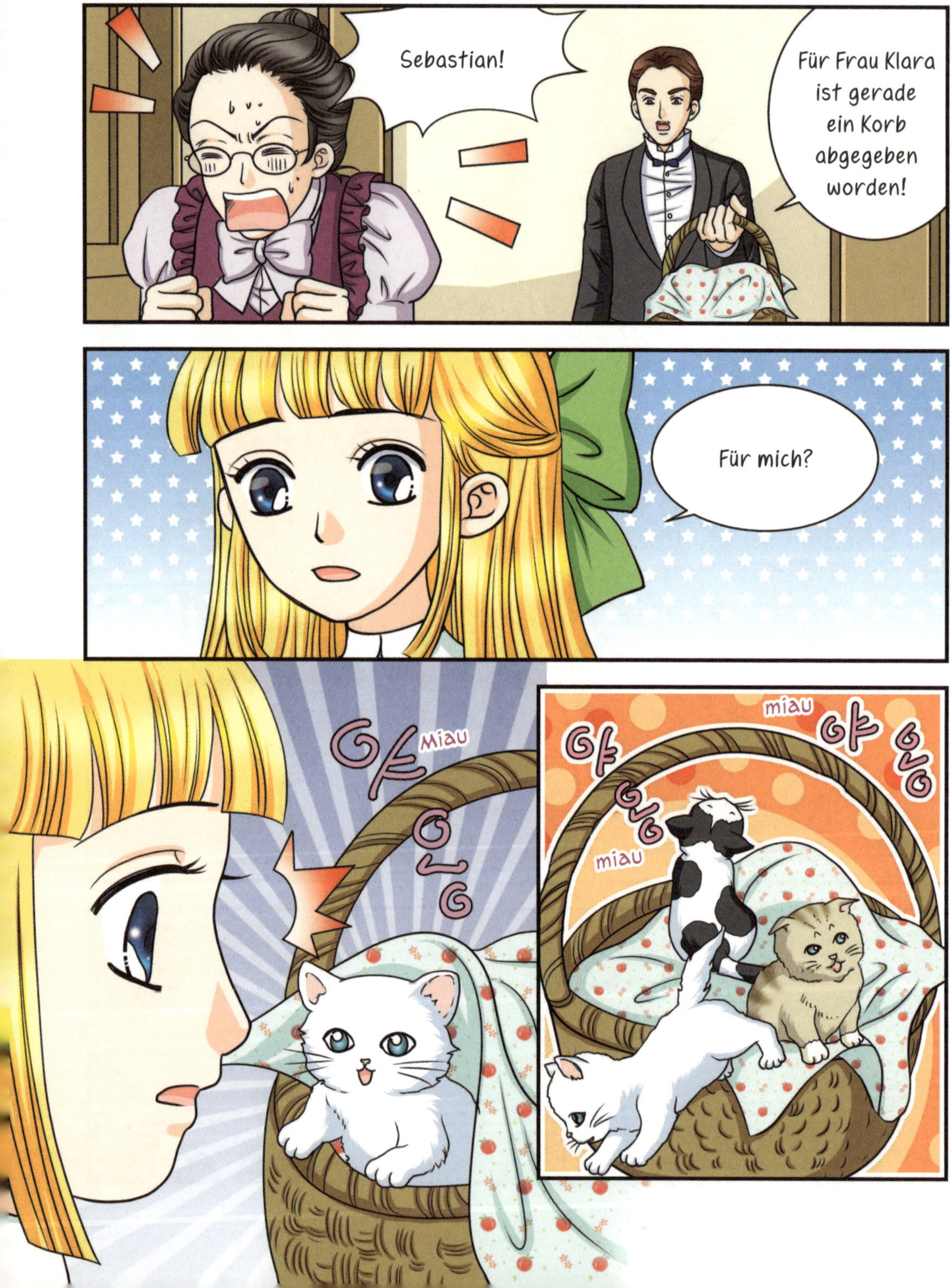
Sebastian!
Für Frau Klara ist gerade ein Korb abgegeben worden!
Für mich?
Miau
miau
miau

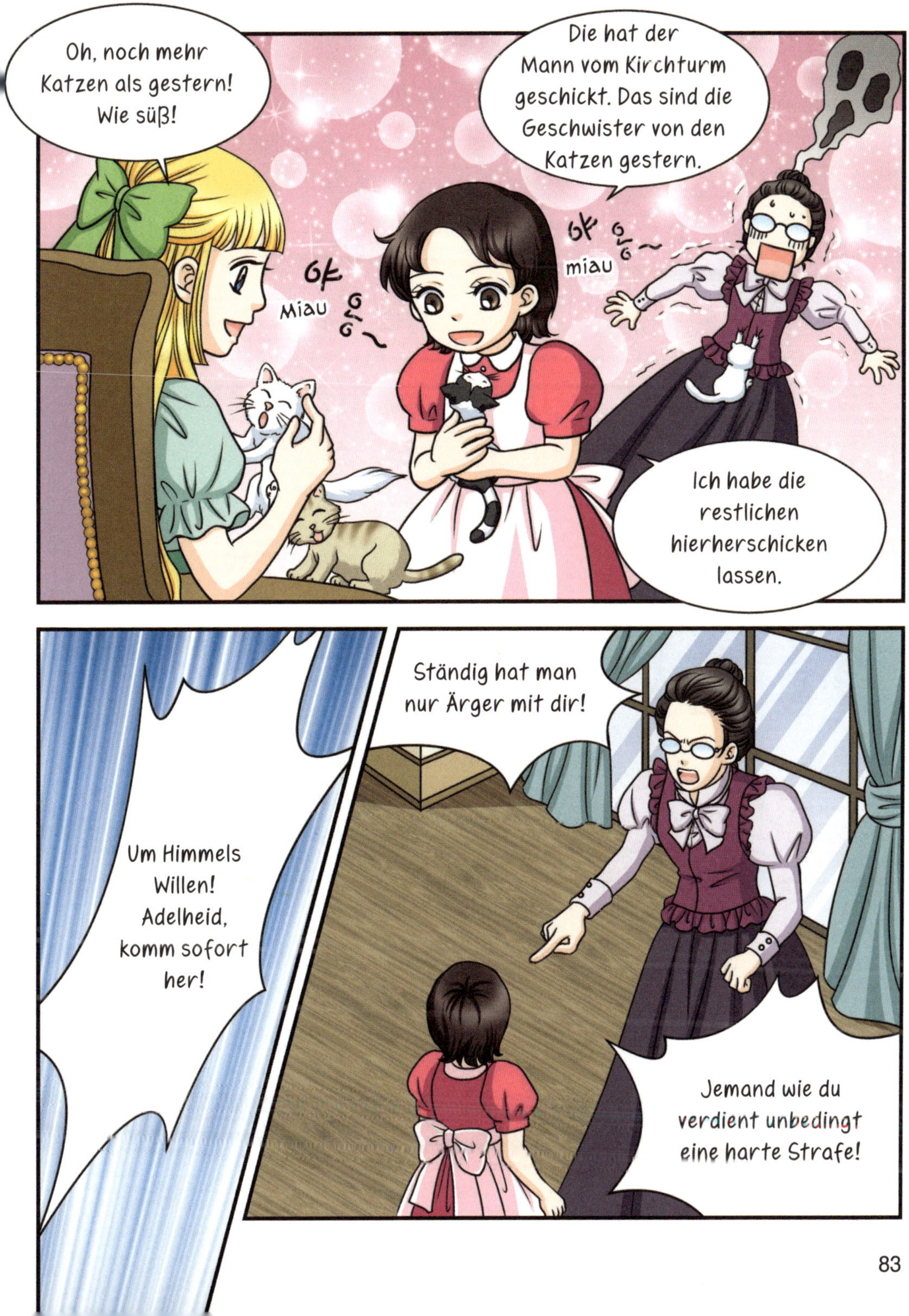
Oh, noch mehr Katzen als gestern! Wie süß!
Die hat der Mann vom Kirchturm geschickt. Das sind die Geschwister von den Katzen gestern.
Miau
miau
Ich habe die restlichen hierherschicken lassen.
Ständig hat man nur Ärger mit dir!
Um Himmels Willen! Adelheid, komm sofort her!
Jemand wie du verdient unbedingt eine harte Strafe!

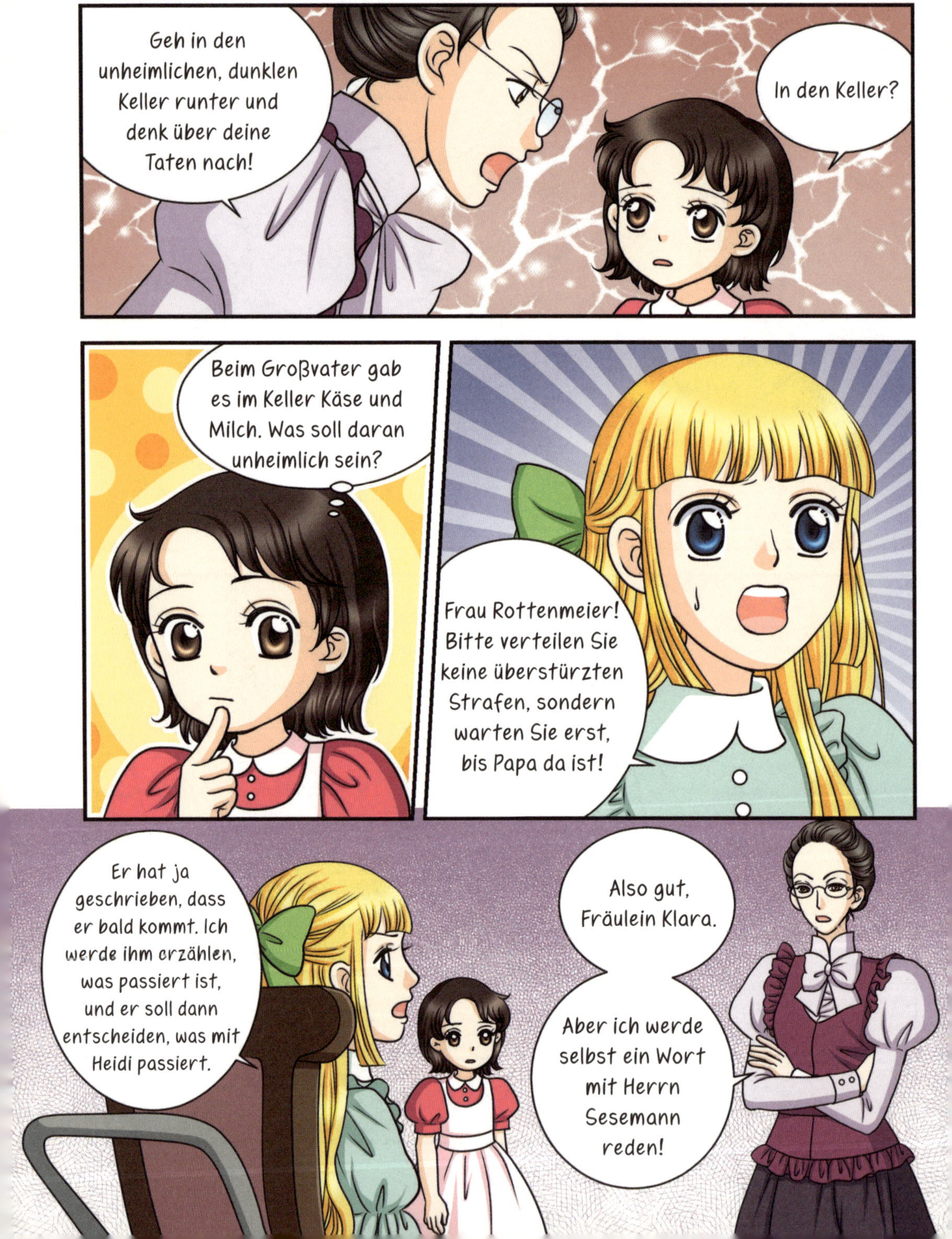
Geh in den unheimlichen, dunklen Keller runter und denk über deine Taten nach!
In den Keller?
Beim Großvater gab es im Keller Käse und Milch. Was soll daran unheimlich sein?
Frau Rottenmeier! Bitte verteilen Sie keine überstürzten Strafen, sondern warten Sie erst, bis Papa da ist!
Er hat ja geschrieben, dass er bald kommt. Ich werde ihm erzählen, was passiert ist, und er soll dann entscheiden, was mit Heidi passiert.
Also gut, Fräulein Klara.
Aber ich werde selbst ein Wort mit Herrn Sesemann reden!

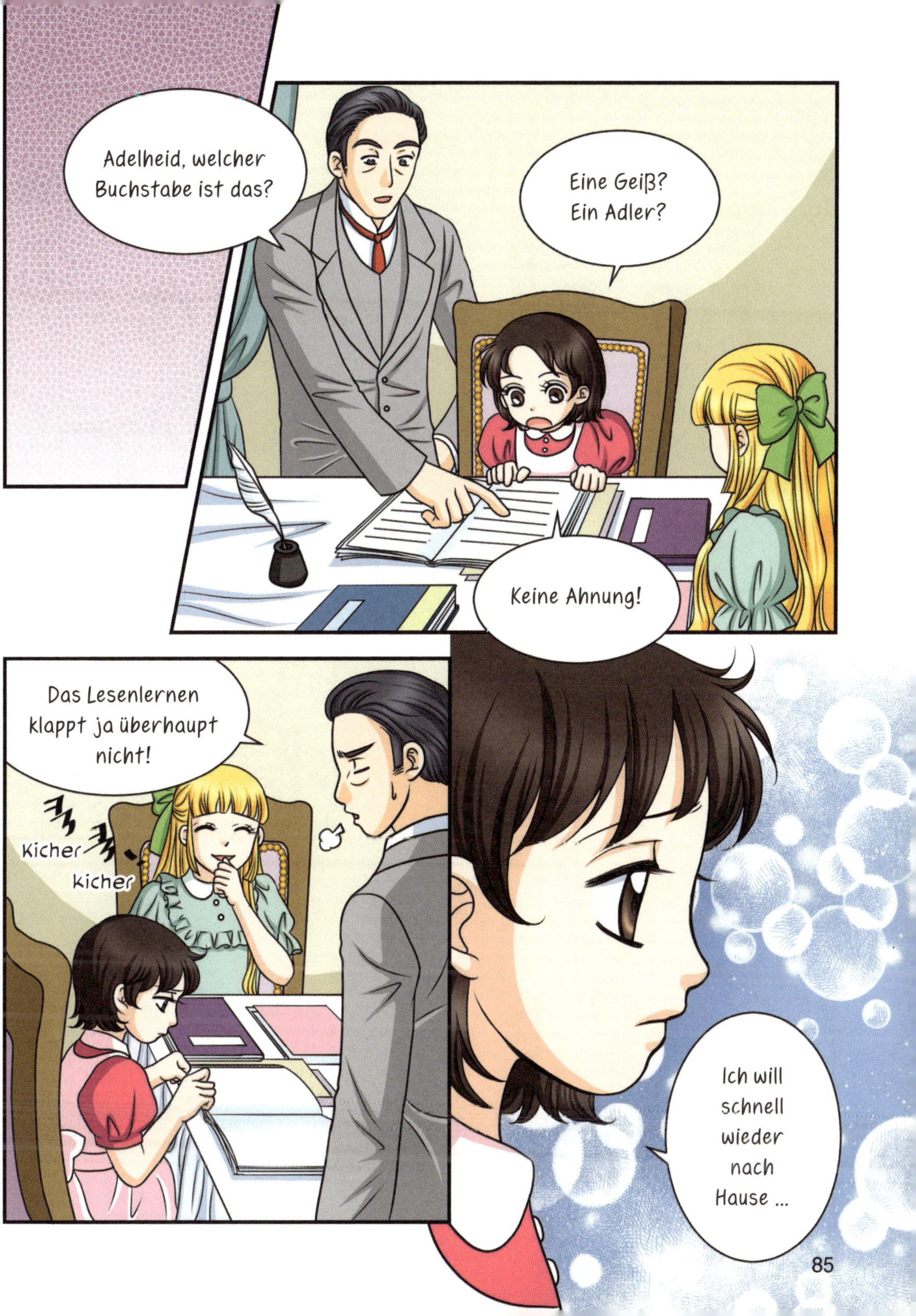
Adelheid, welcher Buchstabe ist das?
Eine Geiß? Ein Adler?
Keine Ahnung!
Das Lesenlernen klappt ja überhaupt nicht!
Kicher kicher
Ich will schnell wieder nach Hause ...

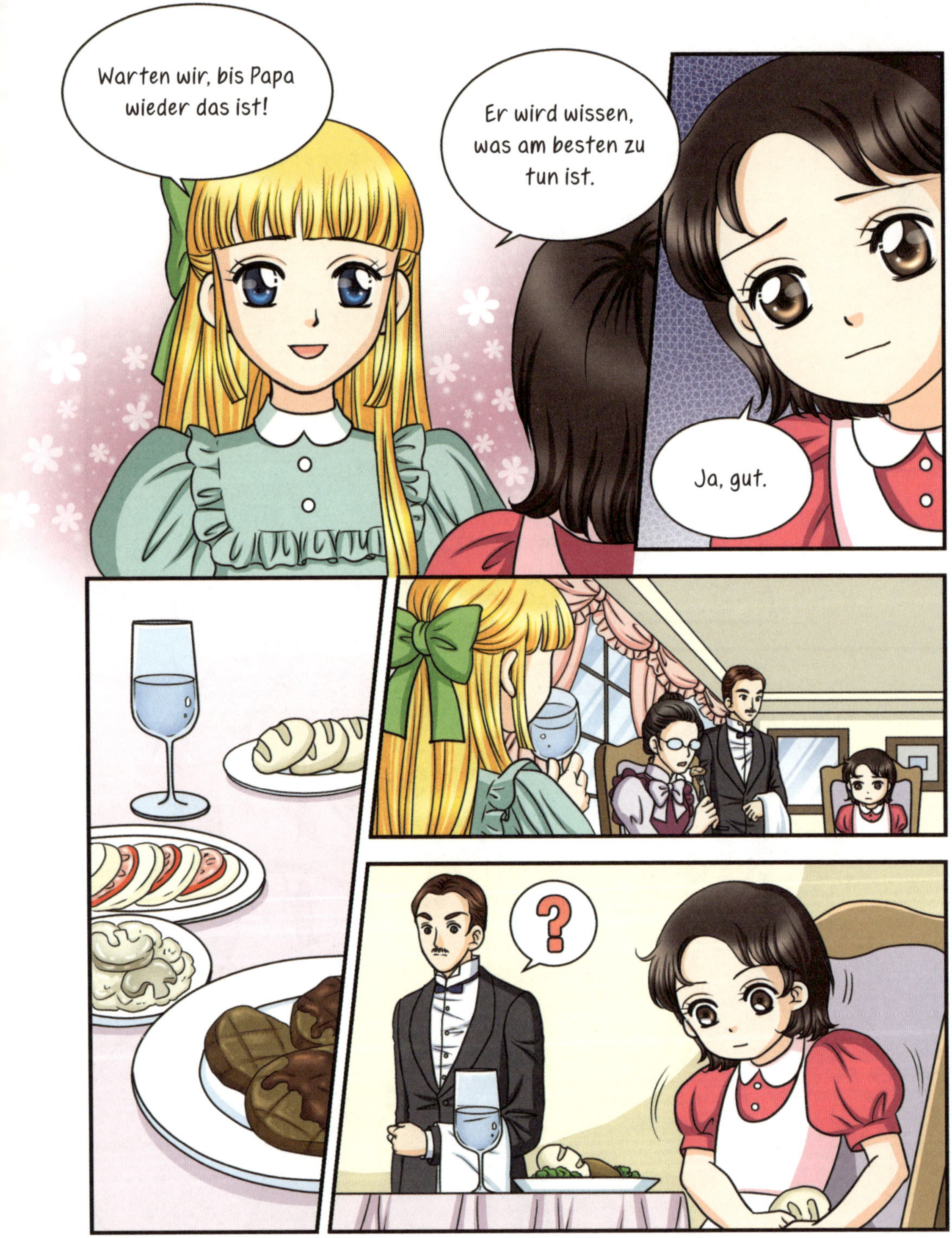
Warten wir, bis Papa wieder das ist!
Er wird wissen, was am besten zu tun ist.
Ja, gut.
?

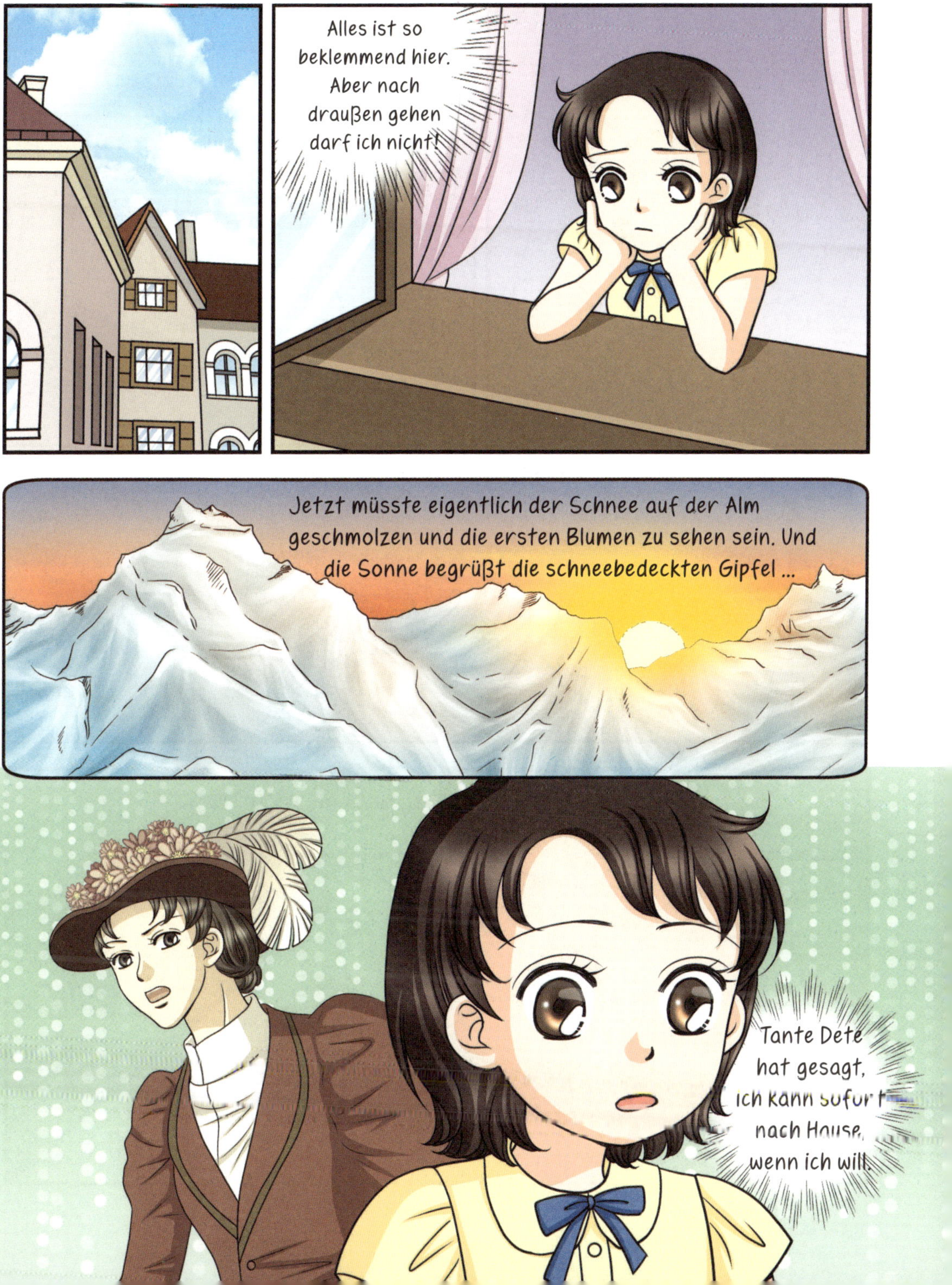
Alles ist so beklemmend hier. Aber nach draußen gehen darf ich nicht!
Jetzt müsste eigentlich der Schnee auf der Alm geschmolzen und die ersten Blumen zu sehen sein. Und die Sonne begrüßt die schneebedeckten Gipfel ...
Tante Dete hat gesagt, ich kann sofort
nach Hause, wenn ich will.

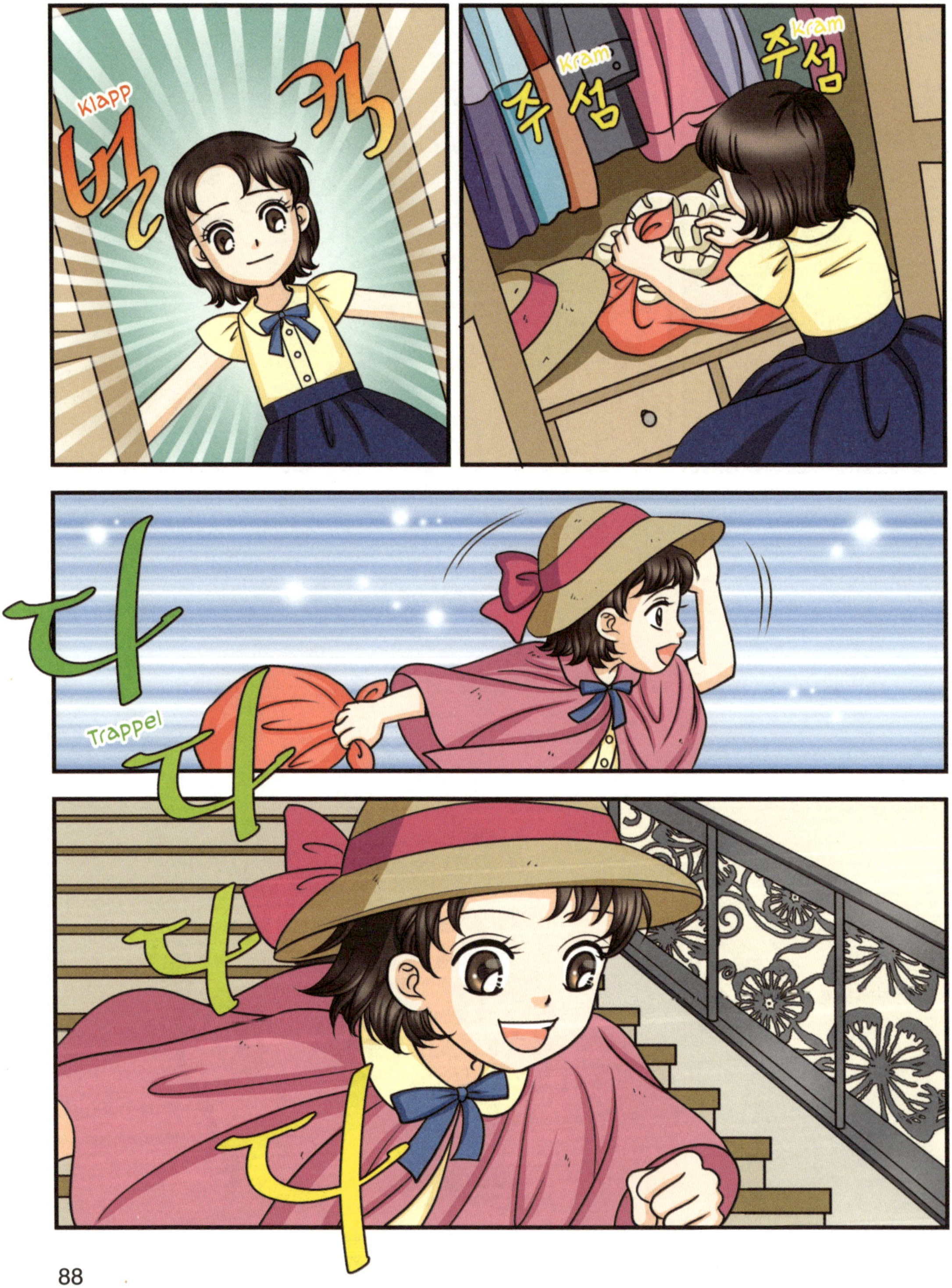
벌컥
Klapp
주섬
Kram
주섬
Kram
다
다
다
다
Trappel

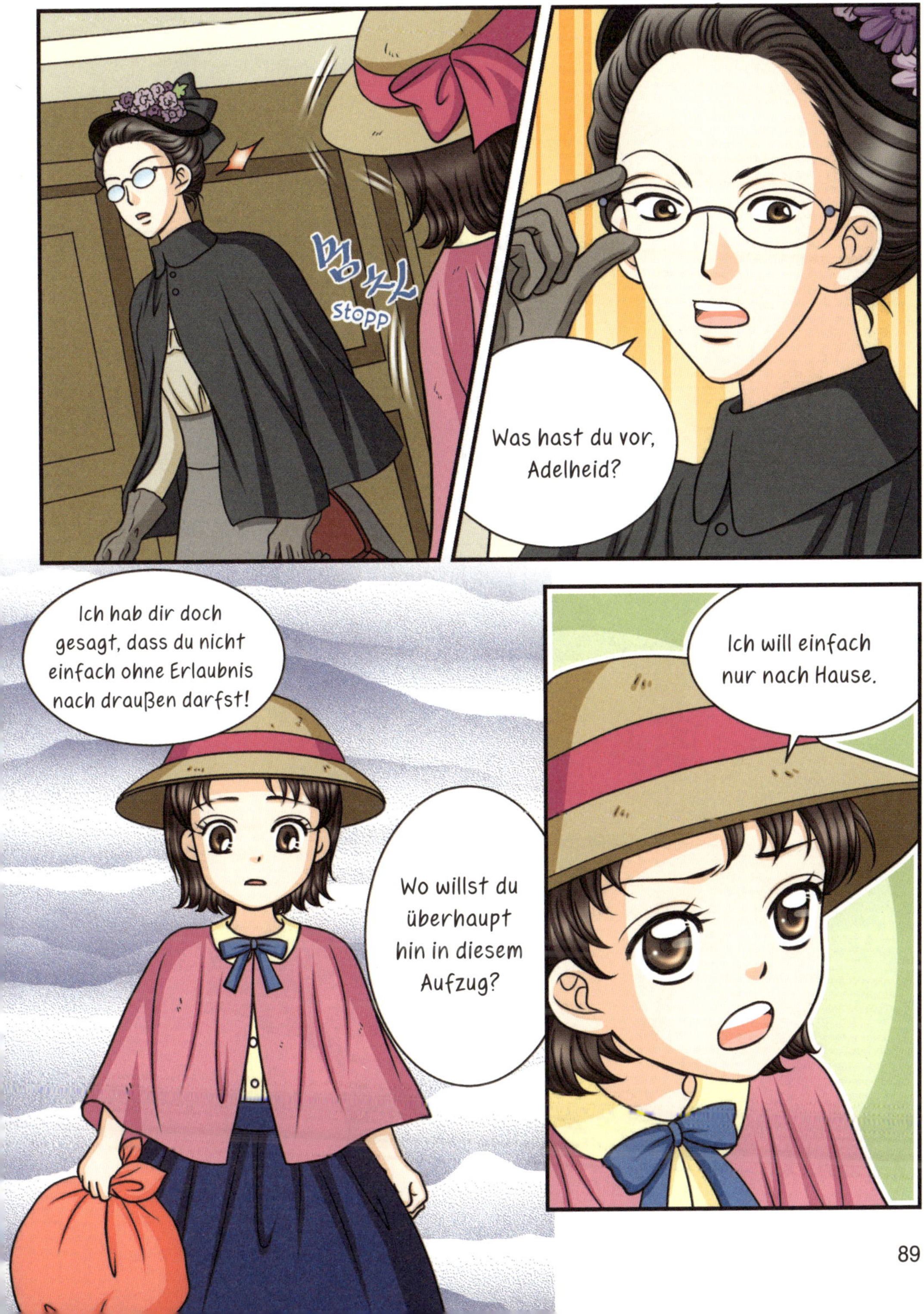
멈칫
Stopp
Was hast du vor, Adelheid?
Ich hab dir doch gesagt, dass du nicht einfach ohne Erlaubnis nach draußen darfst!
Wo willst du überhaupt hin in diesem Aufzug?
Ich will einfach nur nach Hause.

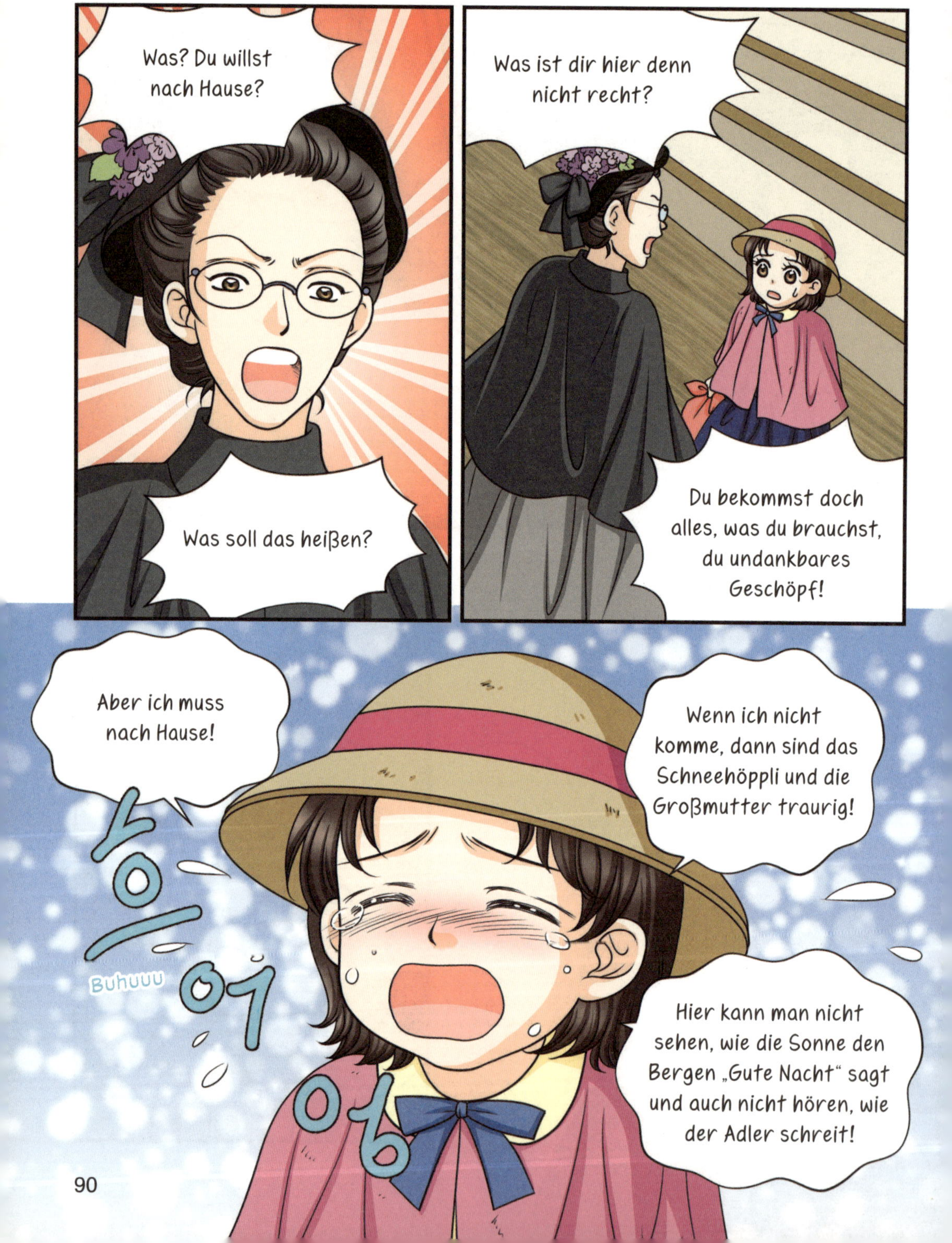
Was? Du willst nach Hause?
Was soll das heißen?
Was ist dir hier denn nicht recht?
Du bekommst doch alles, was du brauchst, du undankbares Geschöpf!
Aber ich muss nach Hause!
Wenn ich nicht komme, dann sind das Schneehöppli und die Großmutter traurig!
Buhuuu
Hier kann man nicht sehen, wie die Sonne den Bergen „Gute Nacht“ sagt und auch nicht hören, wie der Adler schreit!

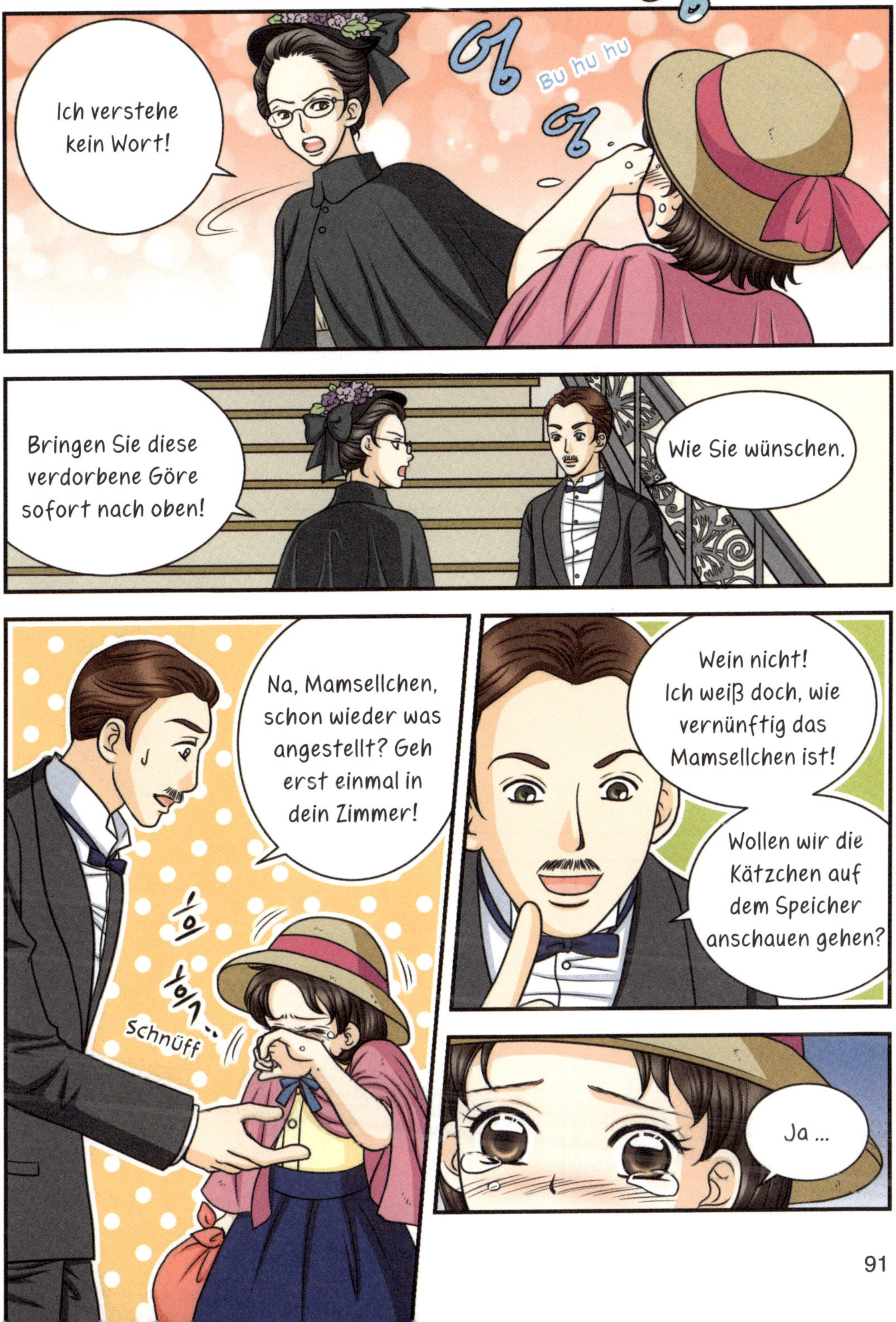
Ich verstehe kein Wort!
Bu hu hu
Bringen Sie diese verdorbene Göre sofort nach oben!
Wie Sie wünschen.
Na, Mamsellchen, schon wieder was angestellt? Geh erst einmal in dein Zimmer!
Schnüff
Wein nicht! Ich weiß doch, wie vernünftig das Mamsellchen ist!
Wollen wir die Kätzchen auf dem Speicher anschauen gehen?
Ja ...

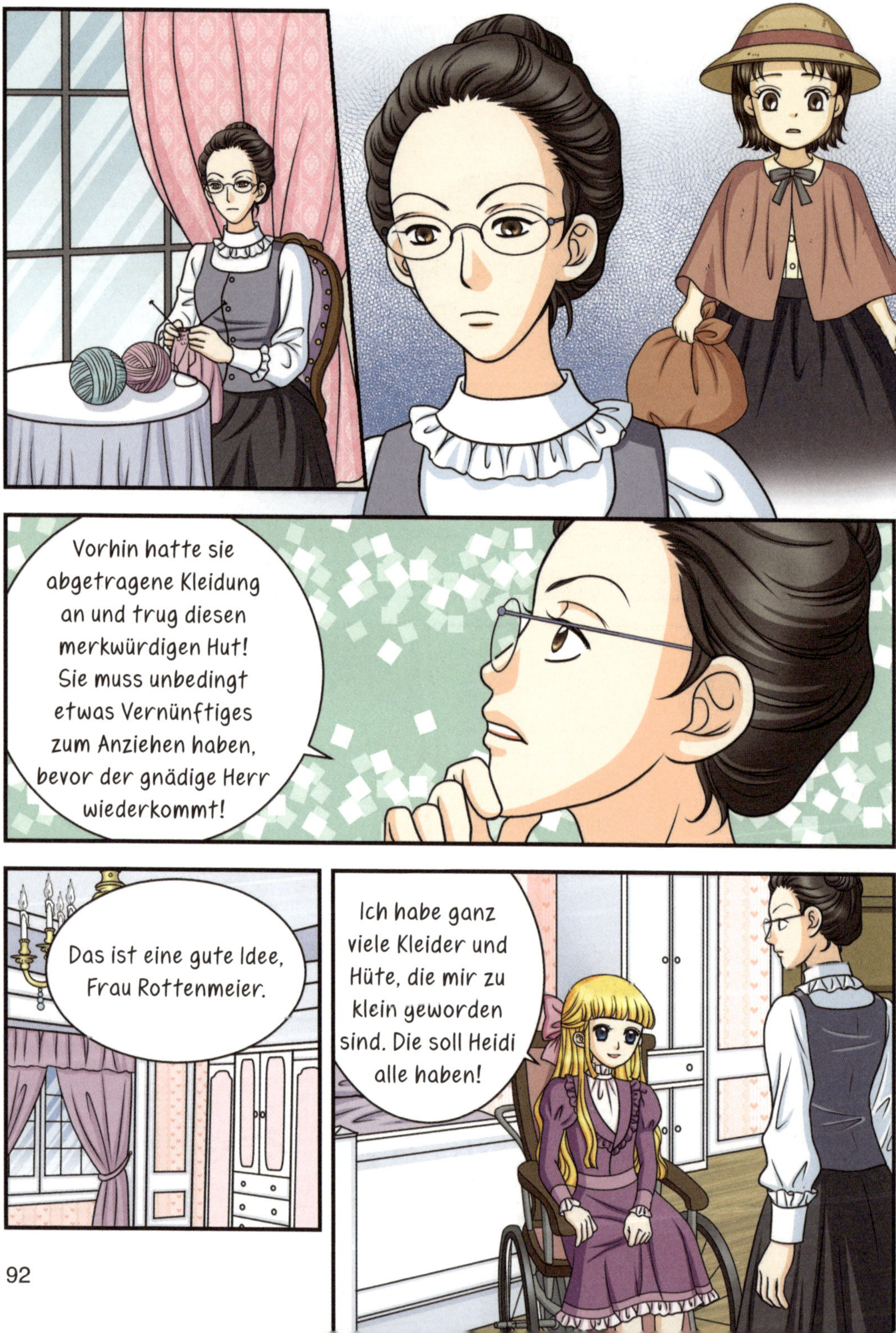
Vorhin hatte sie abgetragene Kleidung an und trug diesen merkwürdigen Hut! Sie muss unbedingt etwas Vernünftiges zum Anziehen haben, bevor der gnädige Herr wiederkommt!
Das ist eine gute Idee, Frau Rottenmeier.
Ich habe ganz viele Kleider und Hüte, die mir zu klein geworden sind. Die soll Heidi alle haben!

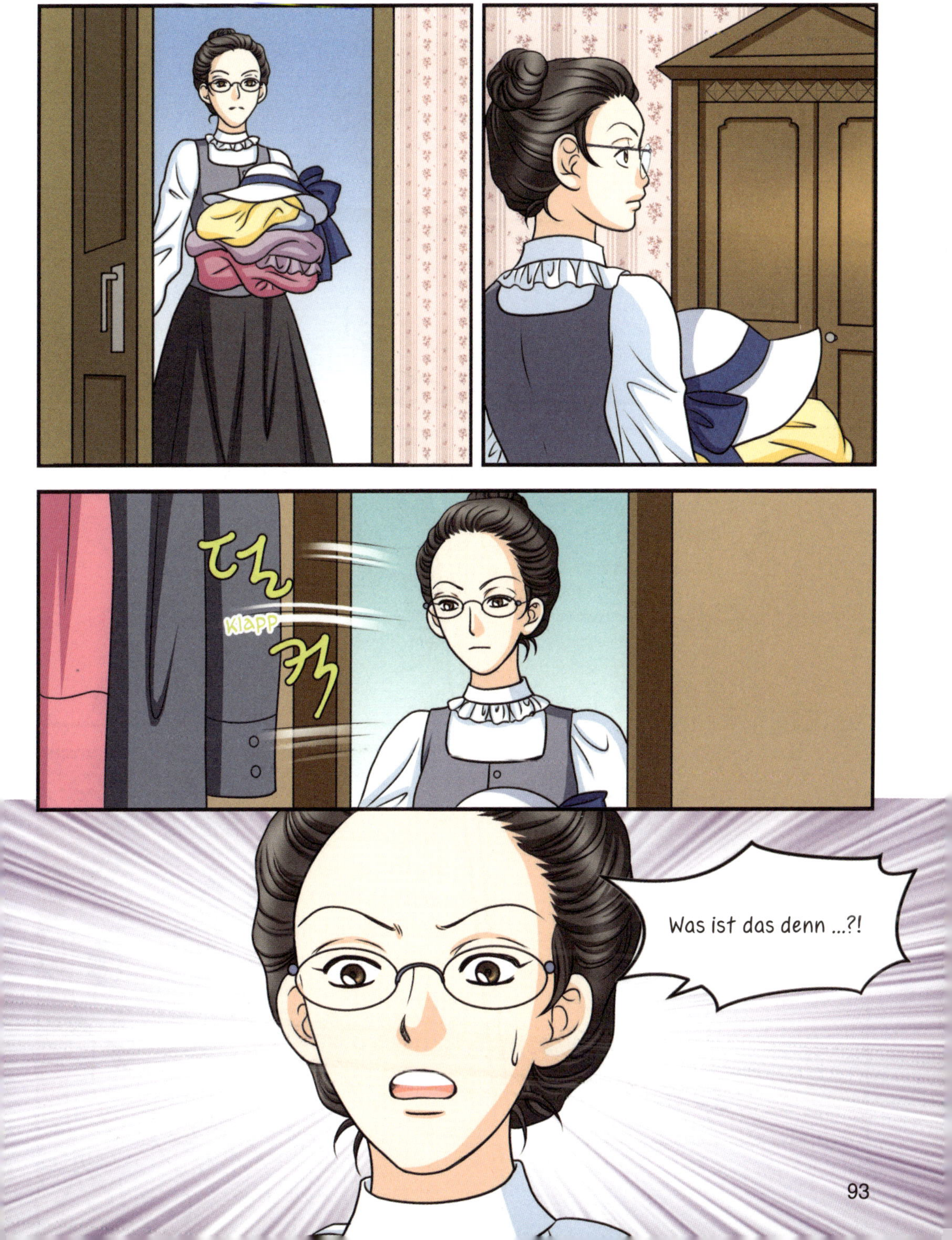
Klapp
Was ist das denn ...?!

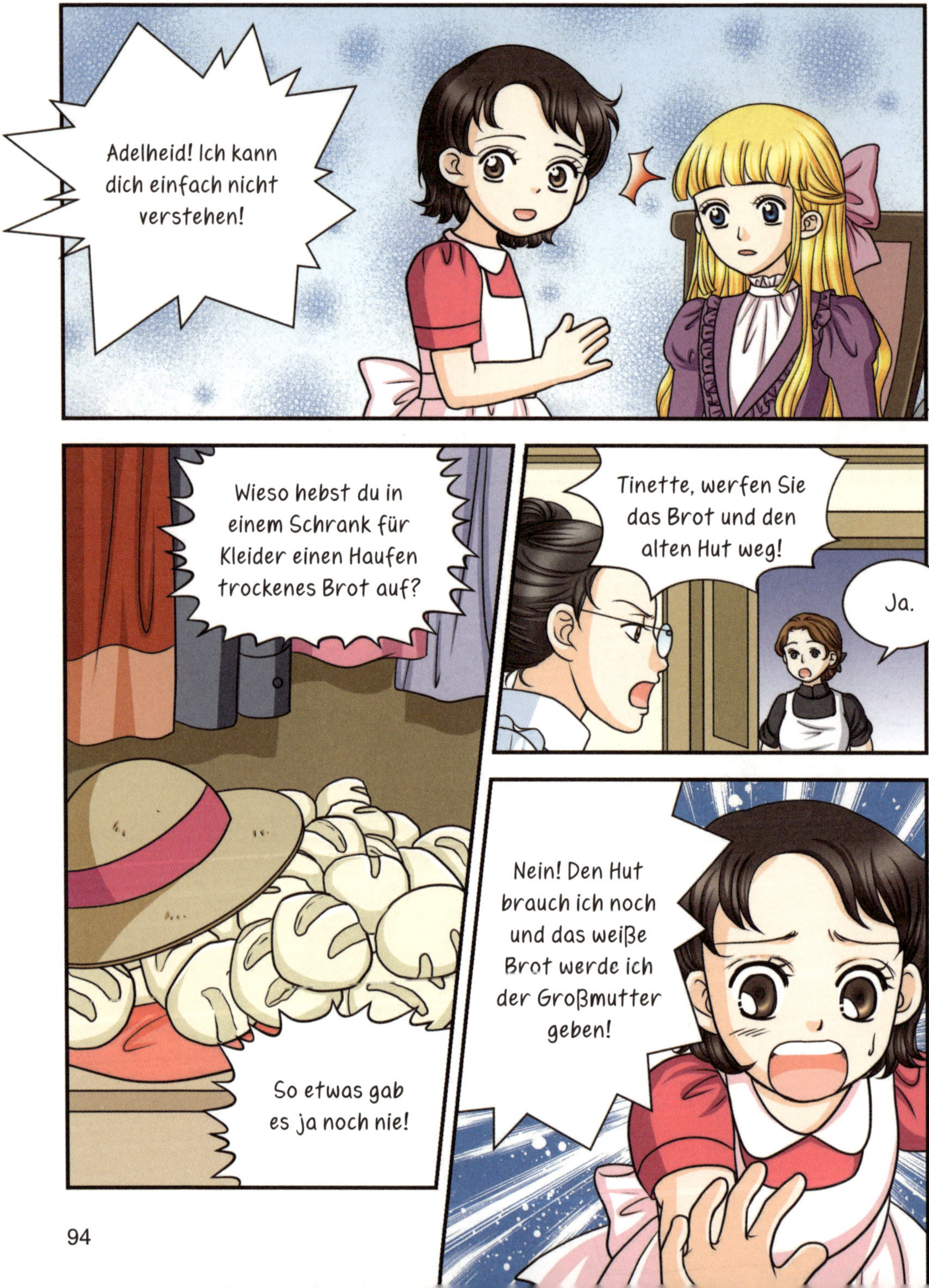
Adelheid! Ich kann dich einfach nicht verstehen!
Wieso hebst du in einem Schrank für Kleider einen Haufen trockenes Brot auf?
So etwas gab es ja noch nie!
Tinette, werfen Sie das Brot und den alten Hut weg!
Ja.
Nein! Den Hut brauch ich noch und das weiße Brot werde ich der Großmutter geben!

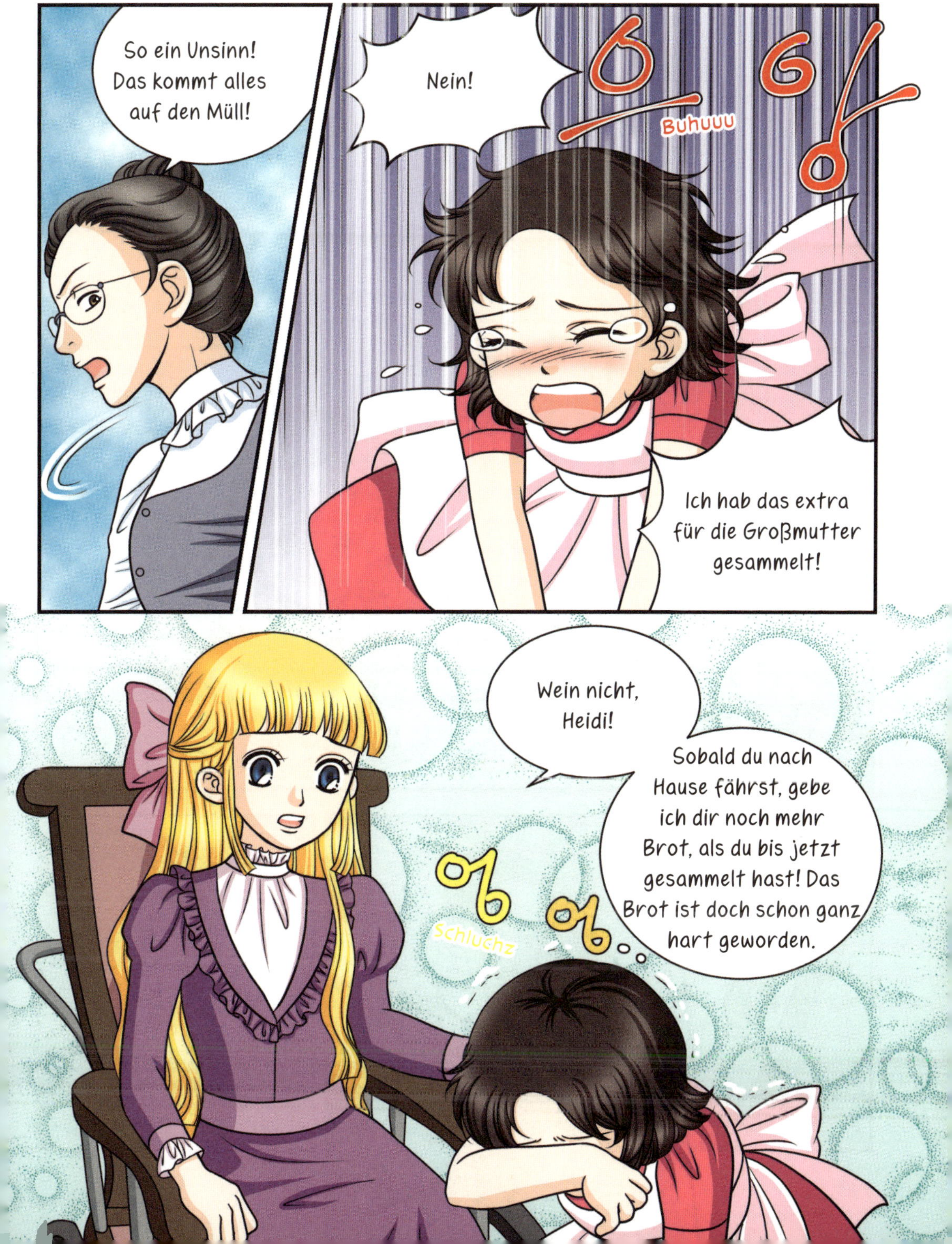
So ein Unsinn! Das kommt alles auf den Müll!
Nein!
Buhuuu
Ich hab das extra für die Großmutter gesammelt!
Wein nicht, Heidi!
Sobald du nach Hause fährst, gebe ich dir noch mehr Brot, als du bis jetzt gesammelt hast! Das Brot ist doch schon ganz hart geworden.
Schluchz

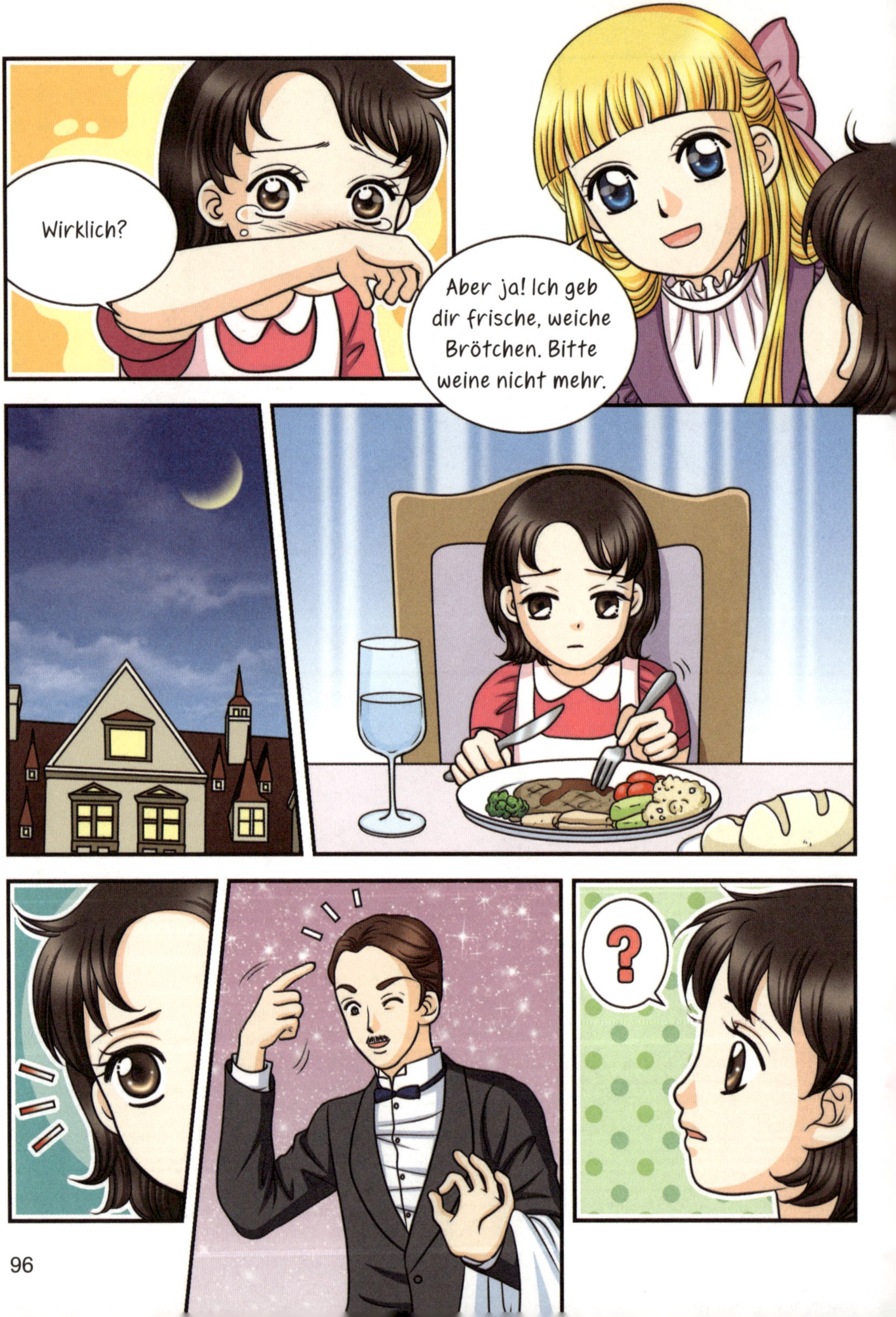
Wirklich?
Aber ja! Ich geb dir frische, weiche Brötchen. Bitte weine nicht mehr.
?

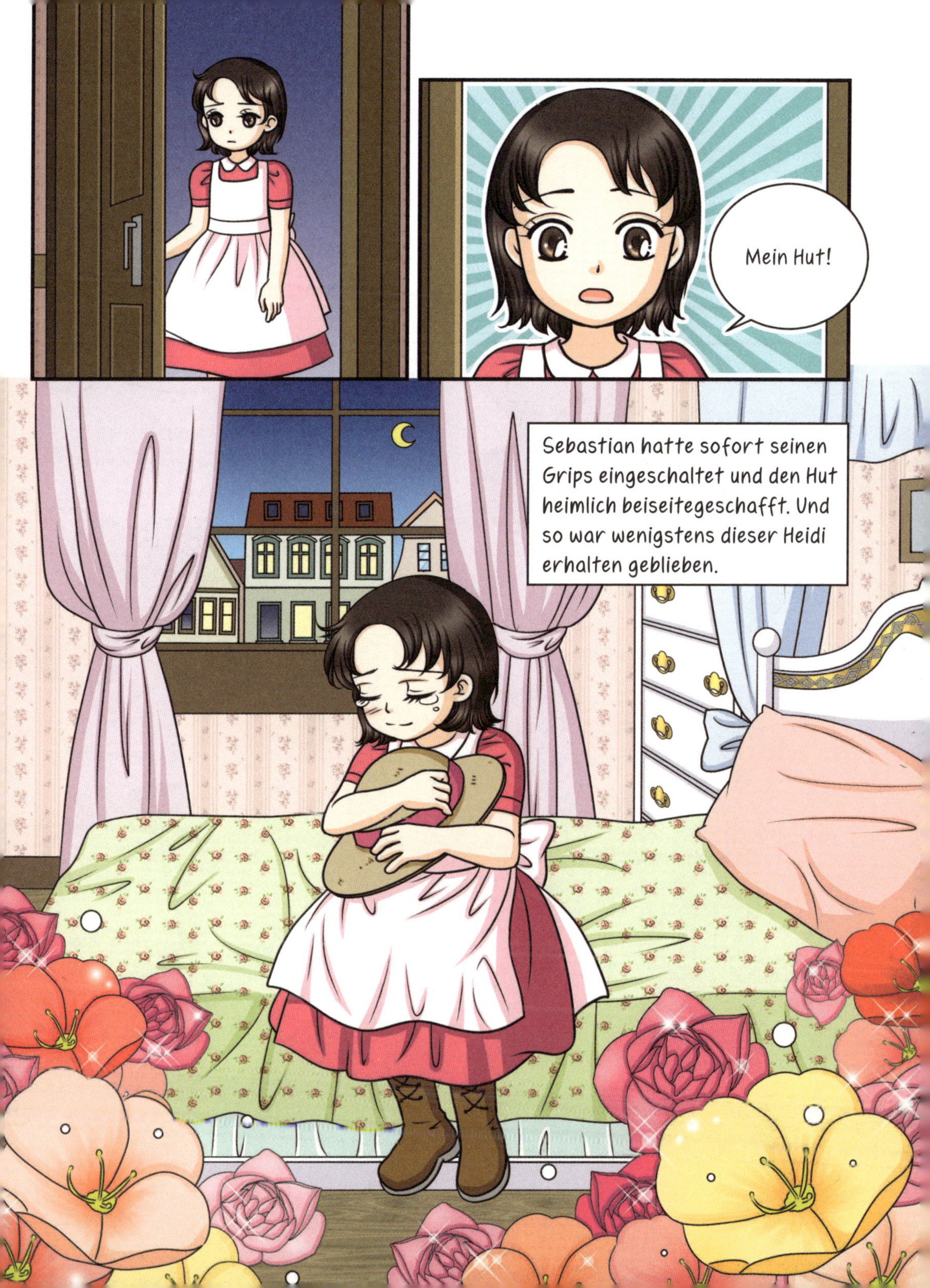
Mein Hut!
Sebastian hatte sofort seinen Grips eingeschaltet und den Hut heimlich beiseitegeschafft. Und so war wenigstens dieser Heidi erhalten geblieben.

6. Kapitel

Besuch von Großmama

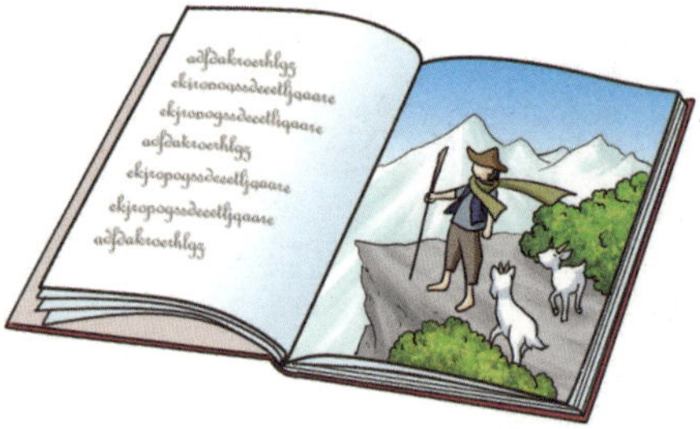

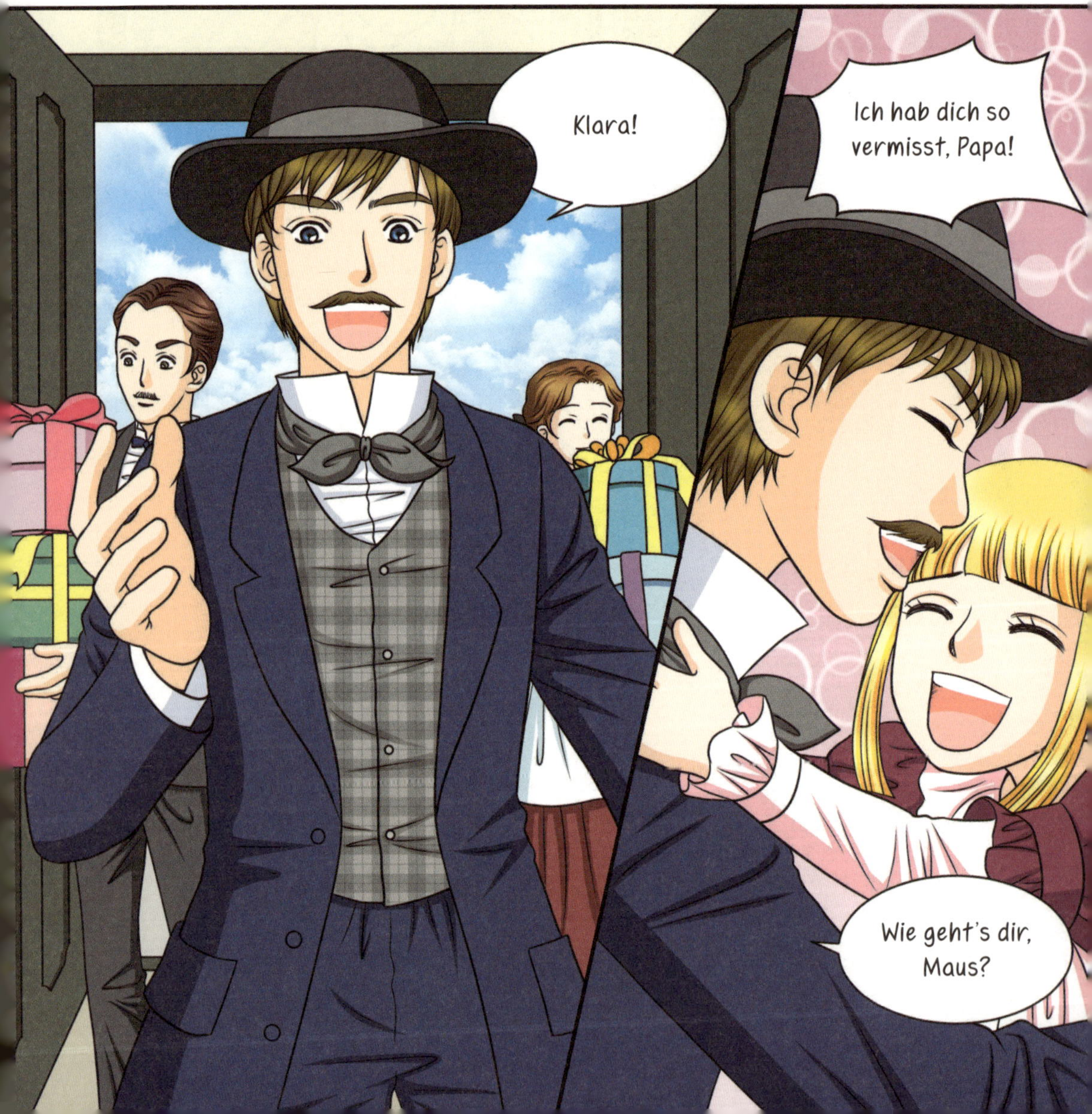

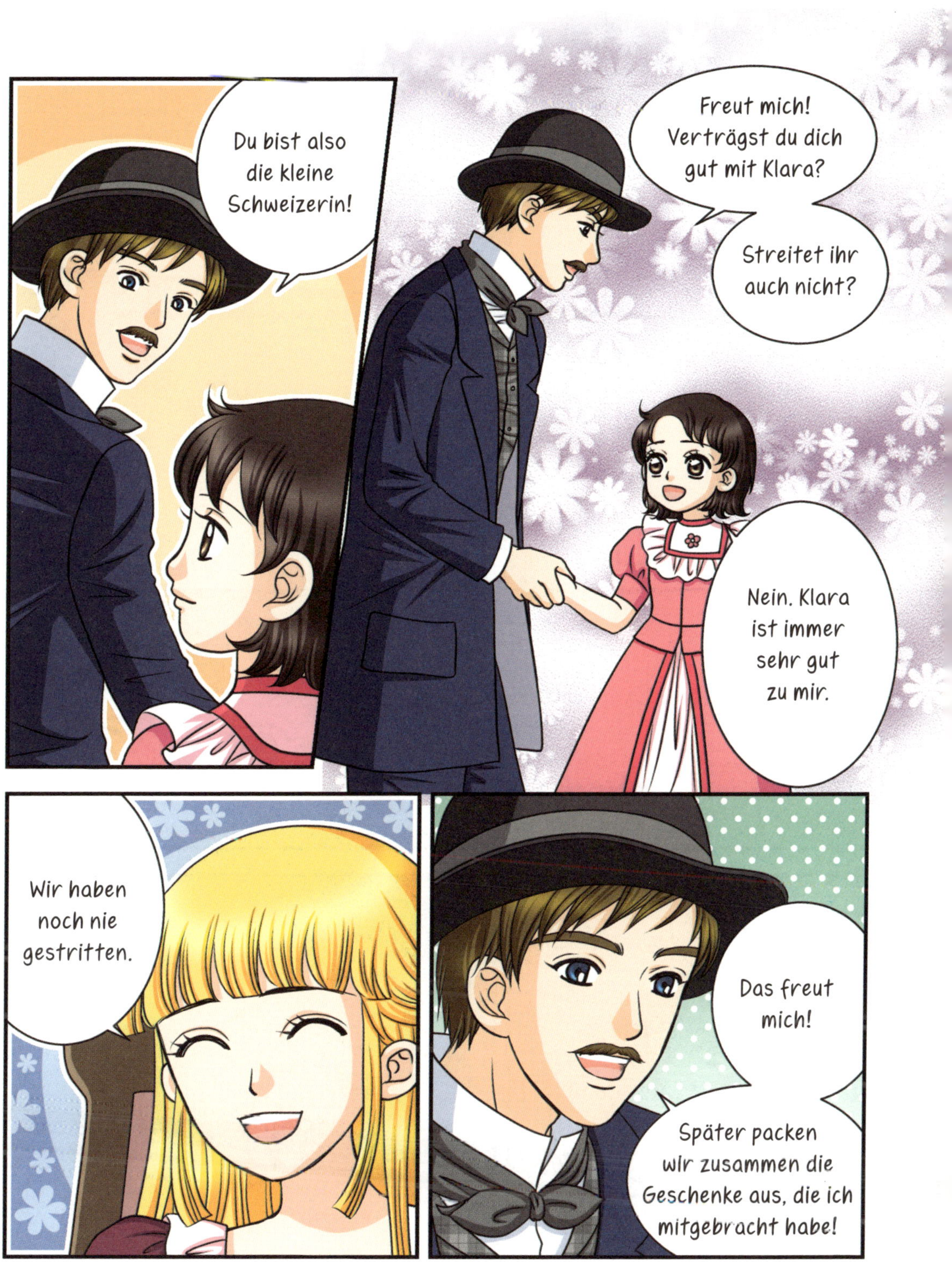
Du bist also die kleine Schweizerin!
Freut mich! Verträgst du dich gut mit Klara?
Streitet ihr auch nicht?
Nein. Klara ist immer sehr gut zu mir.
Wir haben noch nie gestritten.
Das freut mich!
Später packen wir zusammen die Geschenke aus, die ich mitgebracht habe!

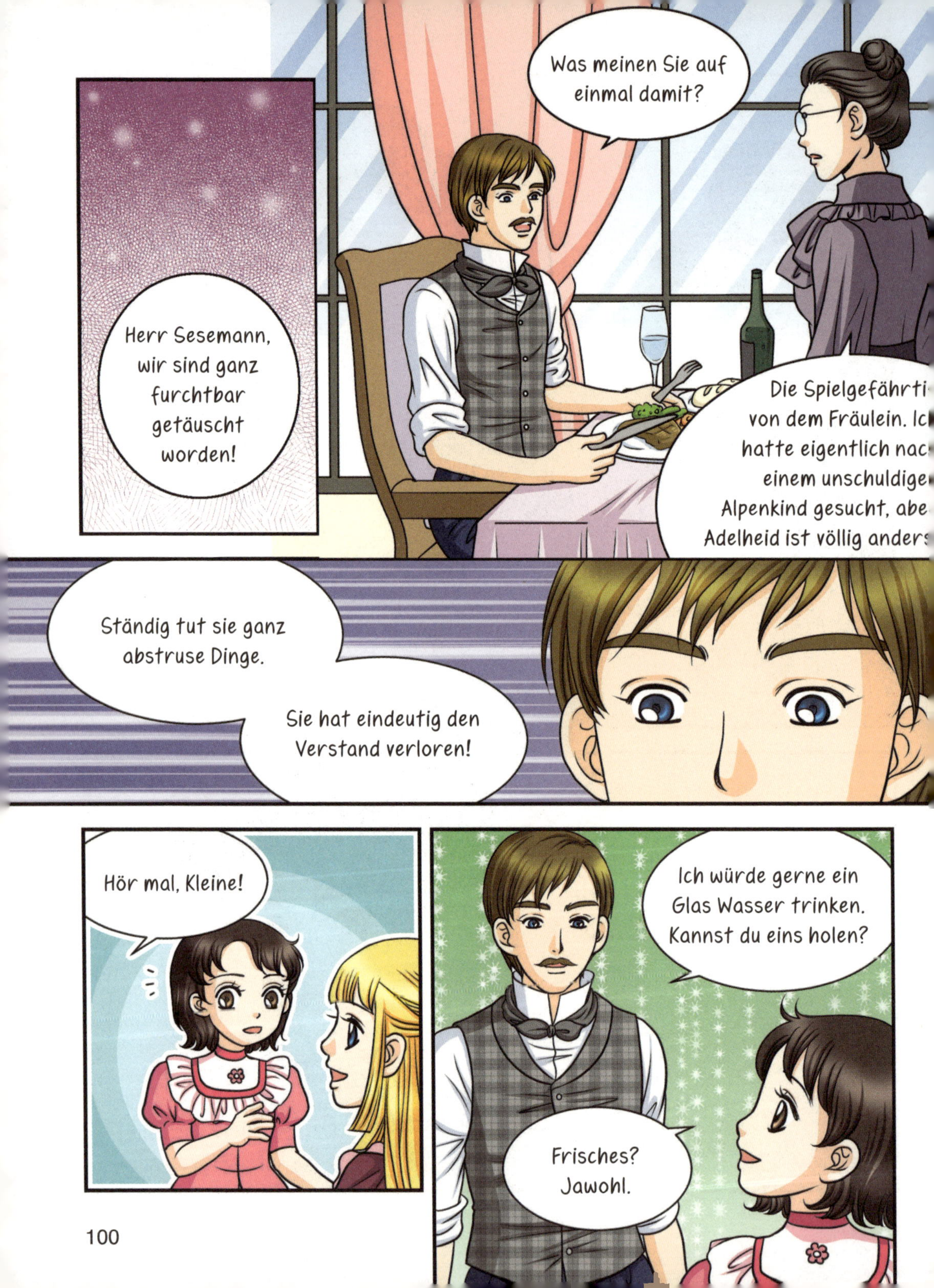

Herr Sesemann, wir sind ganz furchtbar getäuscht worden!
Was meinen Sie auf einmal damit?
Die Spielgefährti von dem Fräulein. Ic hatte eigentlich nac einem unschuldige Alpenkind gesucht, abe Adelheid ist völlig anders
Ständig tut sie ganz abstruse Dinge.
Sie hat eindeutig den Verstand verloren!
Hör mal, Kleine!
Ich würde gerne ein Glas Wasser trinken. Kannst du eins holen?
Frisches? Jawohl.

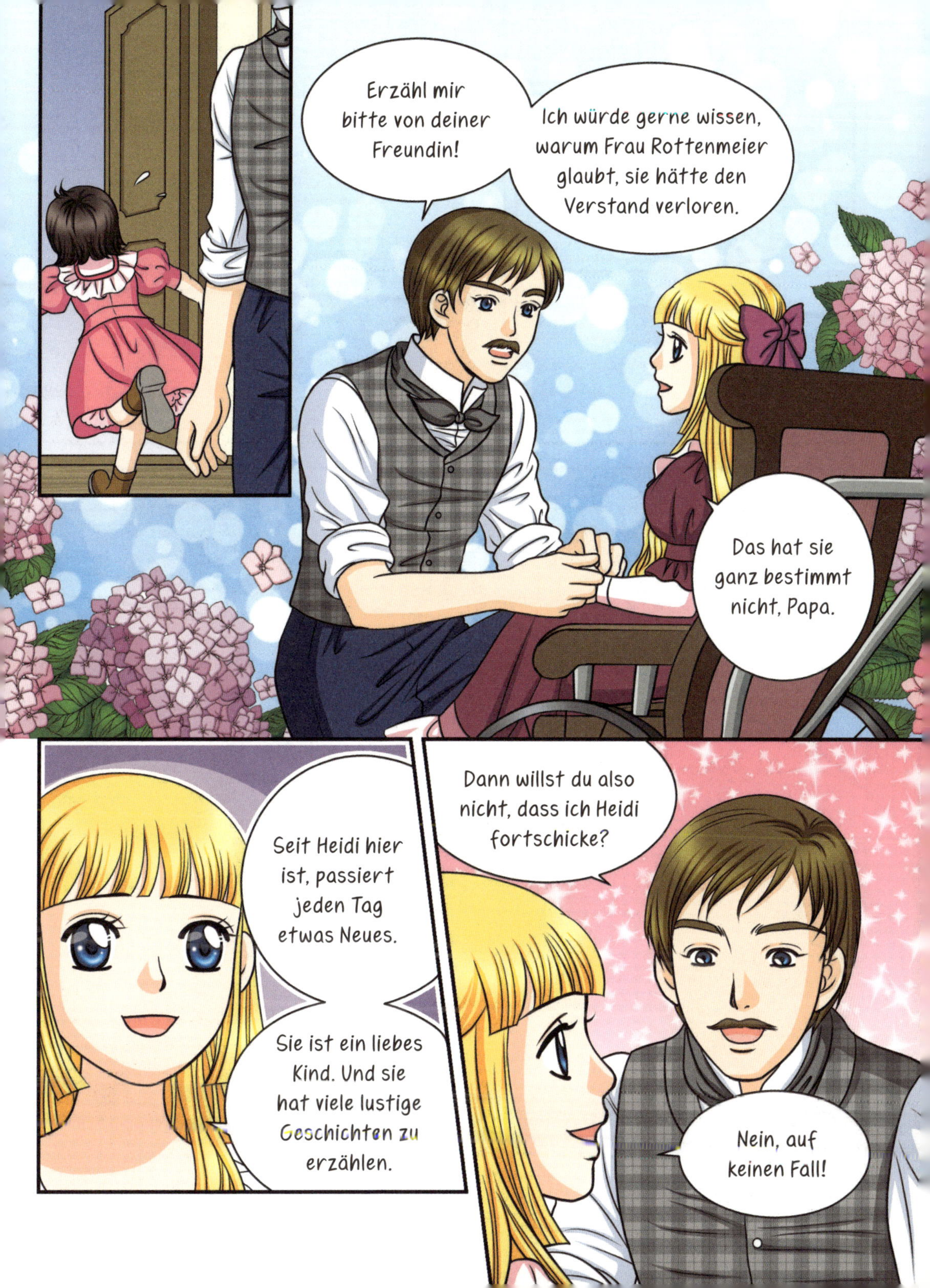
Erzähl mir bitte von deiner Freundin!
Ich würde gerne wissen, warum Frau Rottenmeier glaubt, sie hätte den Verstand verloren.
Das hat sie ganz bestimmt nicht, Papa.
Seit Heidi hier ist, passiert jeden Tag etwas Neues.
Sie ist ein liebes Kind. Und sie hat viele lustige Geschichten zu erzählen.
Dann willst du also nicht, dass ich Heidi fortschicke?
Nein, auf keinen Fall!

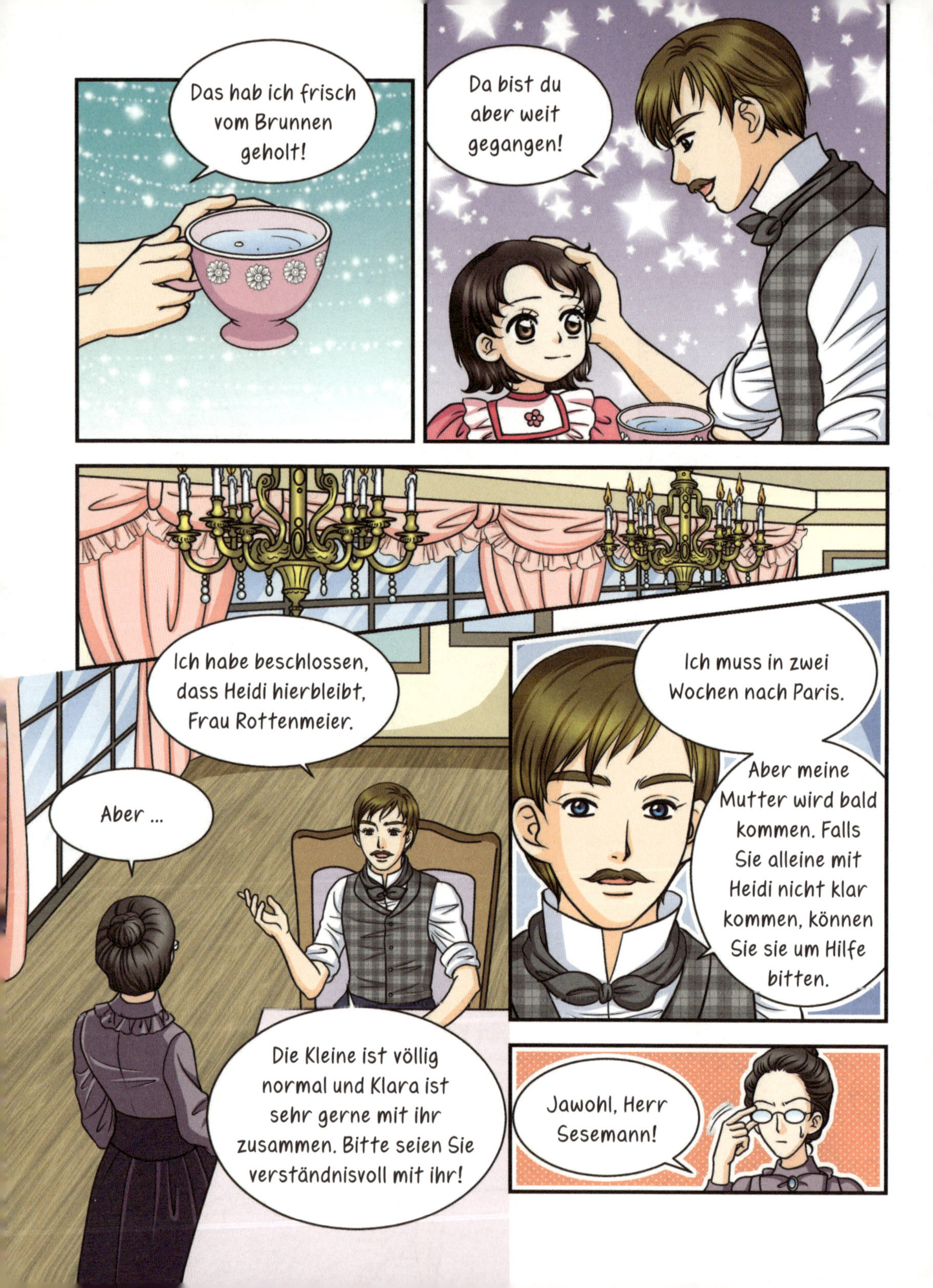
Das hab ich frisch vom Brunnen geholt!
Da bist du aber weit gegangen!
Ich habe beschlossen, dass Heidi hierbleibt, Frau Rottenmeier.
Aber ...
Die Kleine ist völlig normal und Klara ist sehr gerne mit ihr zusammen. Bitte seien Sie verständnisvoll mit ihr!
Ich muss in zwei Wochen nach Paris.
Aber meine Mutter wird bald kommen. Falls Sie alleine mit Heidi nicht klar kommen, können Sie sie um Hilfe bitten.
Jawohl, Herr Sesemann!

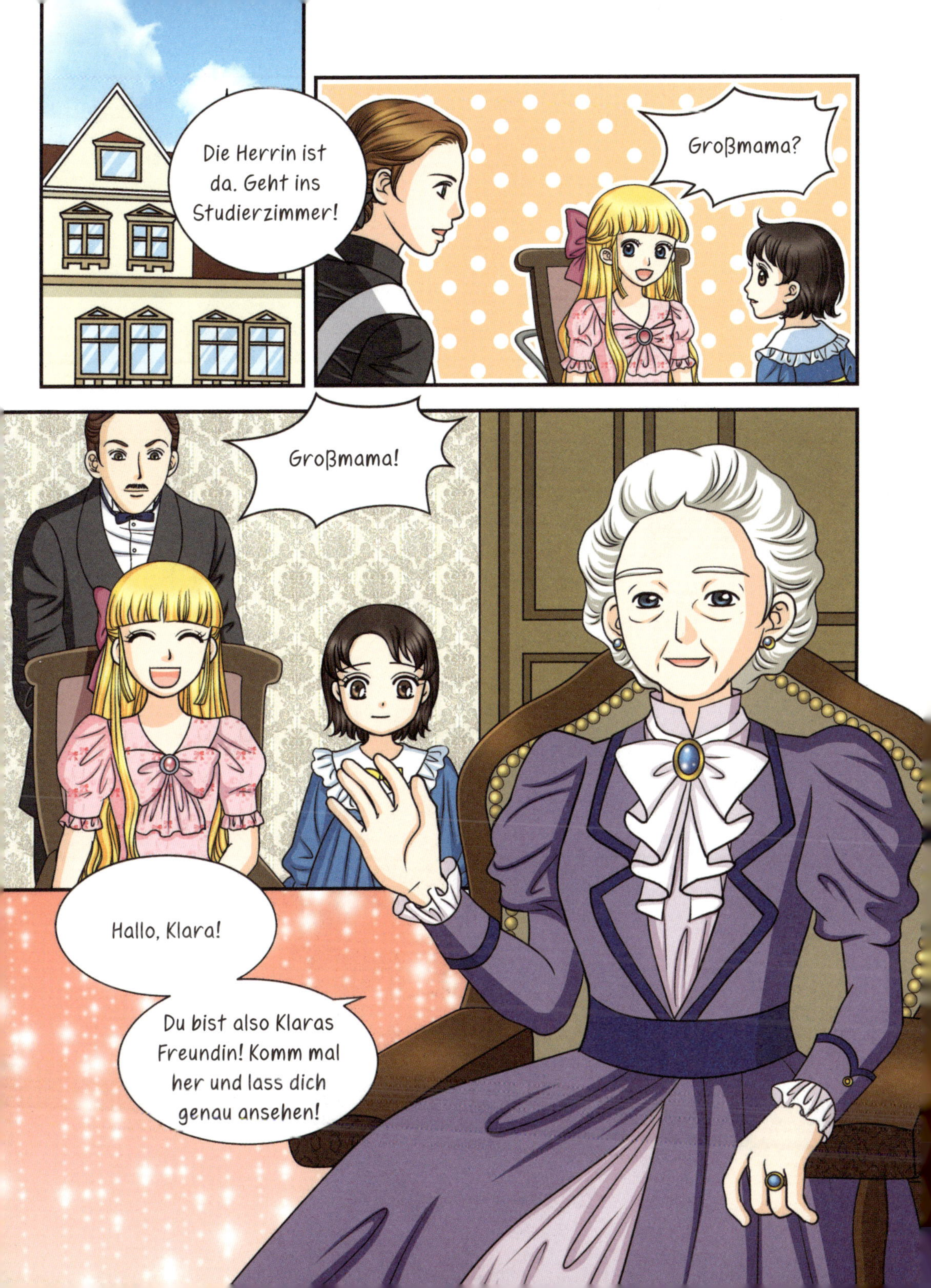
Die Herrin ist da. Geht ins Studierzimmer!
Großmama?
Großmama!
Hallo, Klara!
Du bist also Klaras Freundin! Komm mal her und lass dich genau ansehen!

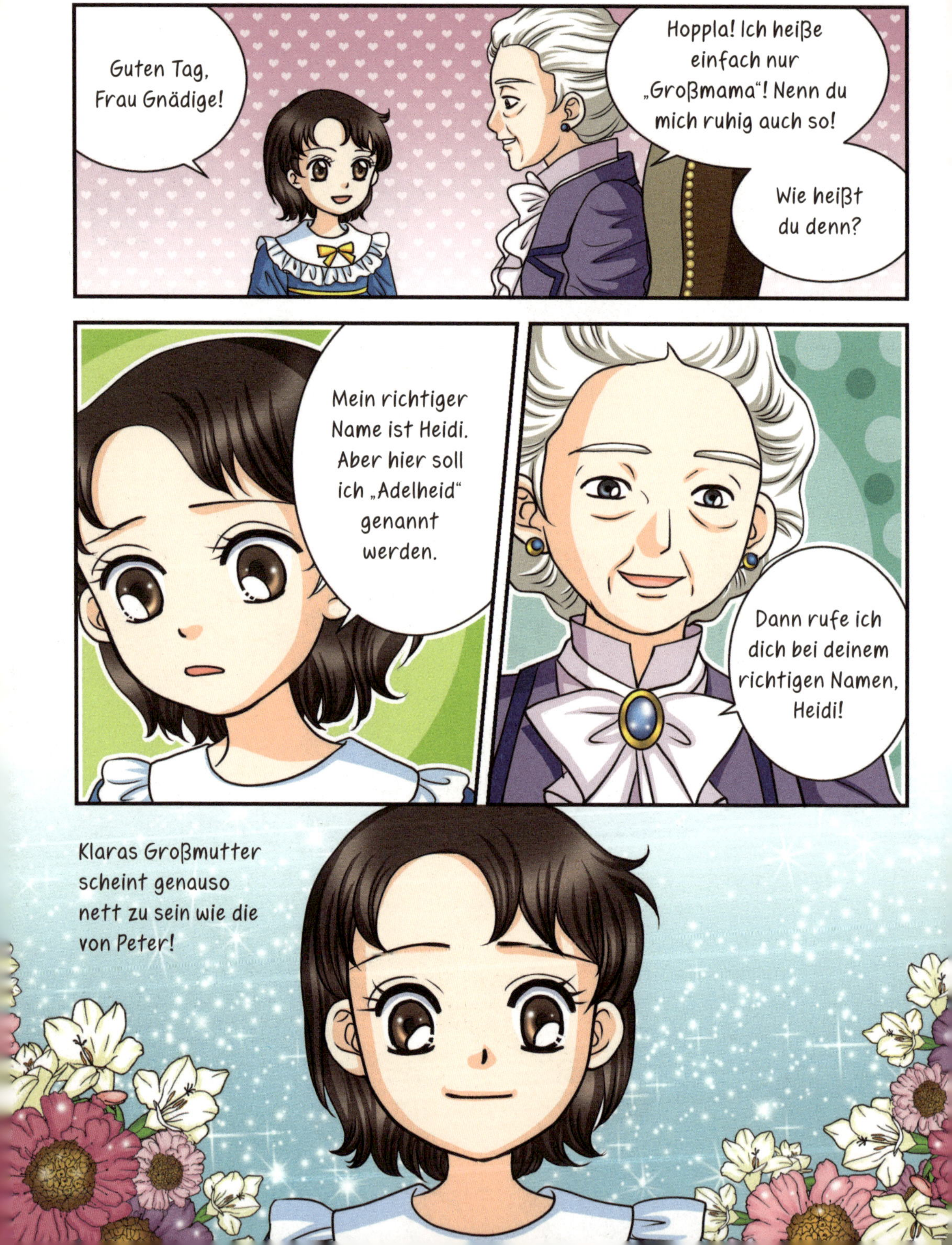
Guten Tag, Frau Gnädige!
Hoppla! Ich heiße einfach nur „Großmama“! Nenn du mich ruhig auch so!
Wie heißt du denn?
Mein richtiger Name ist Heidi. Aber hier soll ich „Adelheid“ genannt werden.
Dann rufe ich dich bei deinem richtigen Namen, Heidi!
Klaras Großmutter scheint genauso nett zu sein wie die von Peter!

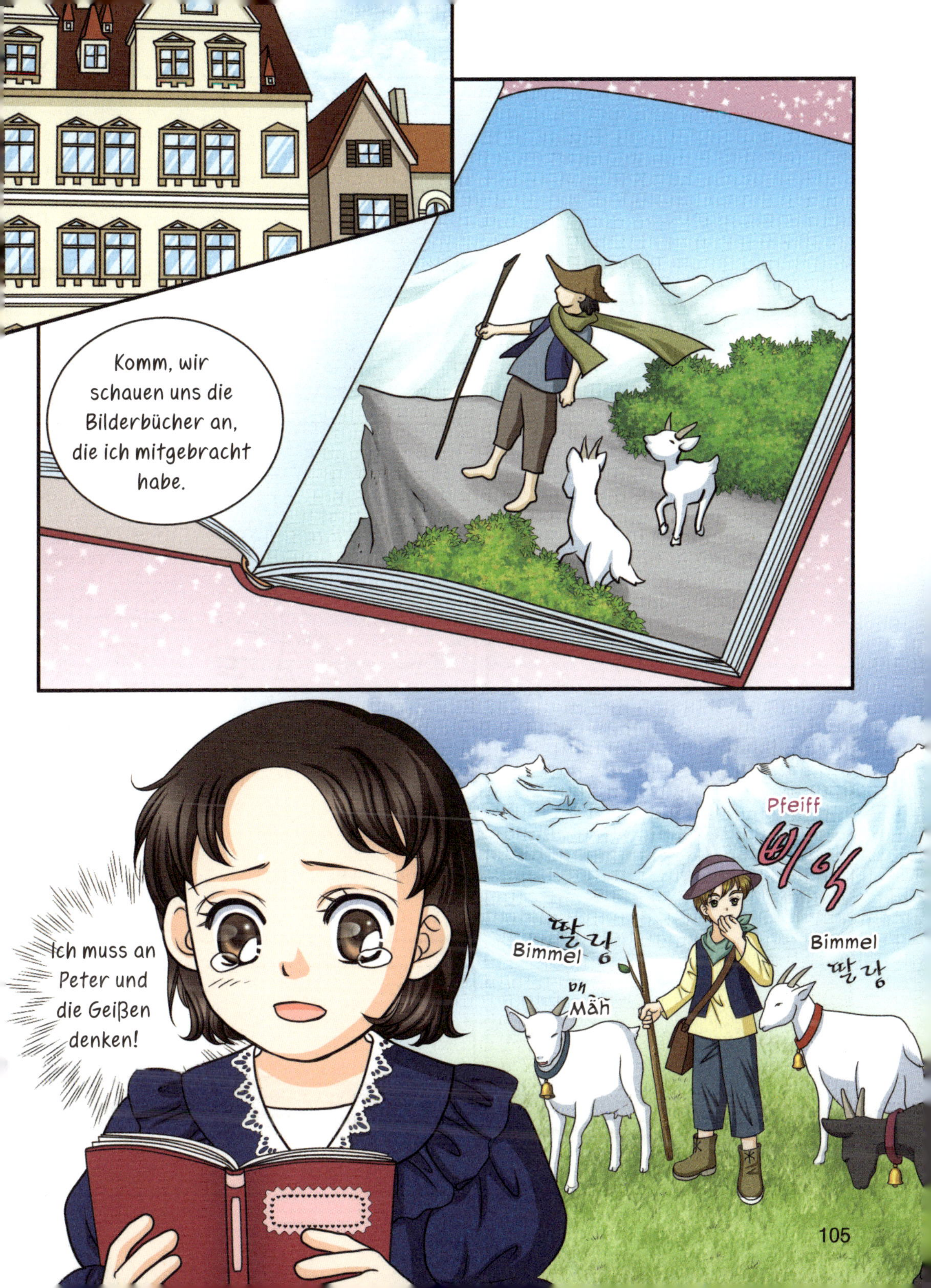

Komm, wir schauen uns die Bilderbücher an, die ich mitgebracht habe.
Pfeiff
삐익
Ich muss an Peter und die Geißen denken!
딸랑
Bimmel
매
Mäh
Bimmel
딸랑

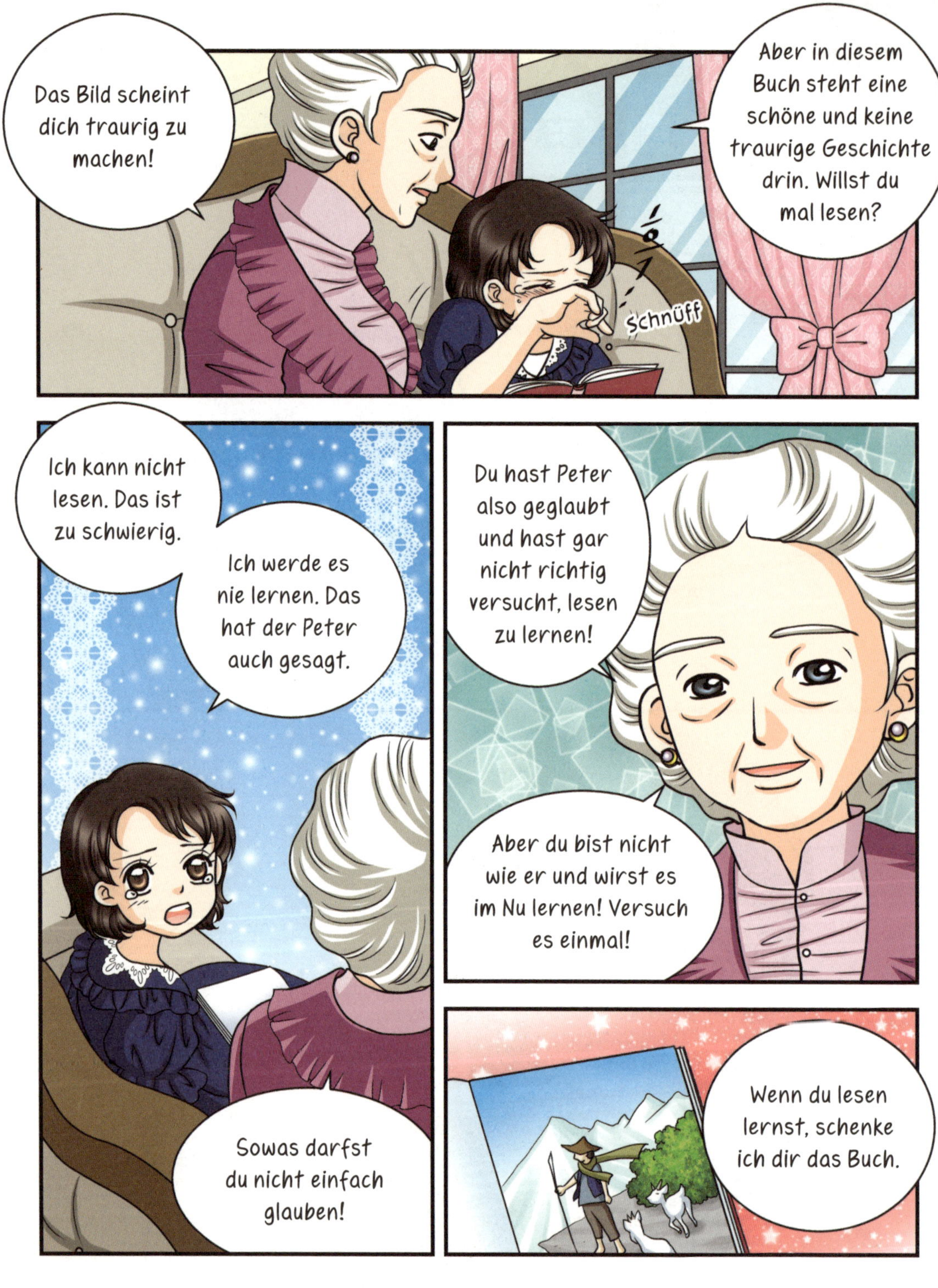

Das Bild scheint dich traurig zu machen!
Aber in diesem Buch steht eine schöne und keine traurige Geschichte drin. Willst du mal lesen?
Schnüff
Ich kann nicht lesen. Das ist zu schwierig.
Ich werde es nie lernen. Das hat der Peter auch gesagt.
Sowas darfst du nicht einfach glauben!
Du hast Peter also geglaubt und hast gar nicht richtig versucht, lesen zu lernen!
Aber du bist nicht wie er und wirst es im Nu lernen! Versuch es einmal!
Wenn du lesen lernst, schenke ich dir das Buch.

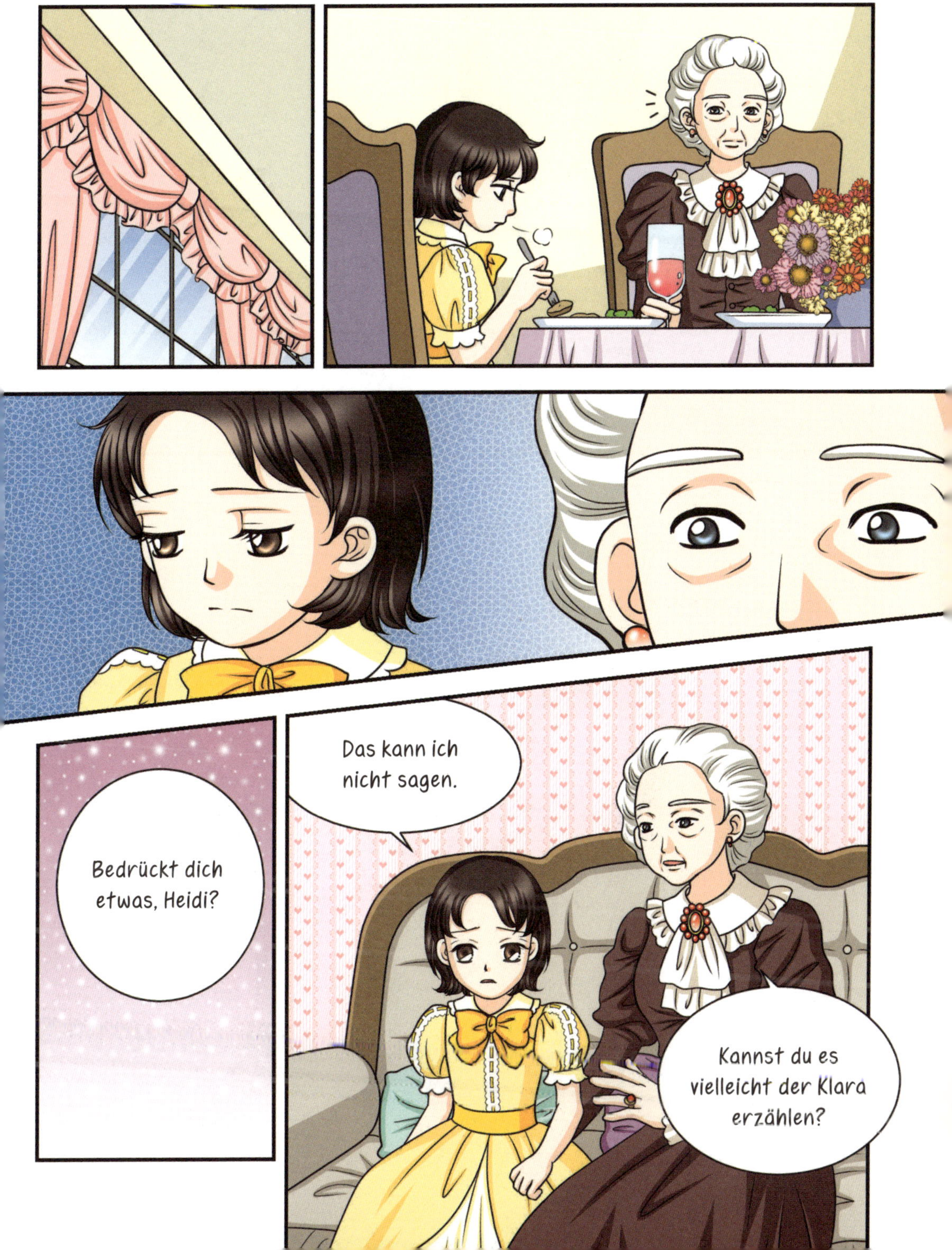
Bedrückt dich etwas, Heidi?
Das kann ich nicht sagen.
Kannst du es vielleicht der Klara erzählen?

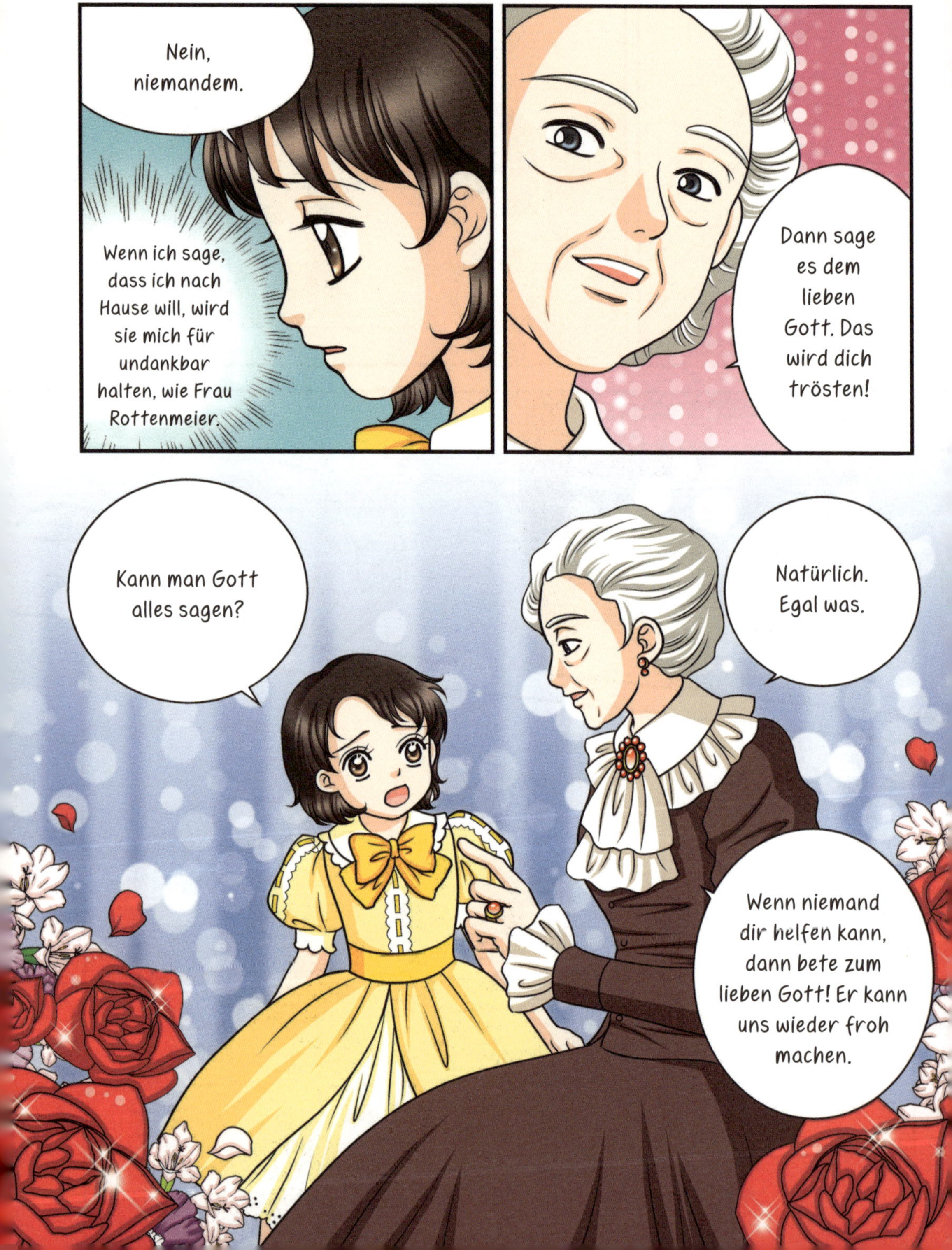
Nein, niemandem.
Wenn ich sage, dass ich nach Hause will, wird sie mich für undankbar halten, wie Frau Rottenmeier.
Dann sage es dem lieben Gott. Das wird dich trösten!
Kann man Gott alles sagen?
Natürlich. Egal was.
Wenn niemand dir helfen kann, dann bete zum lieben Gott! Er kann uns wieder froh machen.

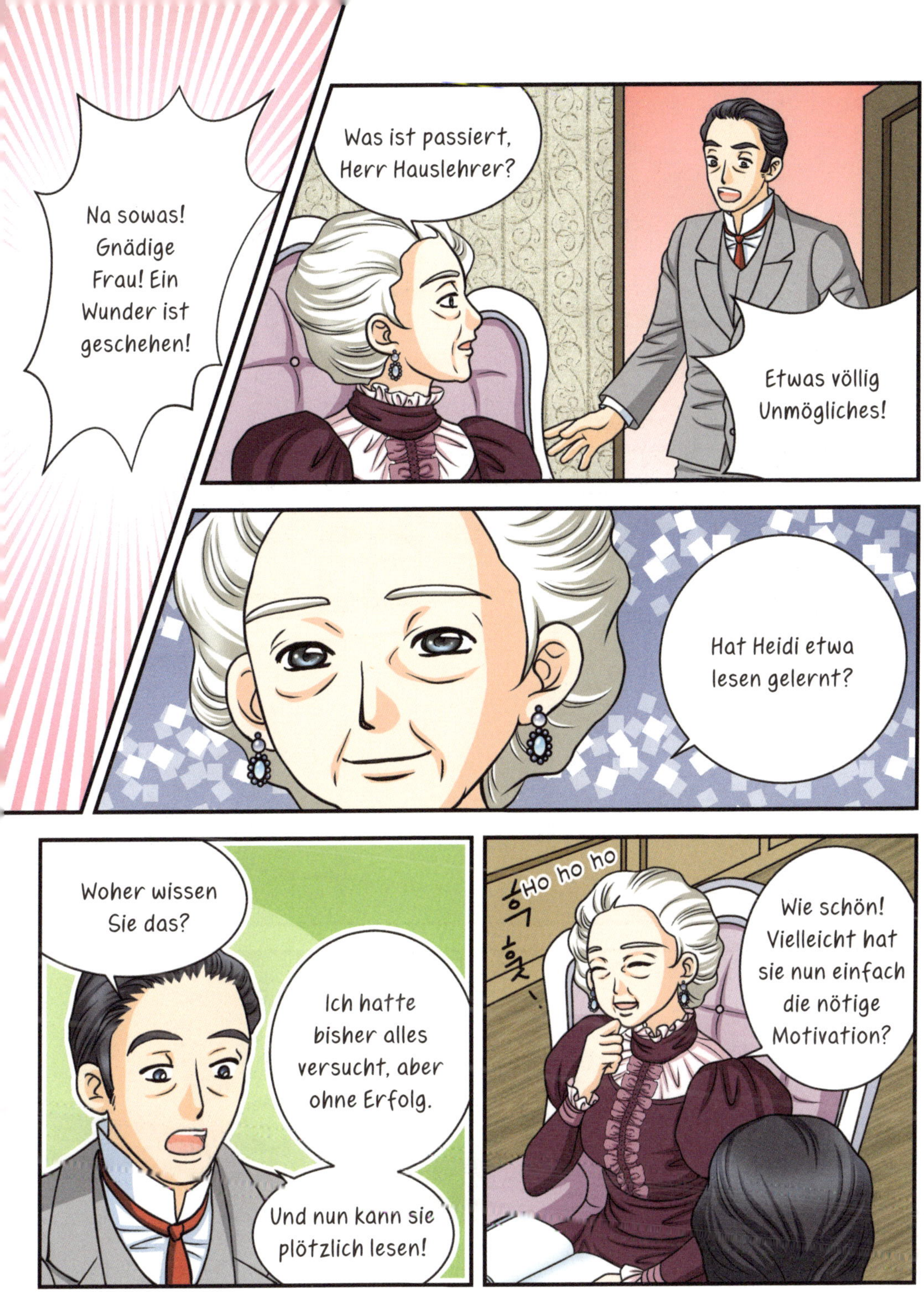
Na sowas! Gnädige Frau! Ein Wunder ist geschehen!
Was ist passiert, Herr Hauslehrer?
Etwas völlig Unmögliches!
Hat Heidi etwa lesen gelernt?
Woher wissen Sie das?
Ich hatte bisher alles versucht, aber ohne Erfolg.
Und nun kann sie plötzlich lesen!
Ho ho ho
Wie schön! Vielleicht hat sie nun einfach die nötige Motivation?

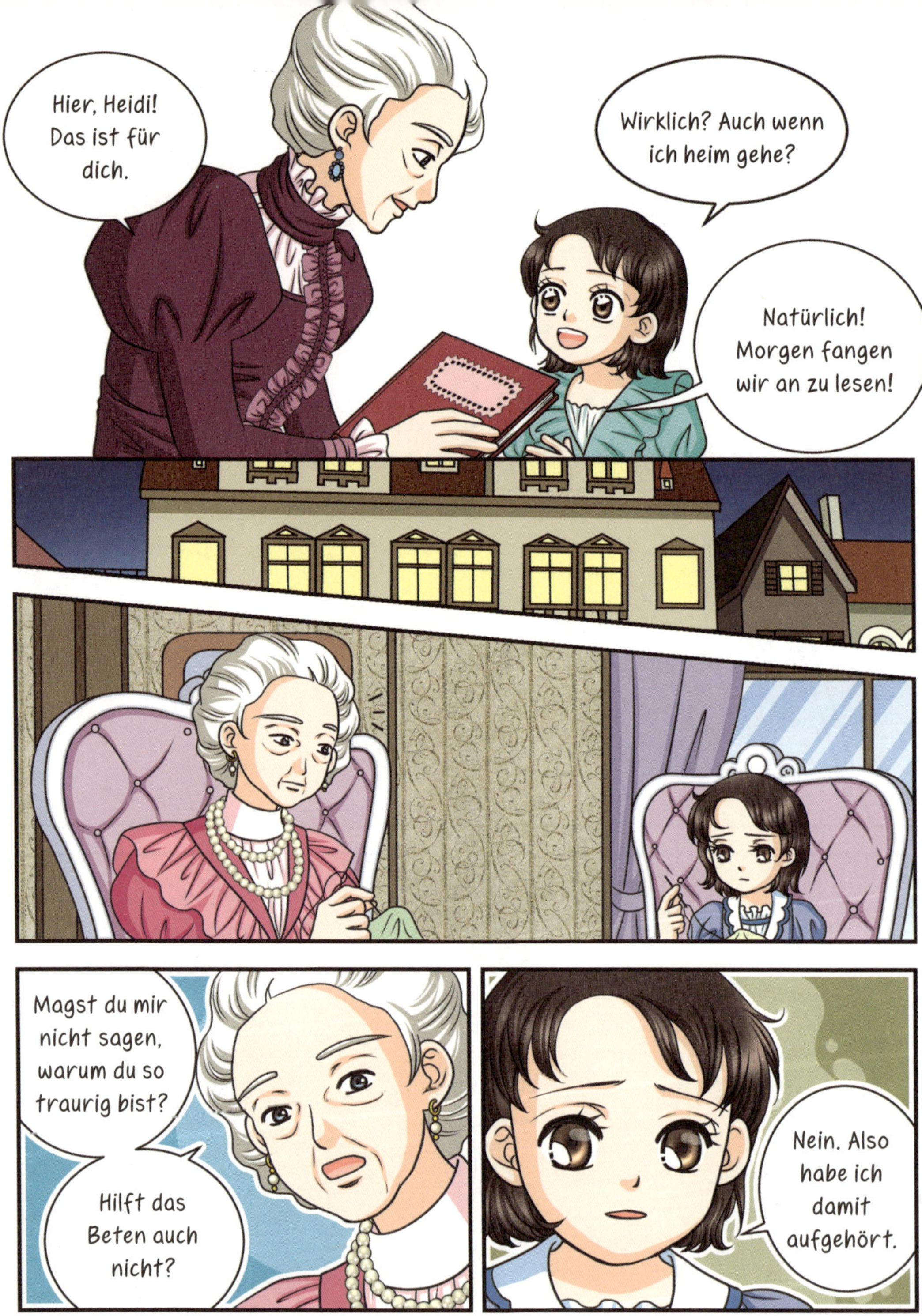

Hier, Heidi! Das ist für dich.
Wirklich? Auch wenn ich heim gehe?
Natürlich! Morgen fangen wir an zu lesen!
Magst du mir nicht sagen, warum du so traurig bist?
Hilft das Beten auch nicht?
Nein. Also habe ich damit aufgehört.

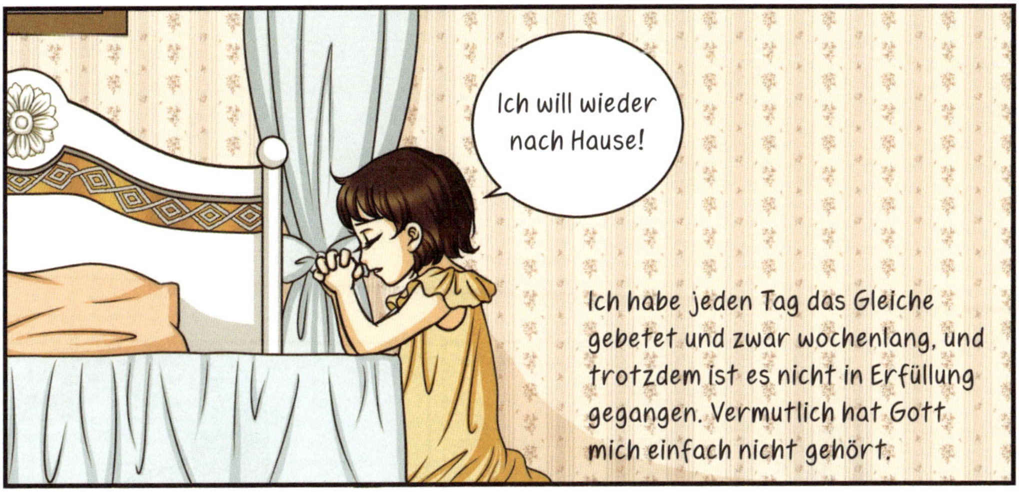
Ich will wieder nach Hause!
Ich habe jeden Tag das Gleiche gebetet und zwar wochenlang, und trotzdem ist es nicht in Erfüllung gegangen. Vermutlich hat Gott mich einfach nicht gehört.

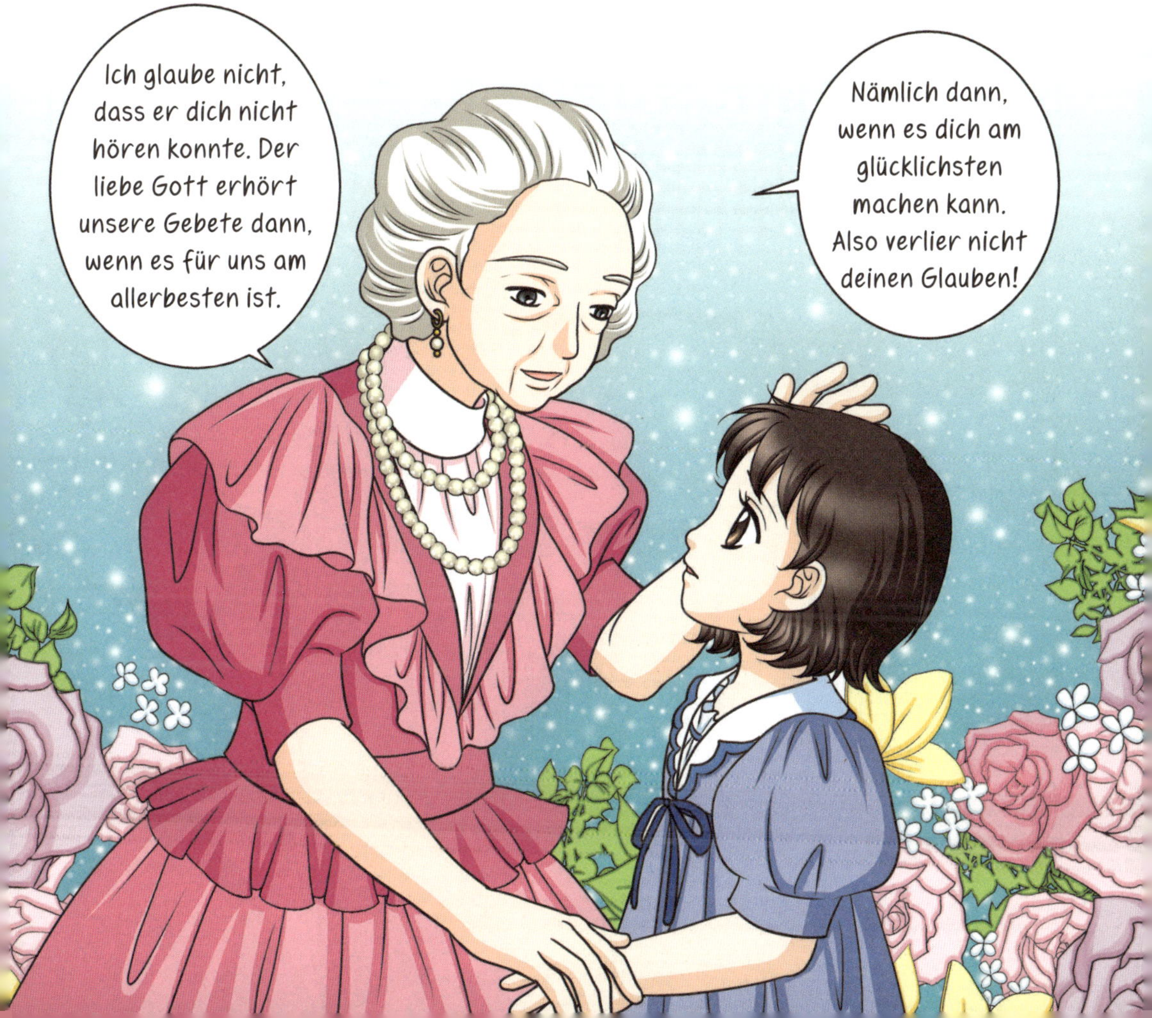
Ich glaube nicht, dass er dich nicht hören konnte. Der liebe Gott erhört unsere Gebete dann, wenn es für uns am allerbesten ist.
Nämlich dann, wenn es dich am glücklichsten machen kann. Also verlier nicht deinen Glauben!

7. Kapitel

Es spukt

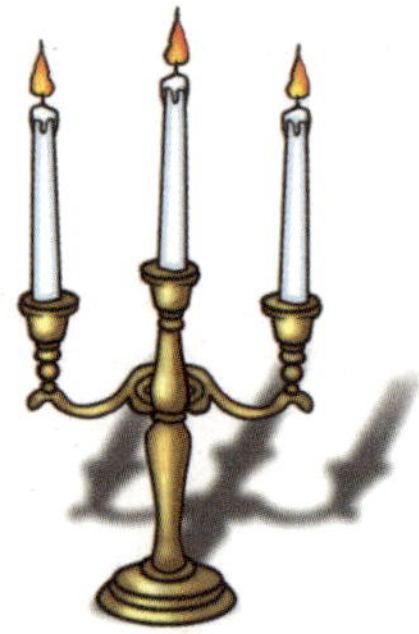

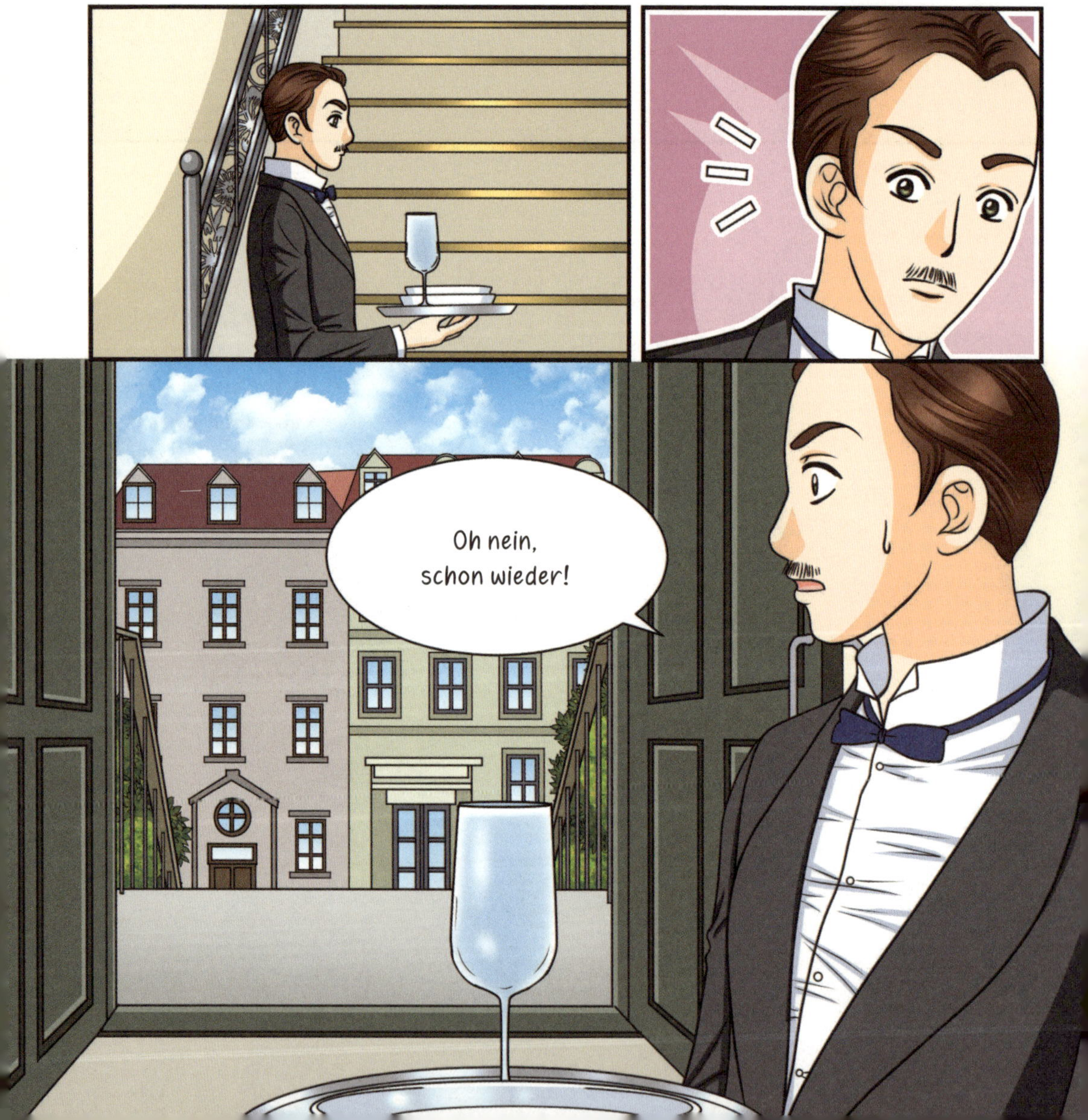

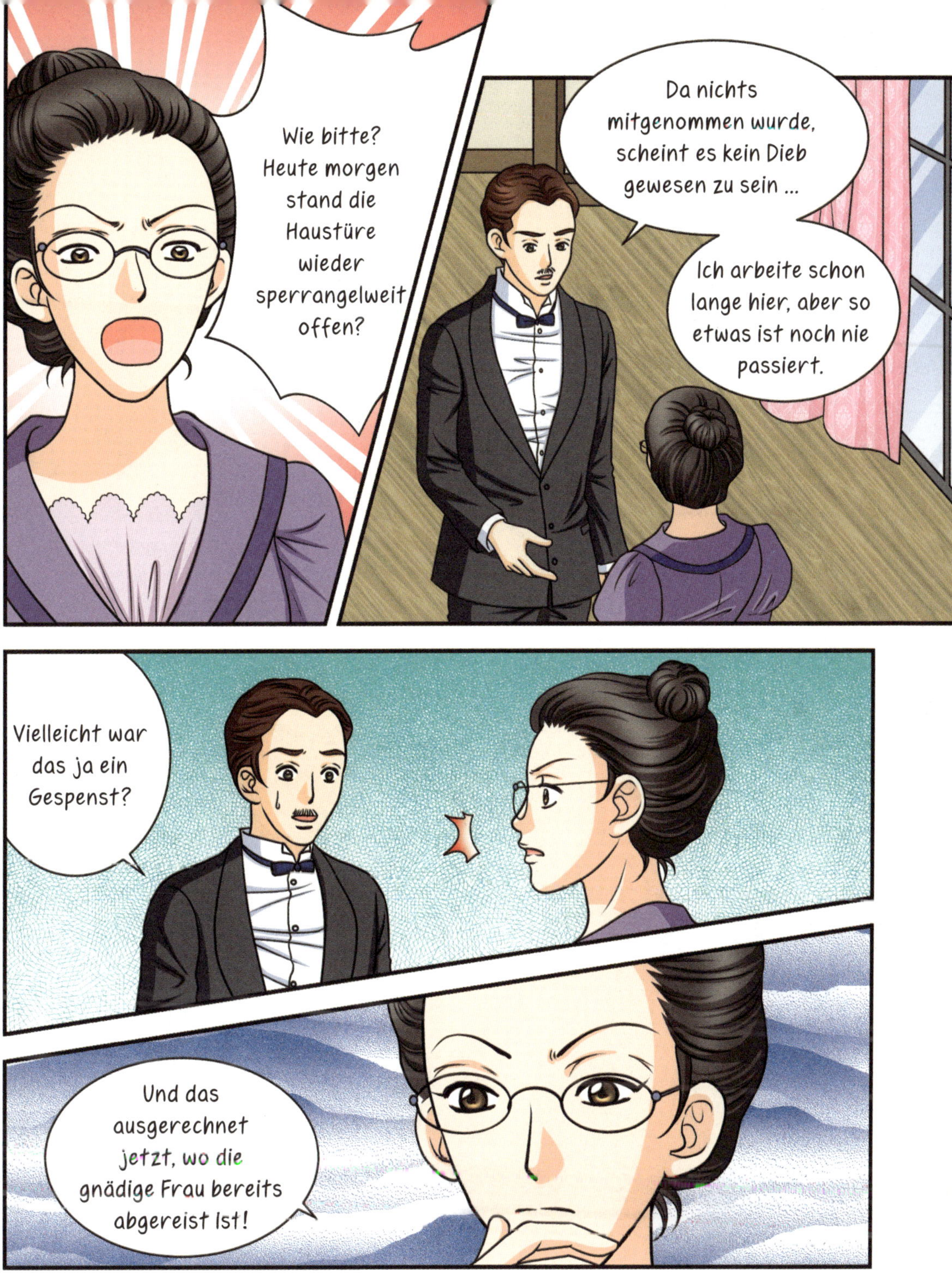
Wie bitte? Heute morgen stand die Haustüre wieder sperrangelweit offen?
Da nichts mitgenommen wurde, scheint es kein Dieb gewesen zu sein ...
Ich arbeite schon lange hier, aber so etwas ist noch nie passiert.
Vielleicht war das ja ein Gespenst?
Und das ausgerechnet jetzt, wo die gnädige Frau bereits abgereist ist!

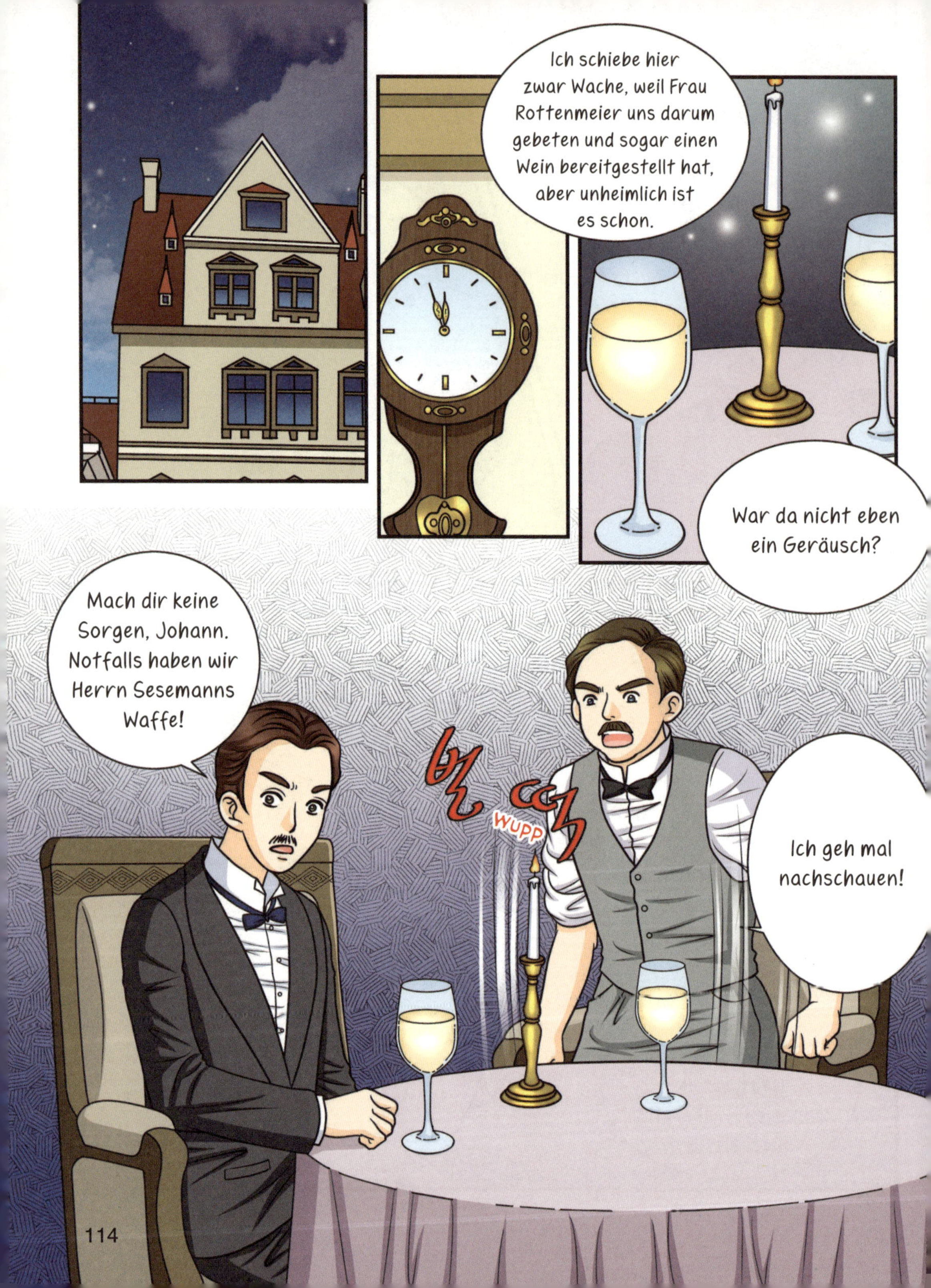
Ich schiebe hier zwar Wache, weil Frau Rottenmeier uns darum gebeten und sogar einen Wein bereitgestellt hat, aber unheimlich ist es schon.
War da nicht eben ein Geräusch?
Mach dir keine Sorgen, Johann. Notfalls haben wir Herrn Sesemanns Waffe!
WUPP
Ich geh mal nachschauen!

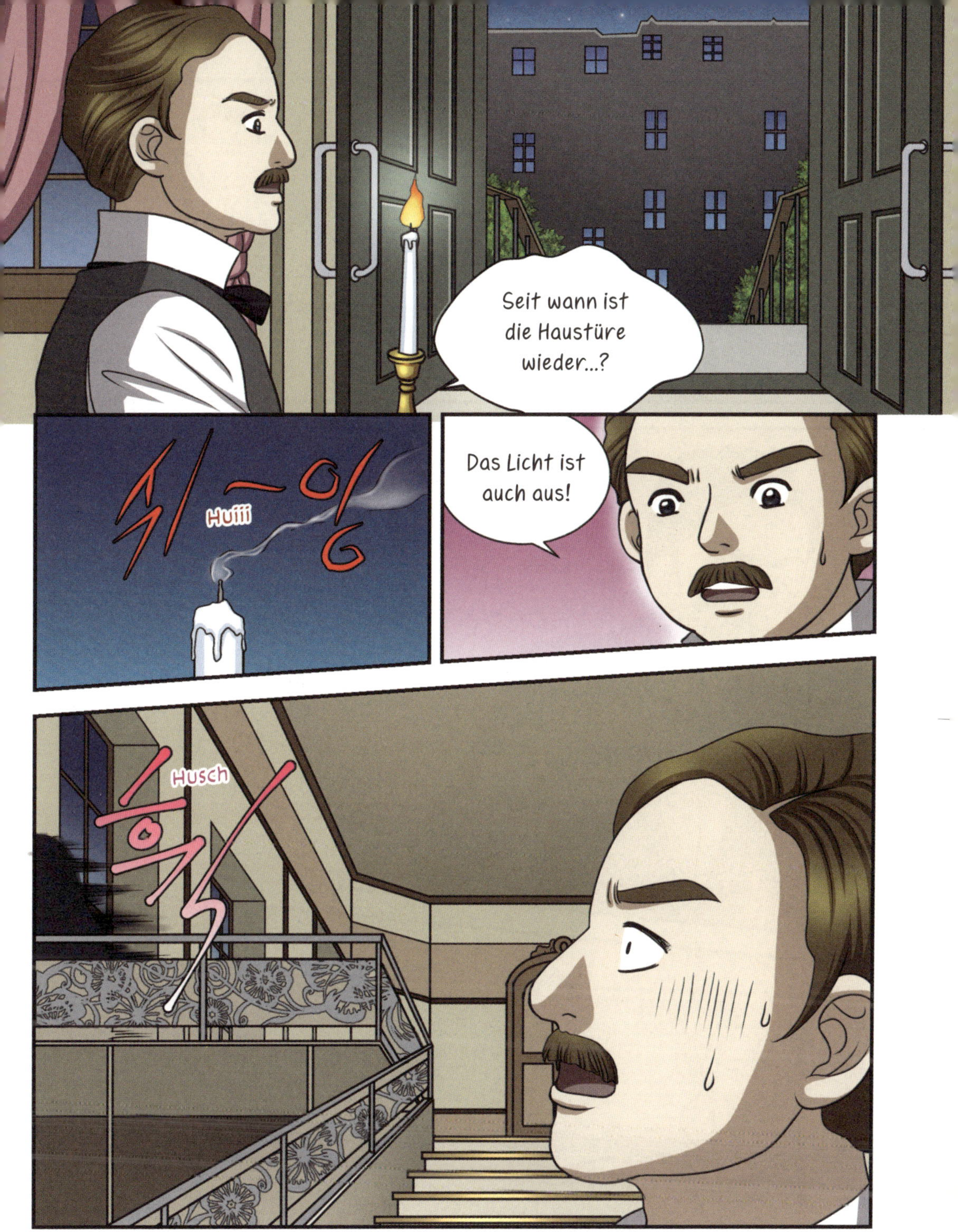
Seit wann ist die Haustüre wieder...?
쉬~잉
Huiii
Das Licht ist auch aus!
슈acje
Husch

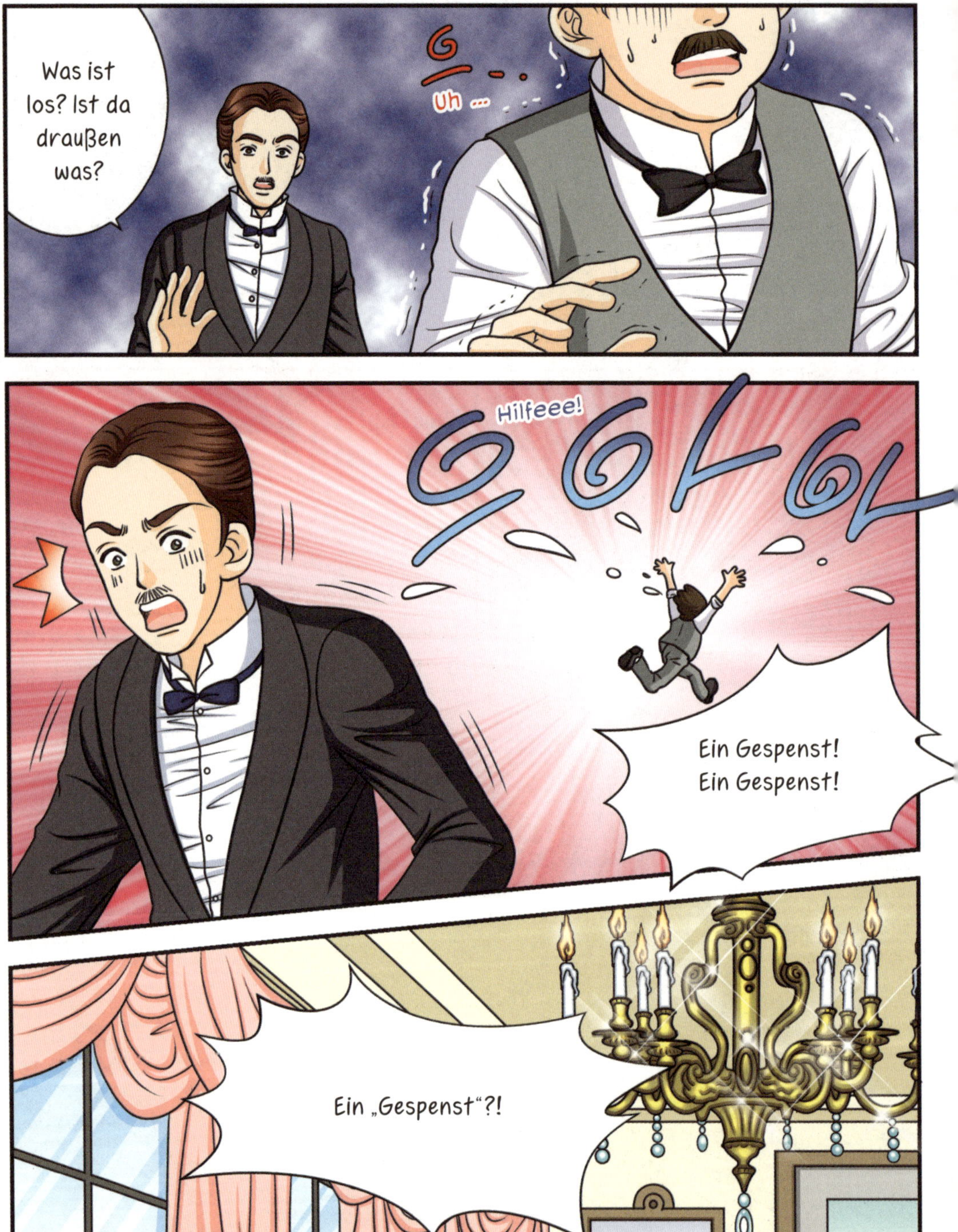
Was ist los? Ist da draußen was?
Uh ...
Hilfeee!
Ein Gespenst! Ein Gespenst!
Ein „Gespenst"?!

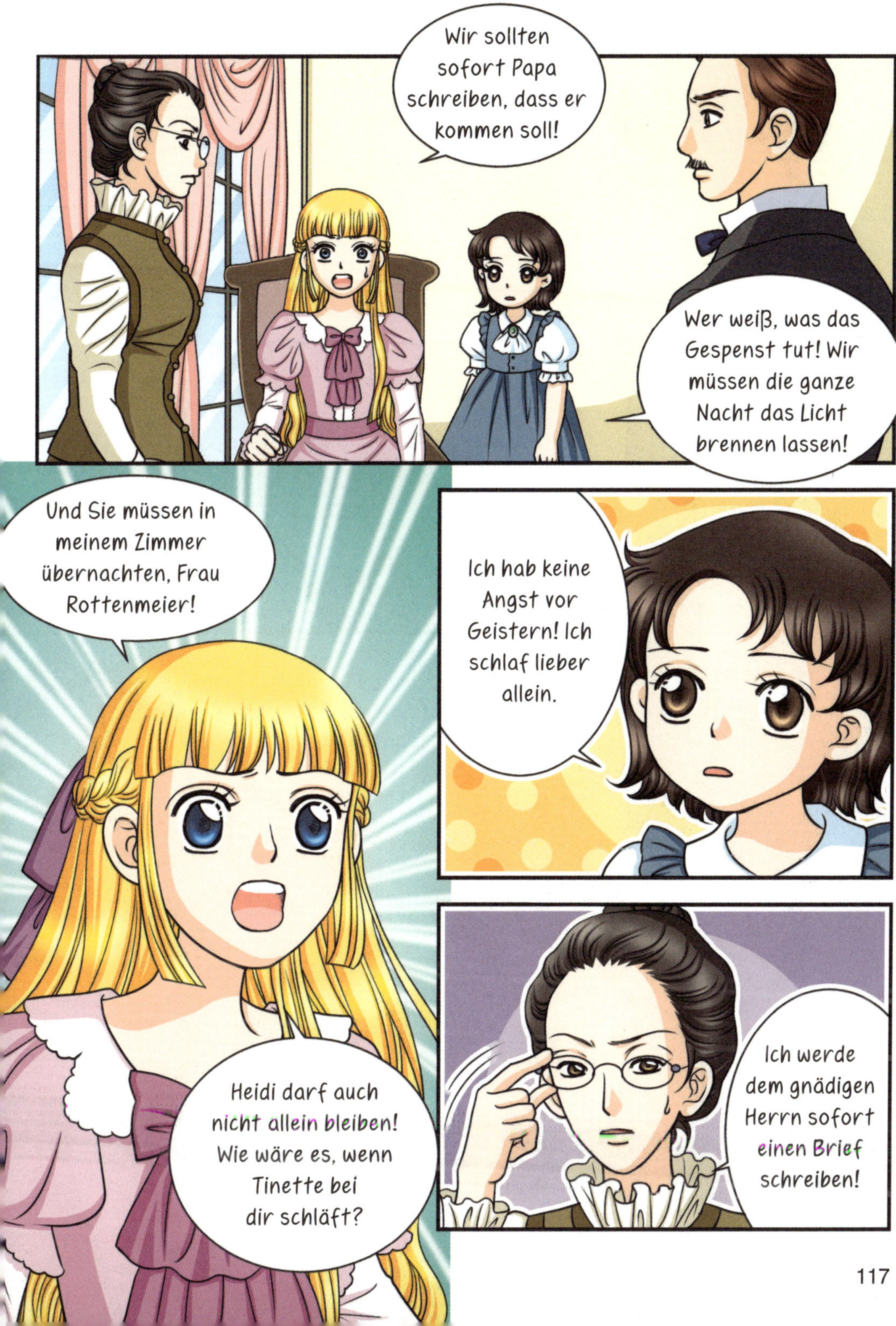
Wir sollten sofort Papa schreiben, dass er kommen soll!
Wer weiß, was das Gespenst tut! Wir müssen die ganze Nacht das Licht brennen lassen!
Und Sie müssen in meinem Zimmer übernachten, Frau Rottenmeier!
Ich hab keine Angst vor Geistern! Ich schlaf lieber allein.
Heidi darf auch nicht allein bleiben! Wie wäre es, wenn Tinette bei dir schläft?
Ich werde dem gnädigen Herrn sofort einen Brief schreiben!

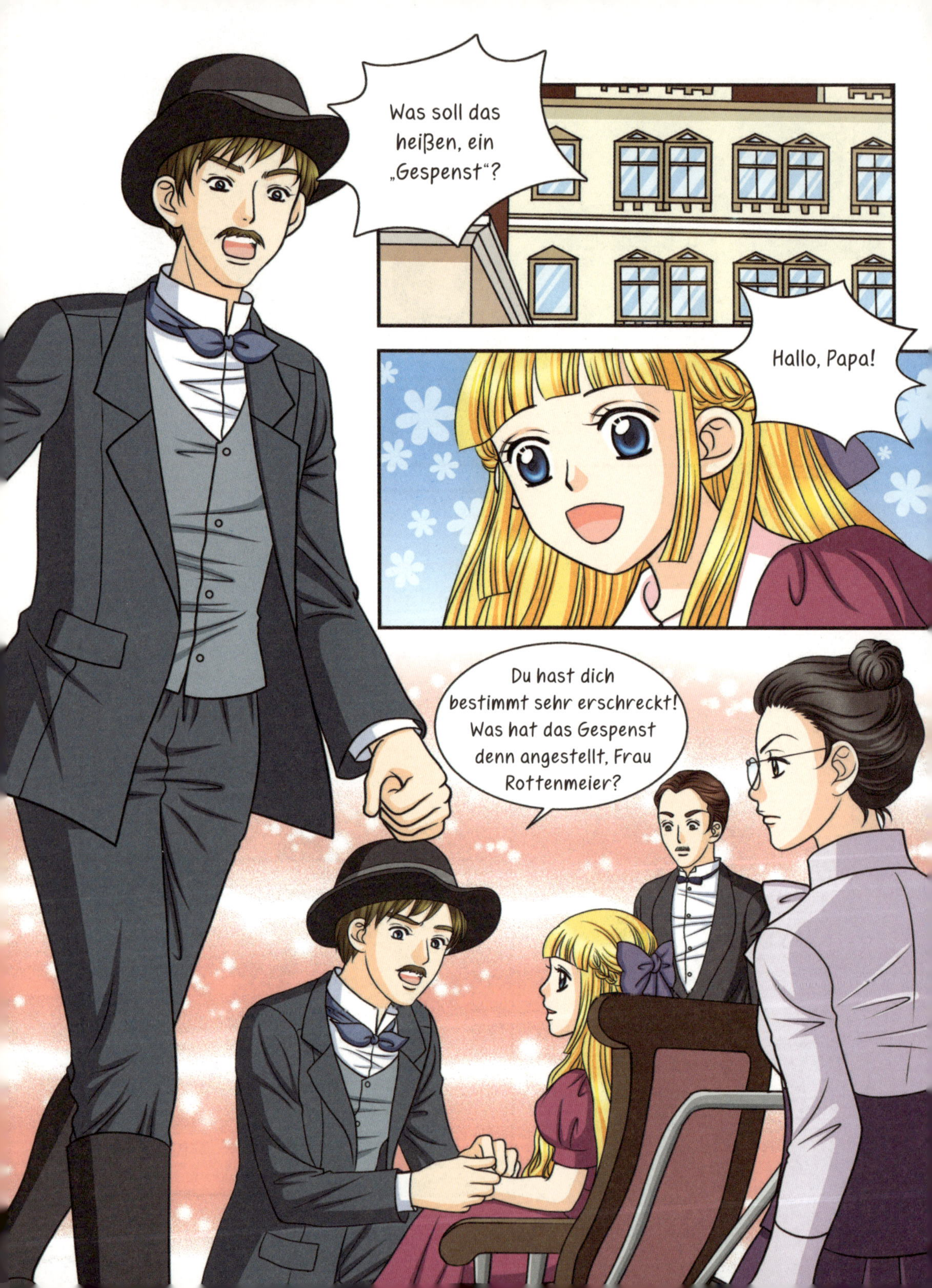

Was soll das heißen, ein „Gespenst"?
Hallo, Papa!
Du hast dich bestimmt sehr erschreckt! Was hat das Gespenst denn angestellt, Frau Rottenmeier?

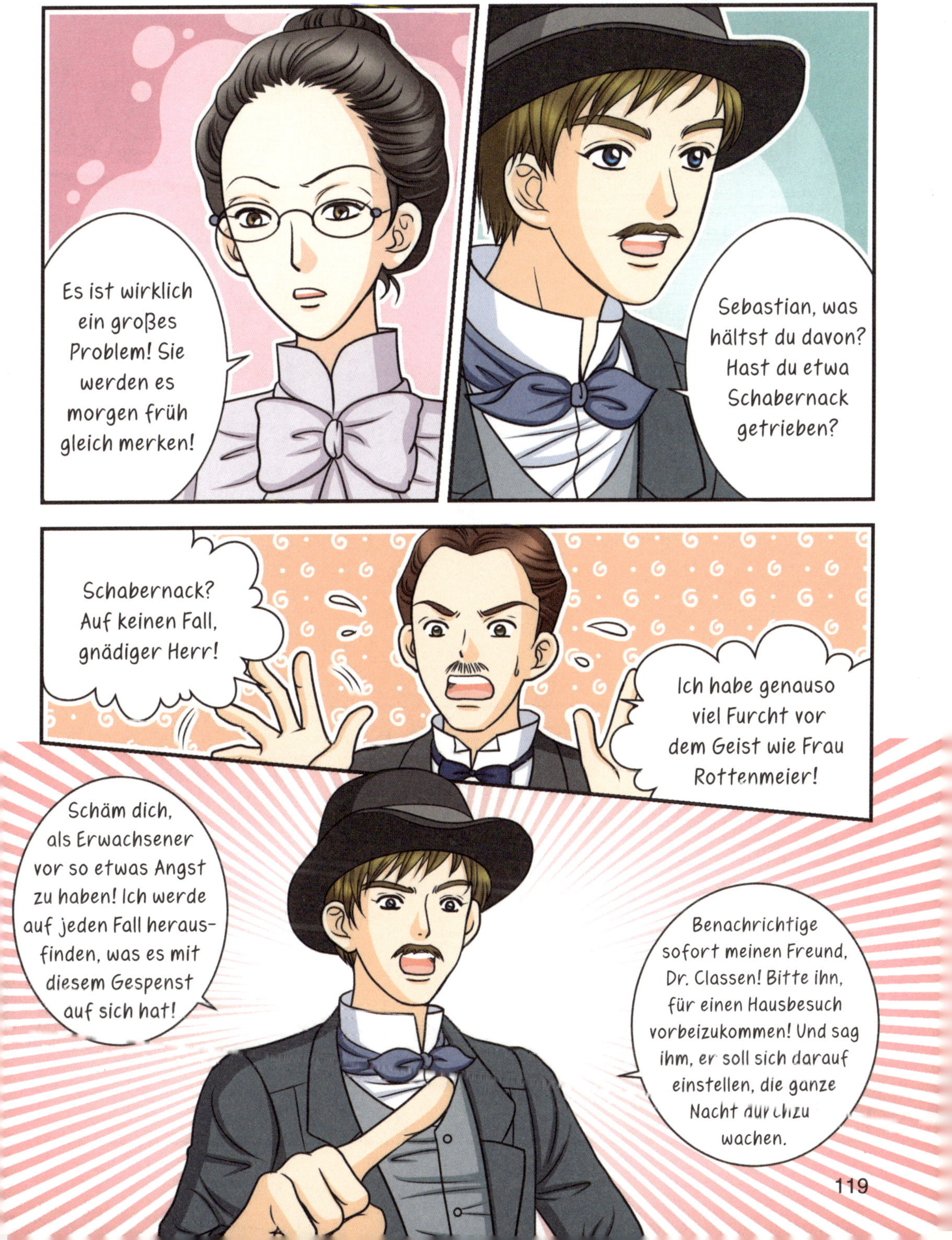

Es ist wirklich ein großes Problem! Sie werden es morgen früh gleich merken!
Sebastian, was hältst du davon? Hast du etwa Schabernack getrieben?
Schabernack? Auf keinen Fall, gnädiger Herr!
Ich habe genauso viel Furcht vor dem Geist wie Frau Rottenmeier!
Schäm dich, als Erwachsener vor so etwas Angst zu haben! Ich werde auf jeden Fall herausfinden, was es mit diesem Gespenst auf sich hat!
Benachrichtige sofort meinen Freund, Dr. Classen! Bitte ihn, für einen Hausbesuch vorbeizukommen! Und sag ihm, er soll sich darauf einstellen, die ganze Nacht durchzu wachen.

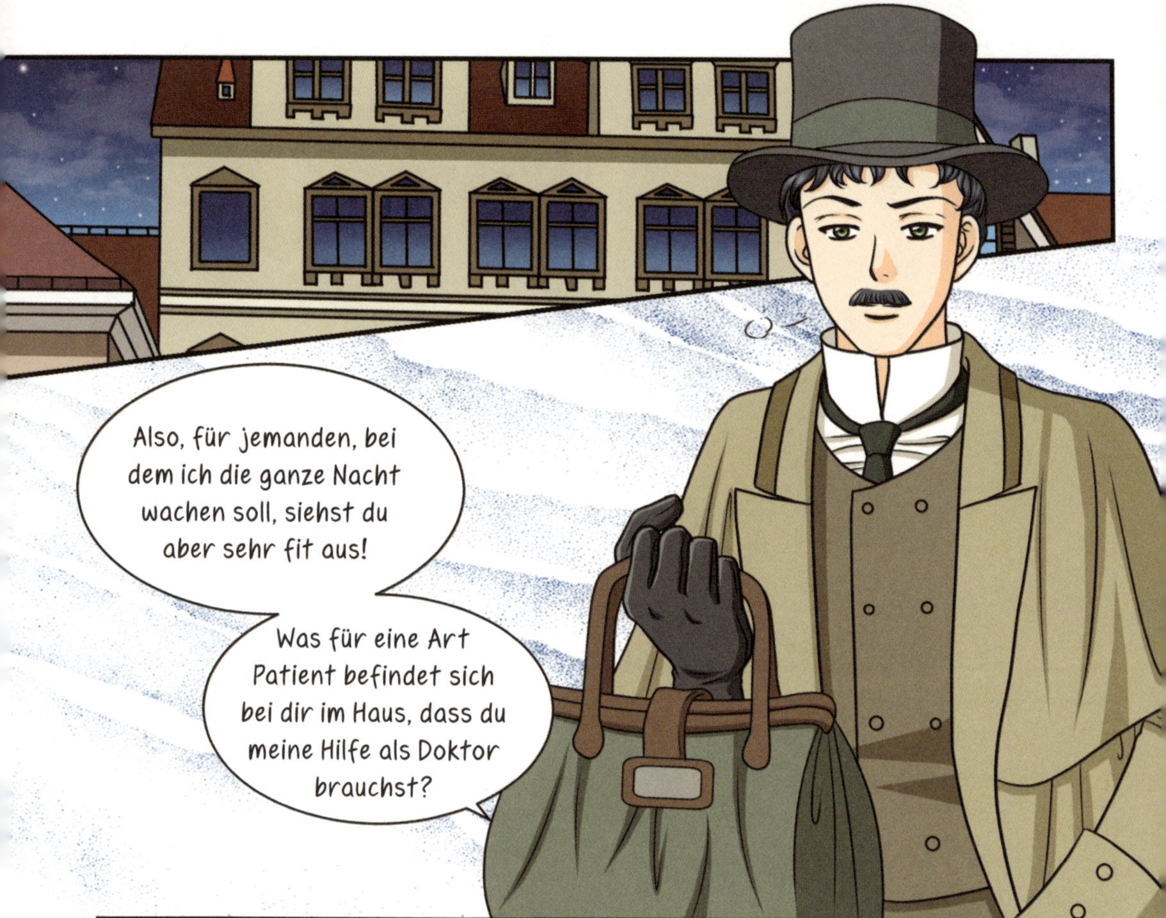
Also, für jemanden, bei dem ich die ganze Nacht wachen soll, siehst du aber sehr fit aus!
Was für eine Art Patient befindet sich bei dir im Haus, dass du meine Hilfe als Doktor brauchst?

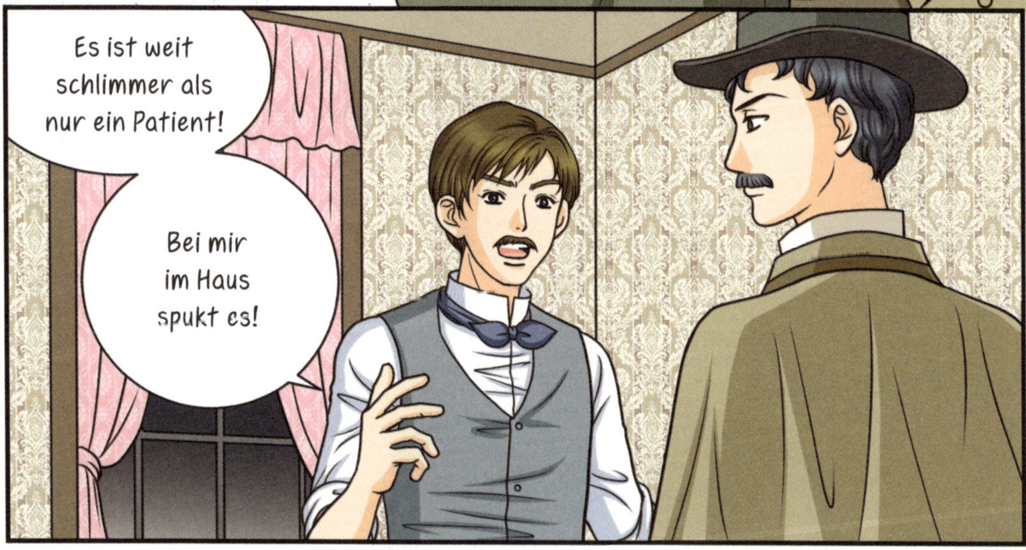
Es ist weit schlimmer als nur ein Patient!
Bei mir im Haus spukt es!

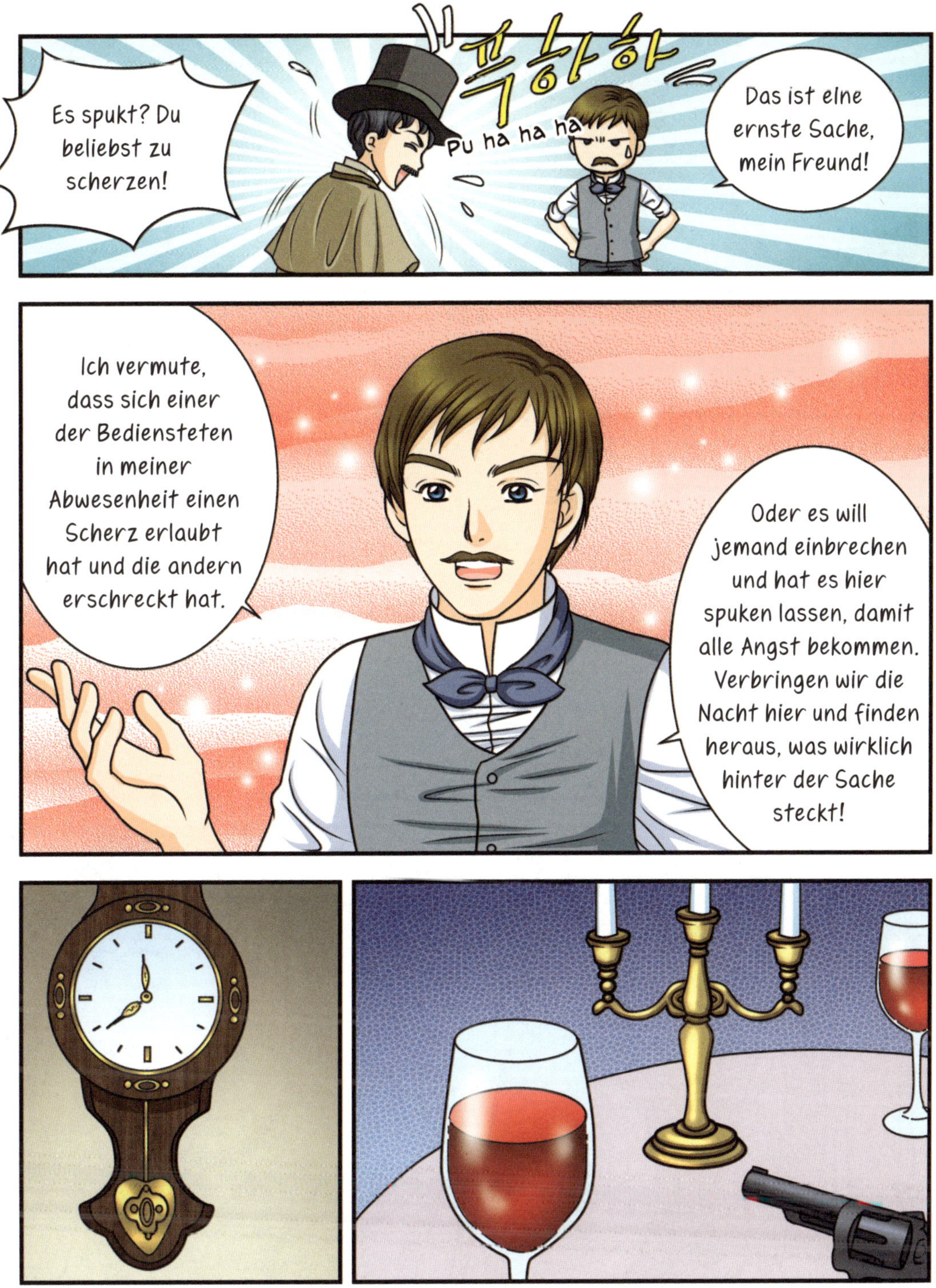
푸하하
Pu ha ha ha
Es spukt? Du beliebst zu scherzen!
Das ist eine ernste Sache, mein Freund!
Ich vermute, dass sich einer der Bediensteten in meiner Abwesenheit einen Scherz erlaubt hat und die andern erschreckt hat.
Oder es will jemand einbrechen und hat es hier spuken lassen, damit alle Angst bekommen. Verbringen wir die Nacht hier und finden heraus, was wirklich hinter der Sache steckt!

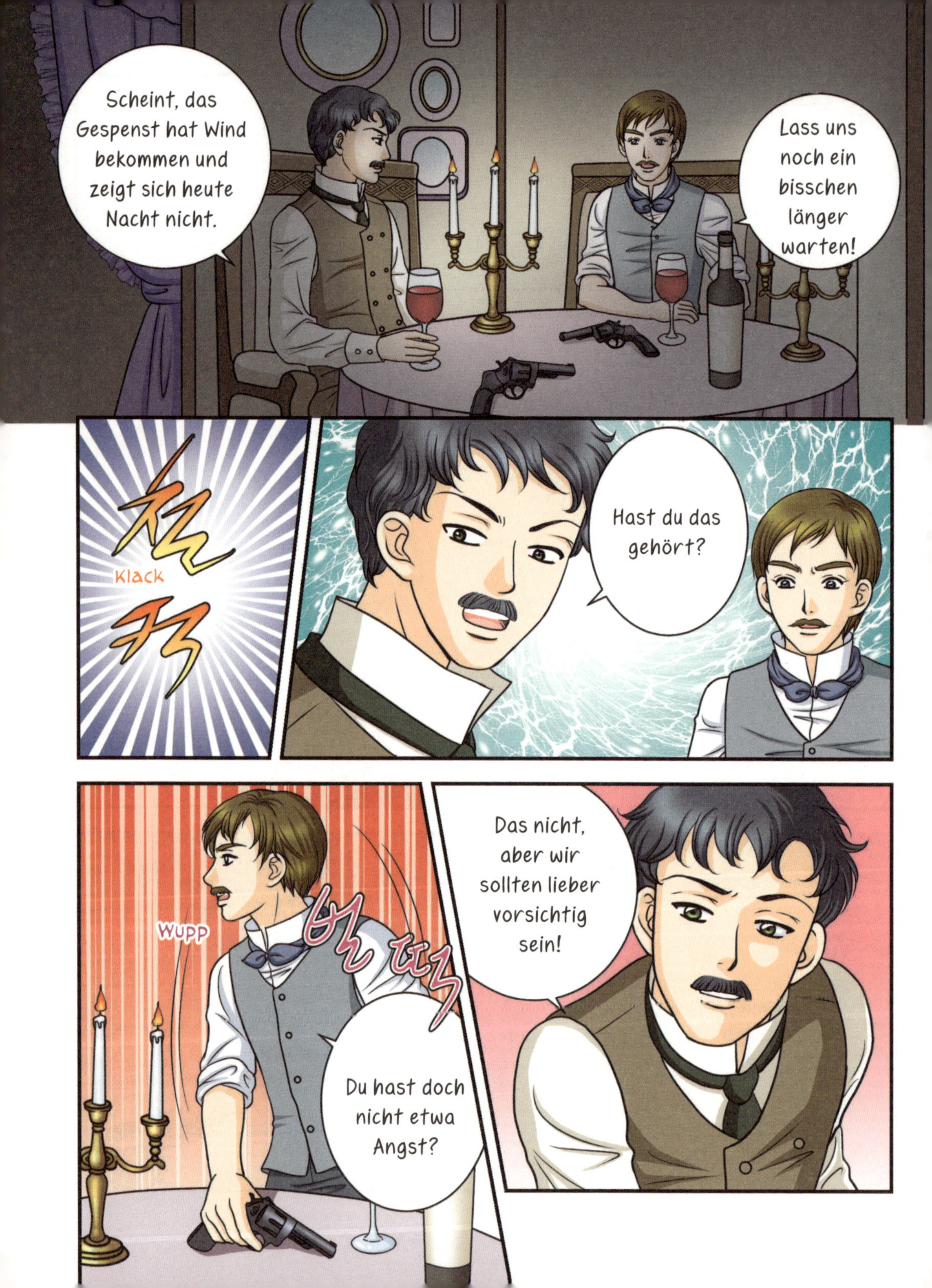

Scheint, das Gespenst hat Wind bekommen und zeigt sich heute Nacht nicht.
Lass uns noch ein bisschen länger warten!
Klack
Hast du das gehört?
Wupp
Du hast doch nicht etwa Angst?
Das nicht, aber wir sollten lieber vorsichtig sein!

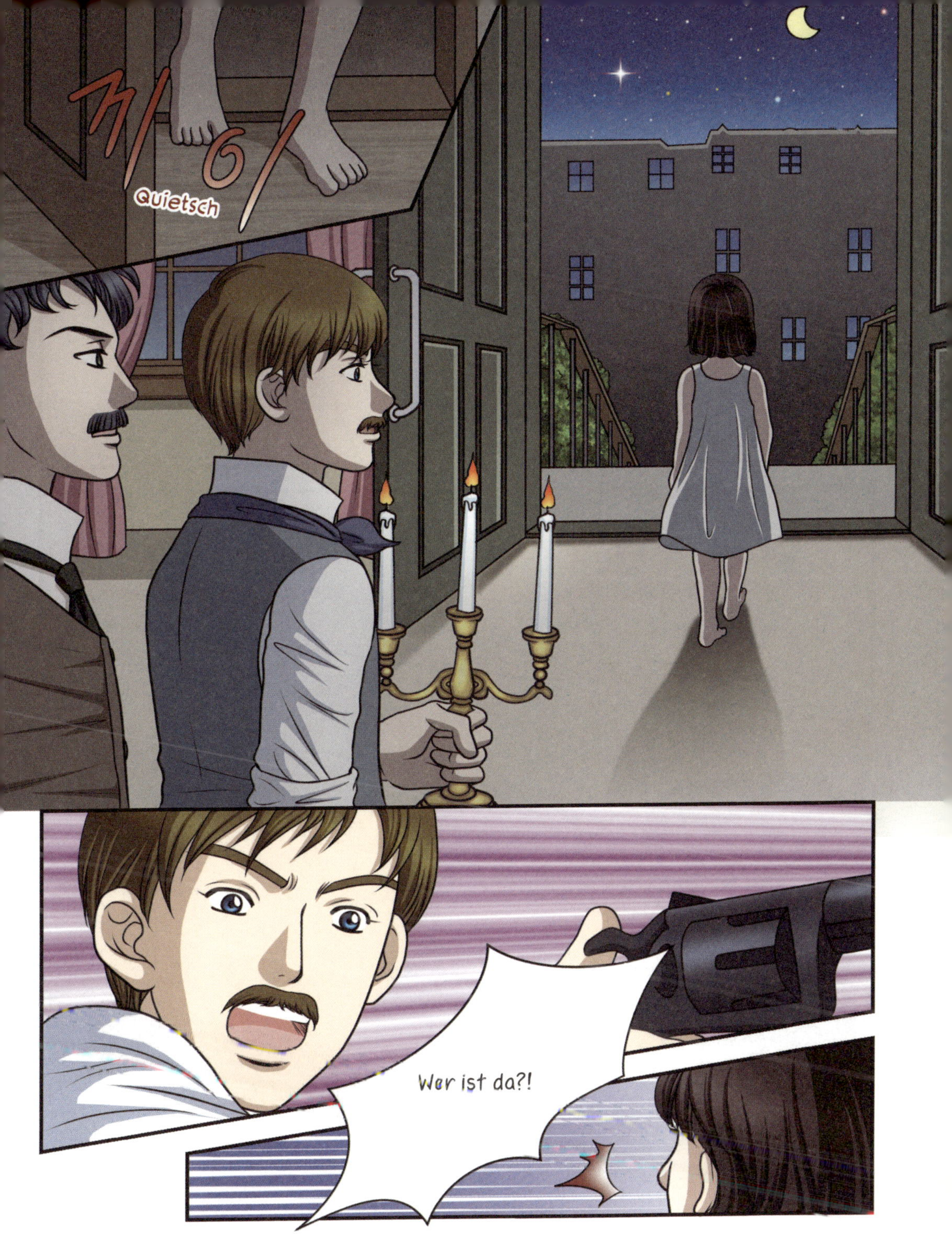
Quietsch
Wer ist da?!

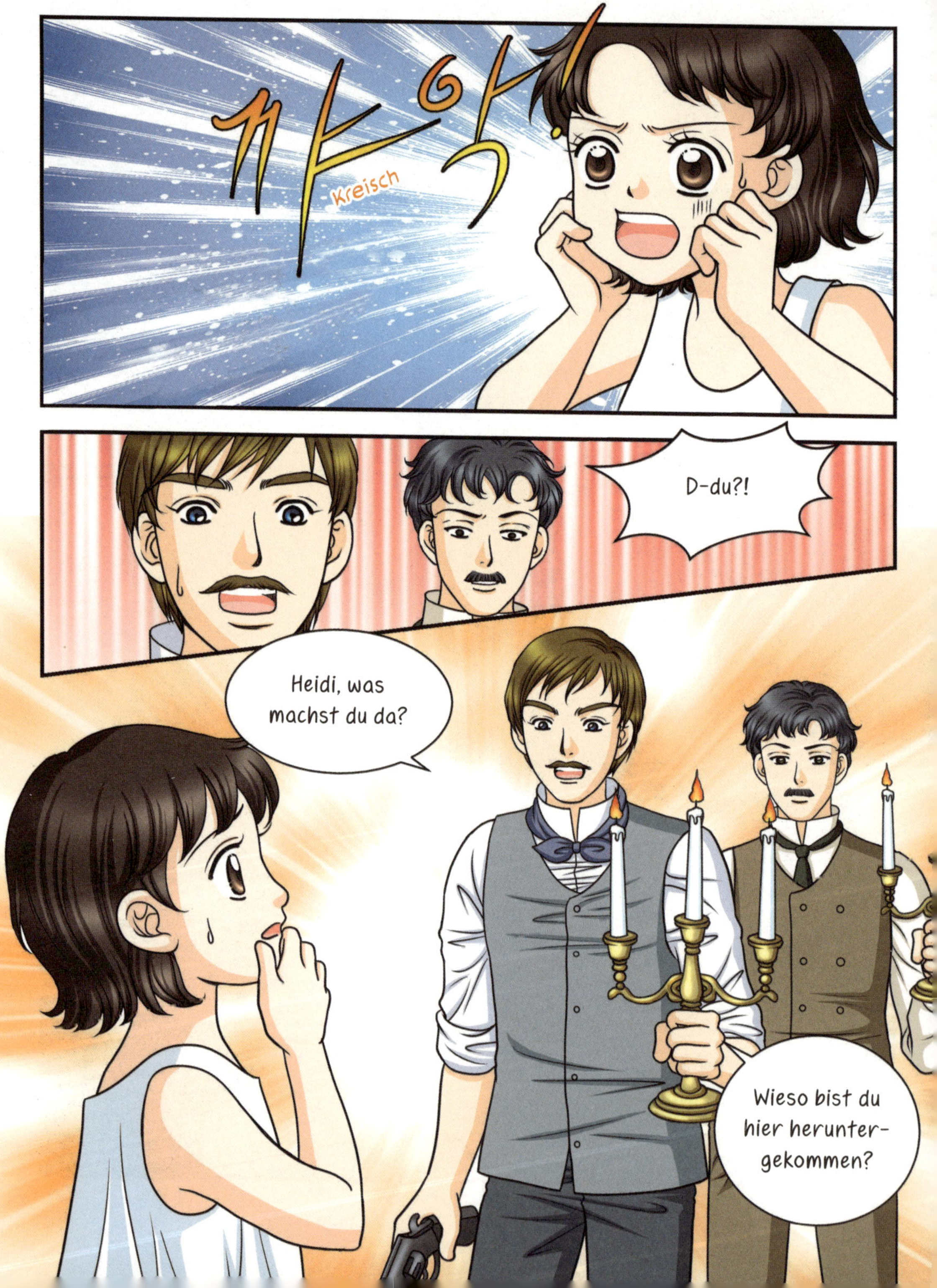

까악!
Kreisch
D-du?!
Heidi, was machst du da?
Wieso bist du hier herunter-gekommen?

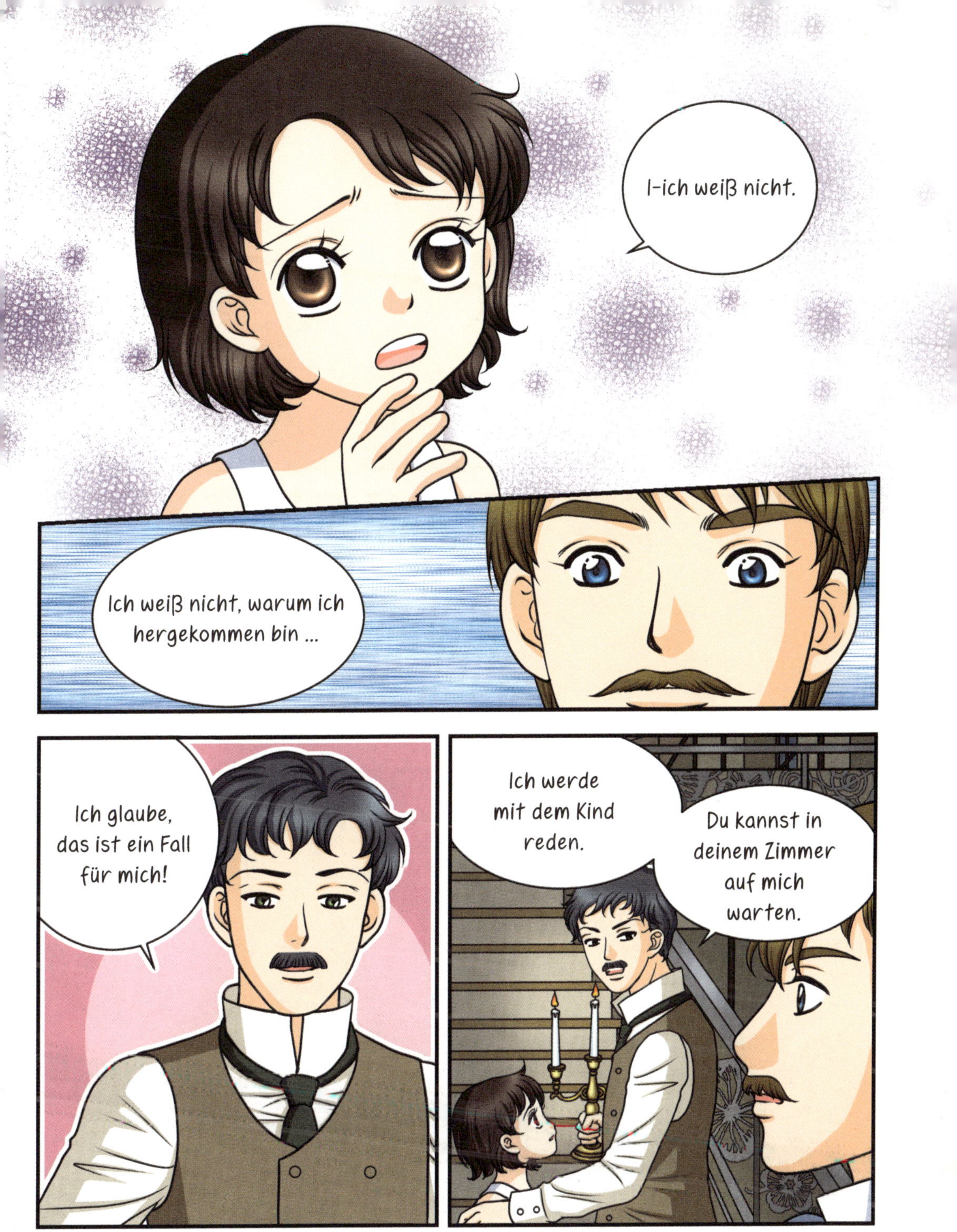
I-ich weiß nicht.
Ich weiß nicht, warum ich hergekommen bin ...
Ich glaube, das ist ein Fall für mich!
Ich werde mit dem Kind reden.
Du kannst in deinem Zimmer auf mich warten.

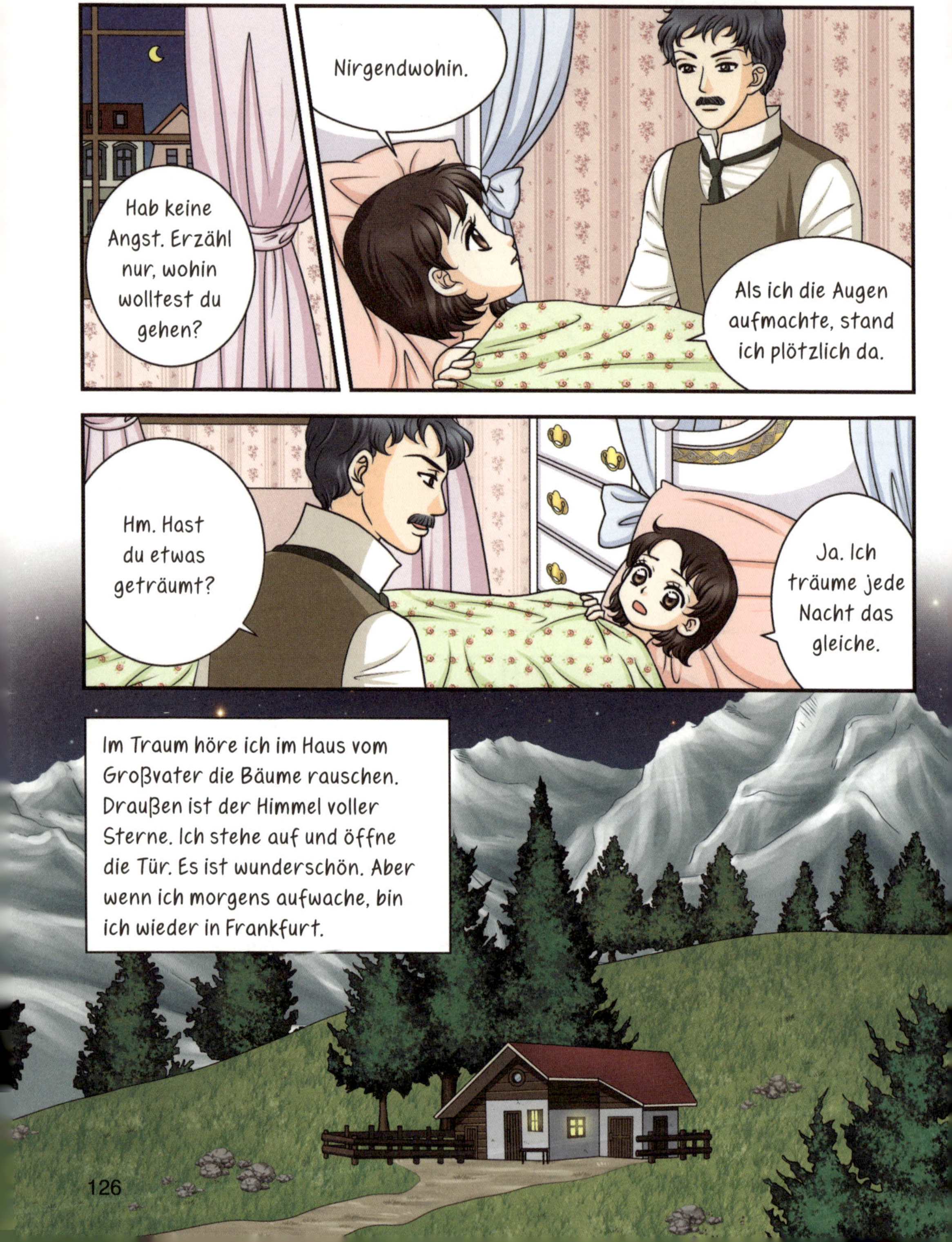
Nirgendwohin.
Hab keine Angst. Erzähl nur, wohin wolltest du gehen?
Als ich die Augen aufmachte, stand ich plötzlich da.
Hm. Hast du etwas geträumt?
Ja. Ich träume jede Nacht das gleiche.
Im Traum höre ich im Haus vom Großvater die Bäume rauschen. Draußen ist der Himmel voller Sterne. Ich stehe auf und öffne die Tür. Es ist wunderschön. Aber wenn ich morgens aufwache, bin ich wieder in Frankfurt.

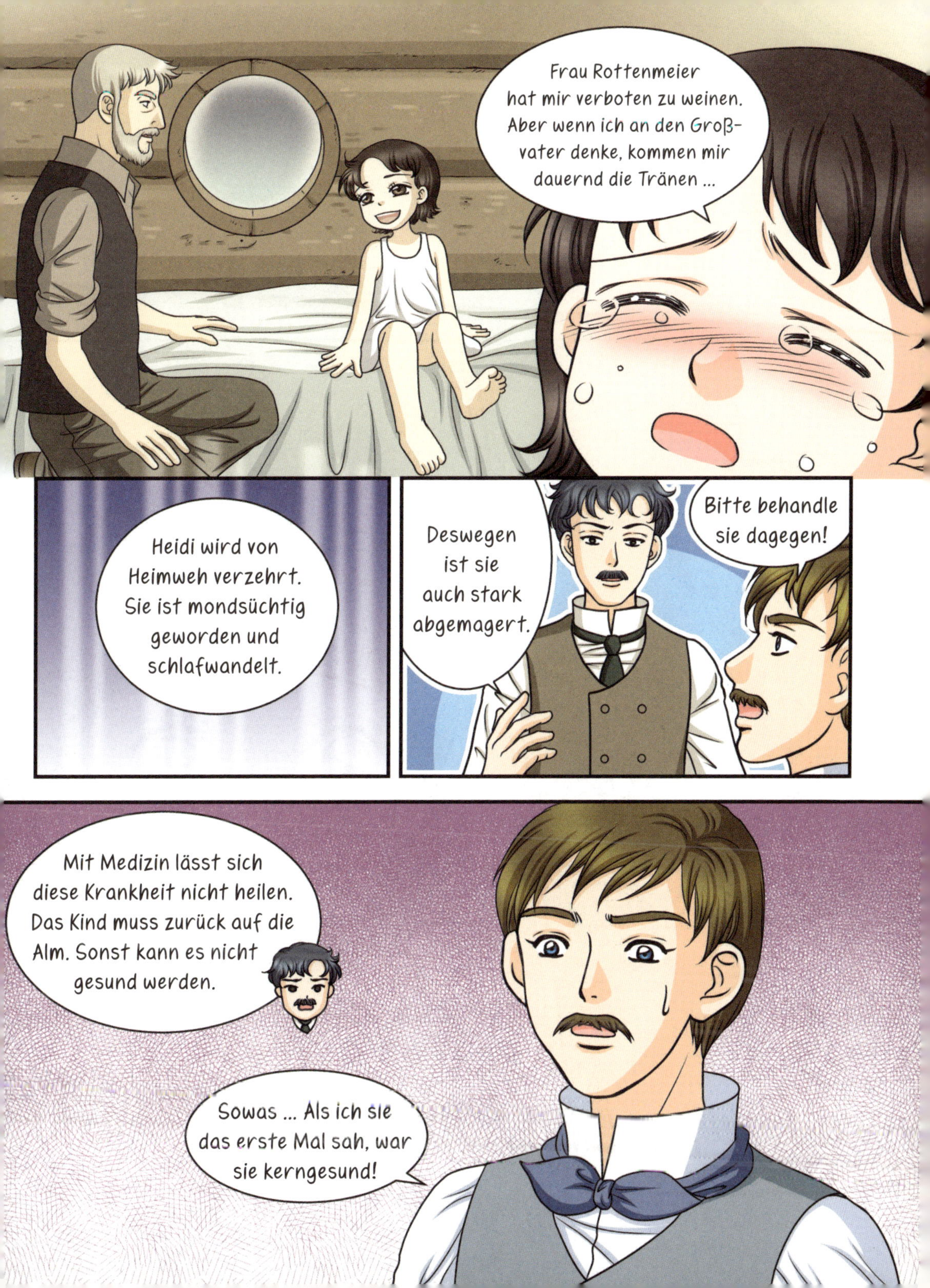
Frau Rottenmeier hat mir verboten zu weinen. Aber wenn ich an den Groß-vater denke, kommen mir dauernd die Tränen ...
Heidi wird von Heimweh verzehrt. Sie ist mondsüchtig geworden und schlafwandelt.
Deswegen ist sie auch stark abgemagert.
Bitte behandle sie dagegen!
Mit Medizin lässt sich diese Krankheit nicht heilen. Das Kind muss zurück auf die Alm. Sonst kann es nicht gesund werden.
Sowas ... Als ich sie das erste Mal sah, war sie kerngesund!

8. Kapitel
Heidi kehrt zurück

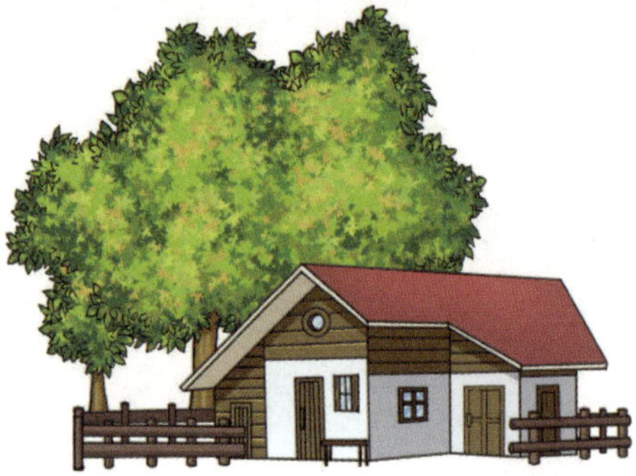

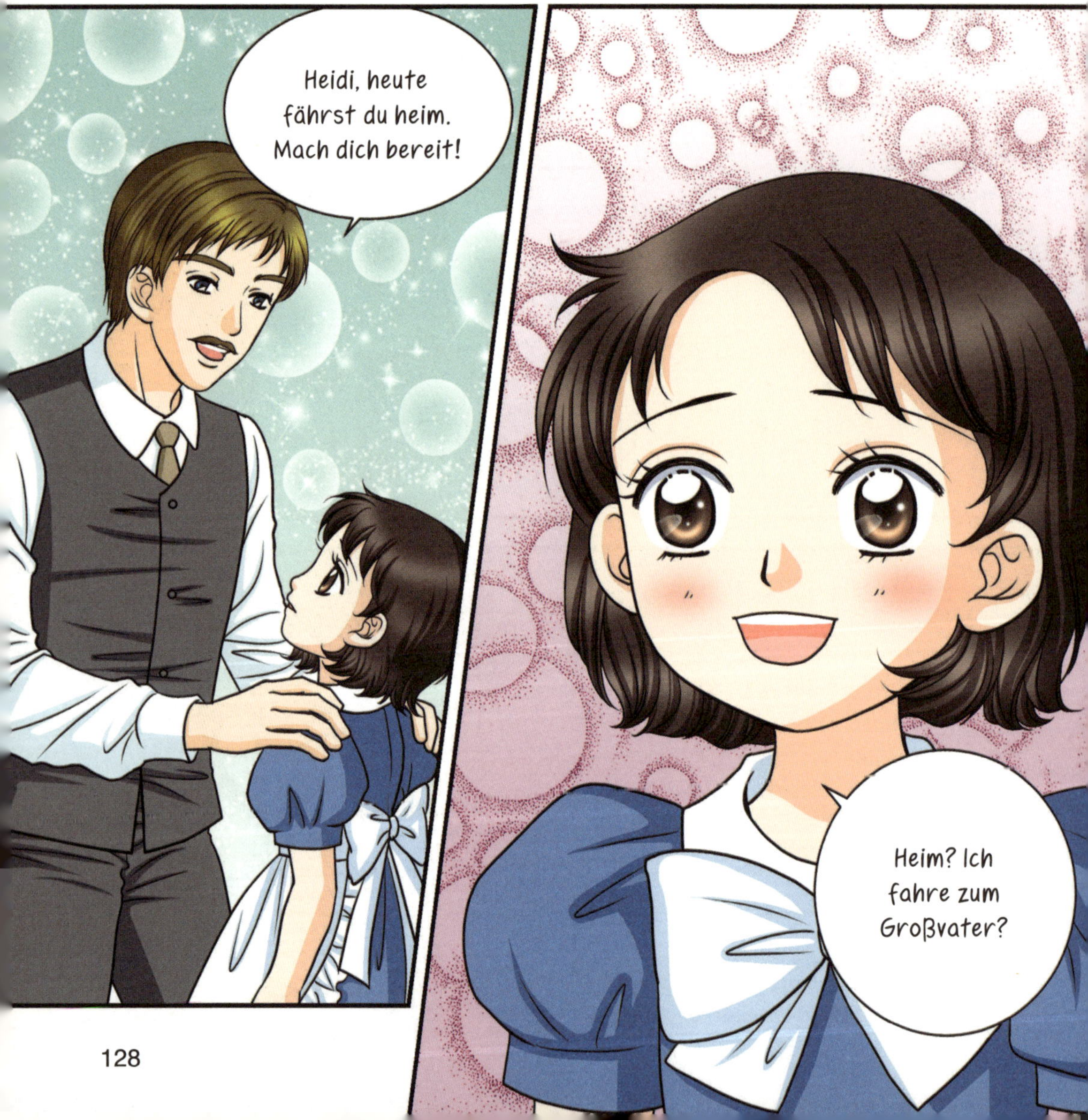

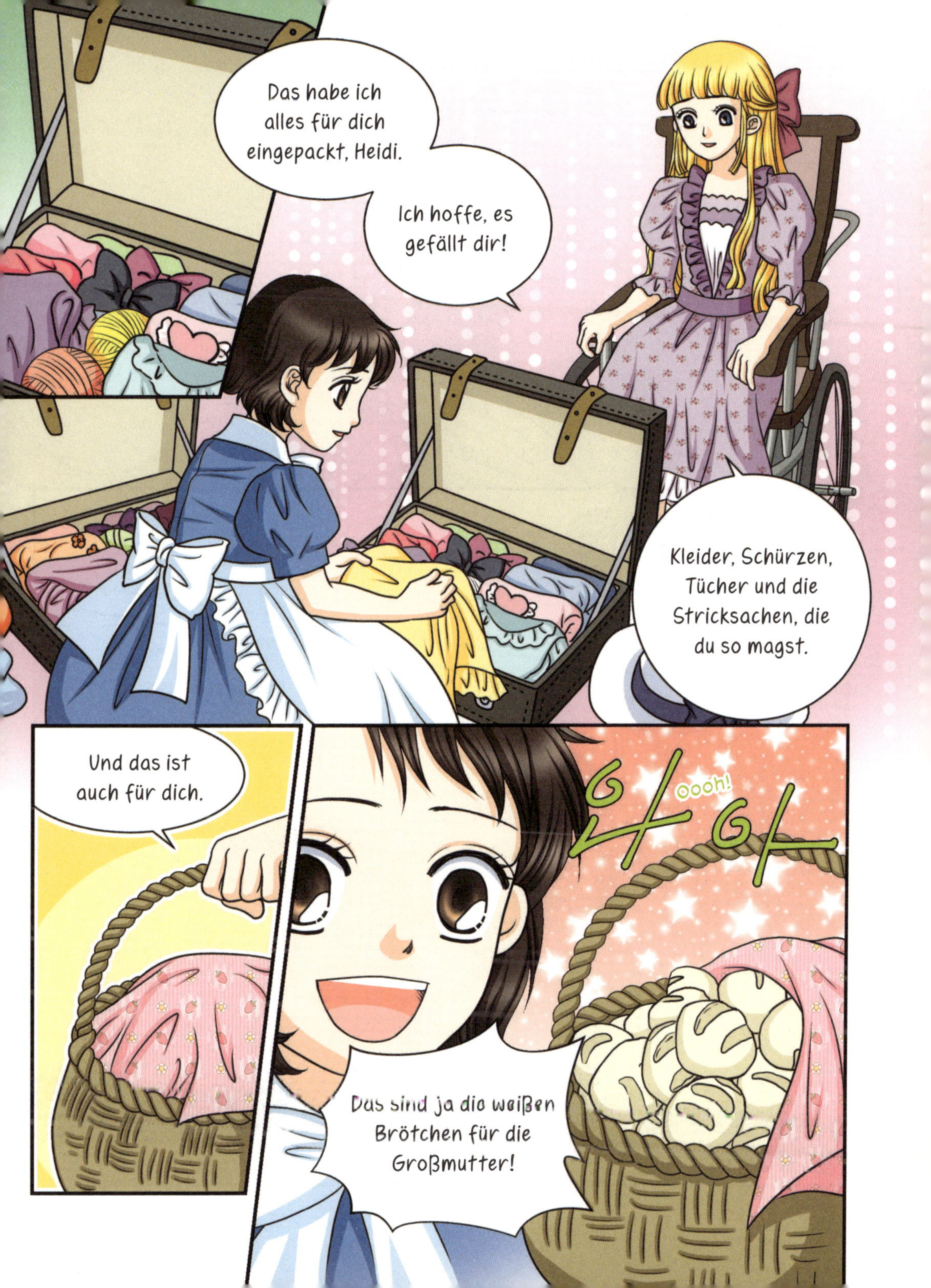
Das habe ich alles für dich eingepackt, Heidi.
Ich hoffe, es gefällt dir!
Kleider, Schürzen, Tücher und die Stricksachen, die du so magst.
Und das ist auch für dich.
oooh!
Das sind ja die weißen Brötchen für die Großmutter!

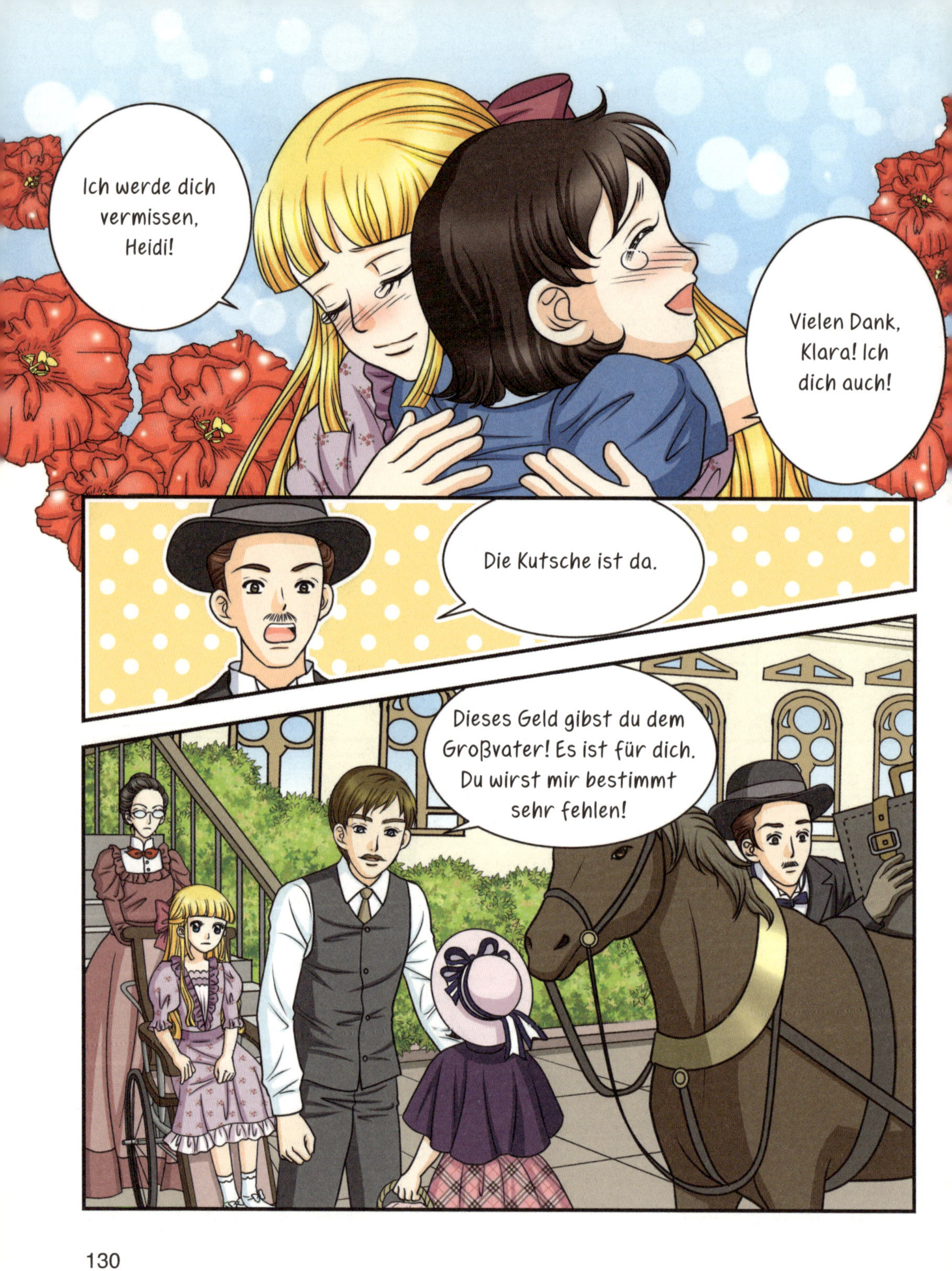

Ich werde dich vermissen, Heidi!
Vielen Dank, Klara! Ich dich auch!
Die Kutsche ist da.
Dieses Geld gibst du dem Großvater! Es ist für dich. Du wirst mir bestimmt sehr fehlen!

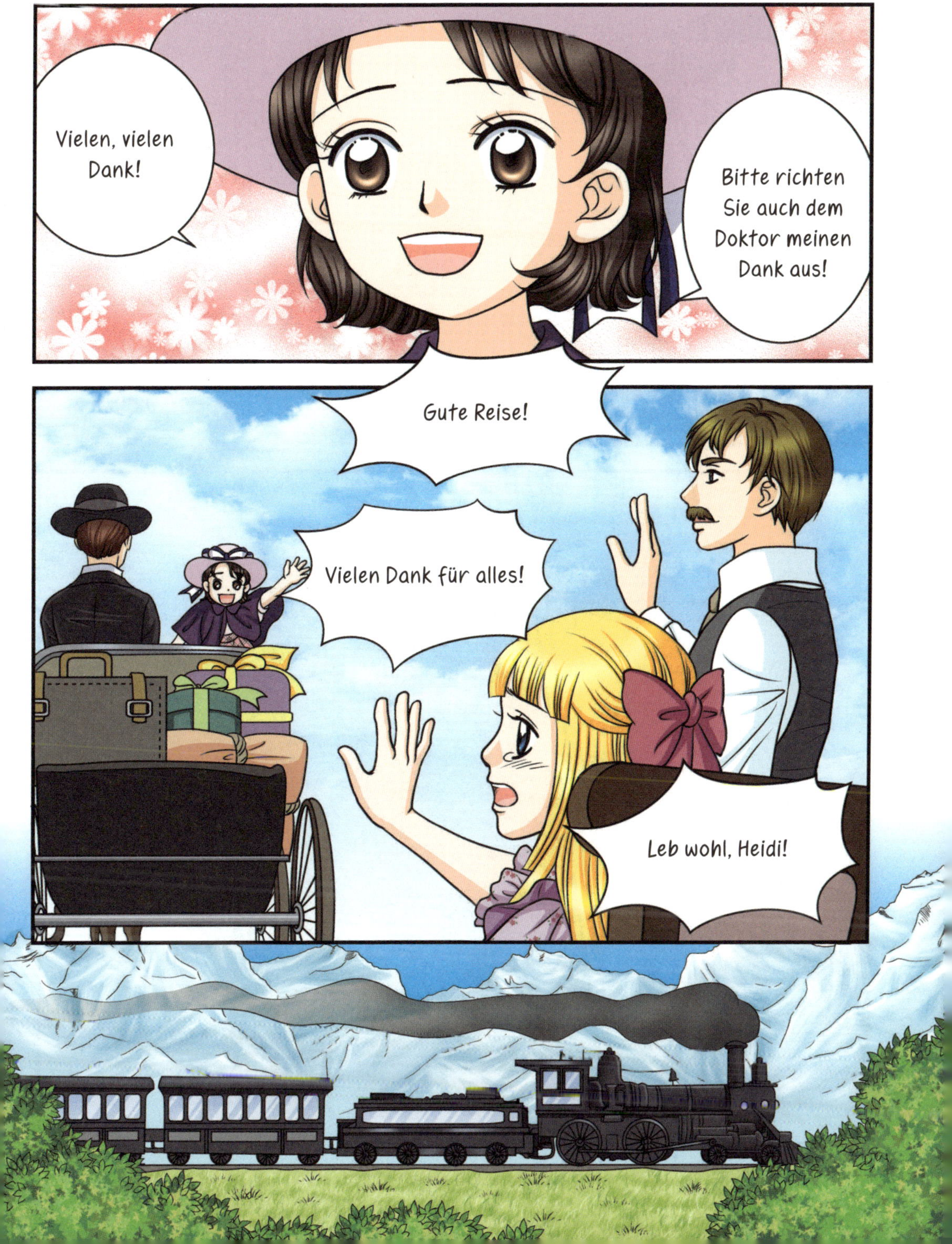
Vielen, vielen Dank!
Bitte richten Sie auch dem Doktor meinen Dank aus!
Gute Reise!
Vielen Dank für alles!
Leb wohl, Heidi!

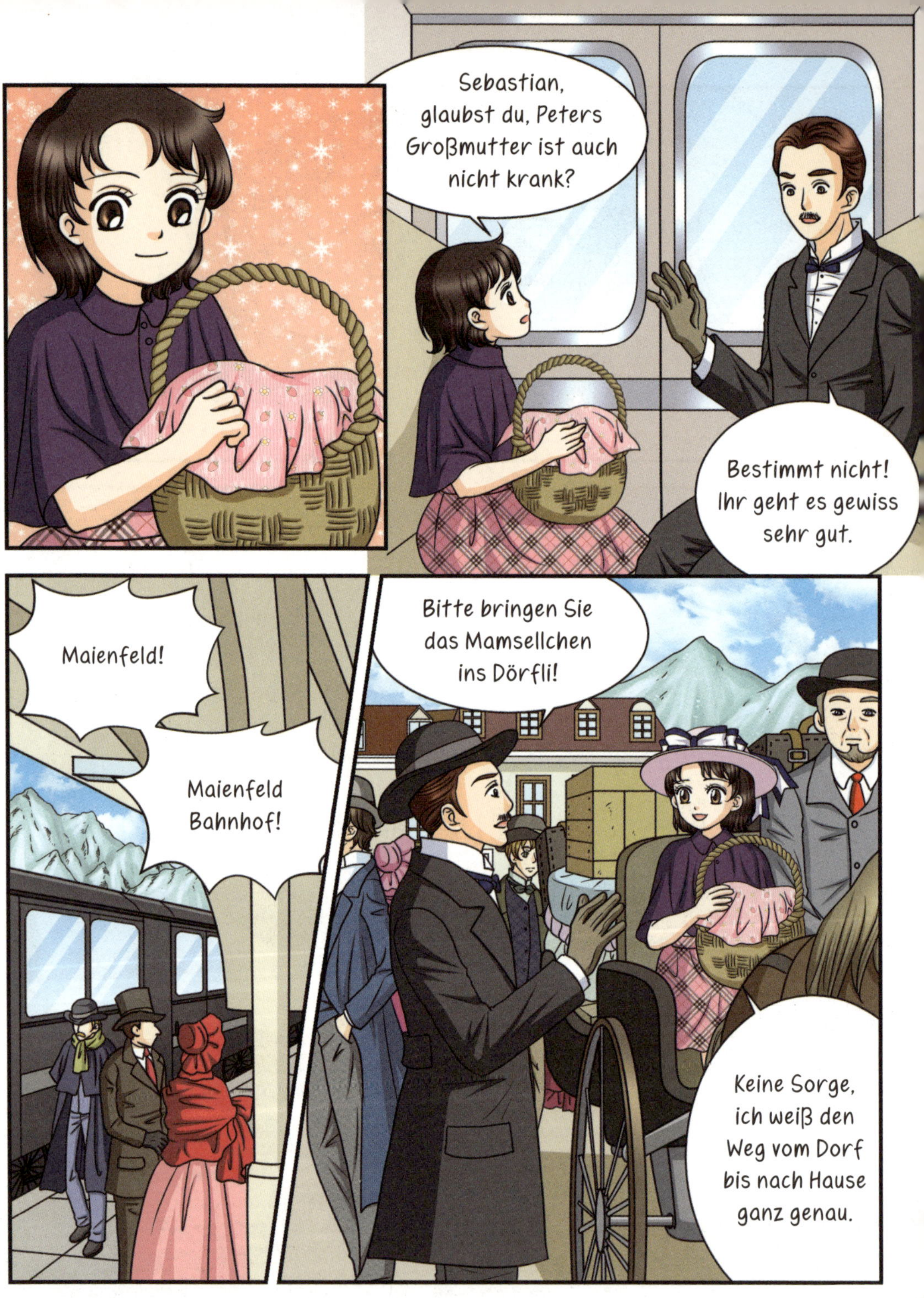
Sebastian, glaubst du, Peters Großmutter ist auch nicht krank?
Bestimmt nicht! Ihr geht es gewiss sehr gut.
Maienfeld!
Maienfeld Bahnhof!
Bitte bringen Sie das Mamsellchen ins Dörfli!
Keine Sorge, ich weiß den Weg vom Dorf bis nach Hause ganz genau.

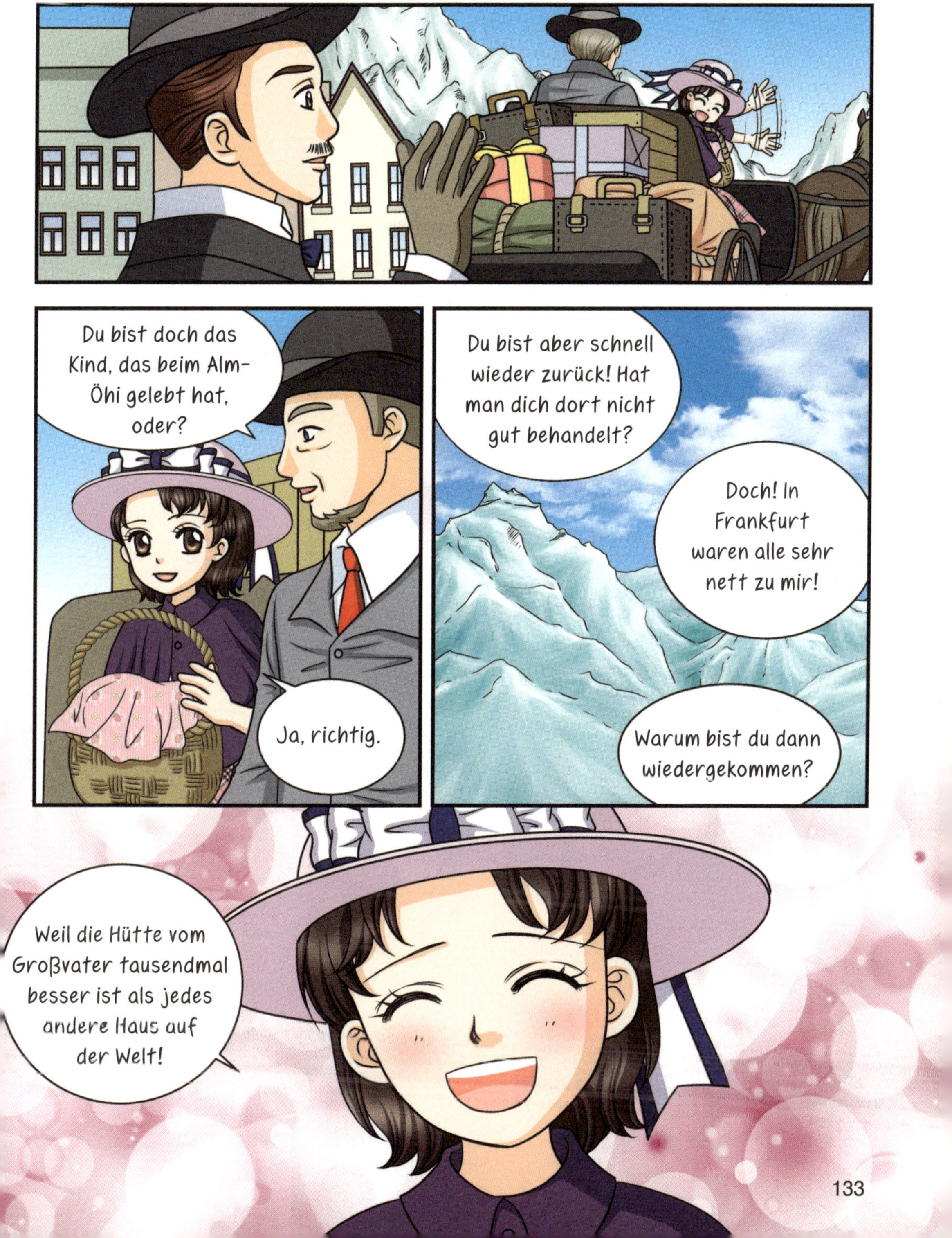
Du bist doch das Kind, das beim Alm-Öhi gelebt hat, oder?
Ja, richtig.
Du bist aber schnell wieder zurück! Hat man dich dort nicht gut behandelt?
Doch! In Frankfurt waren alle sehr nett zu mir!
Warum bist du dann wiedergekommen?
Weil die Hütte vom Großvater tausendmal besser ist als jedes andere Haus auf der Welt!

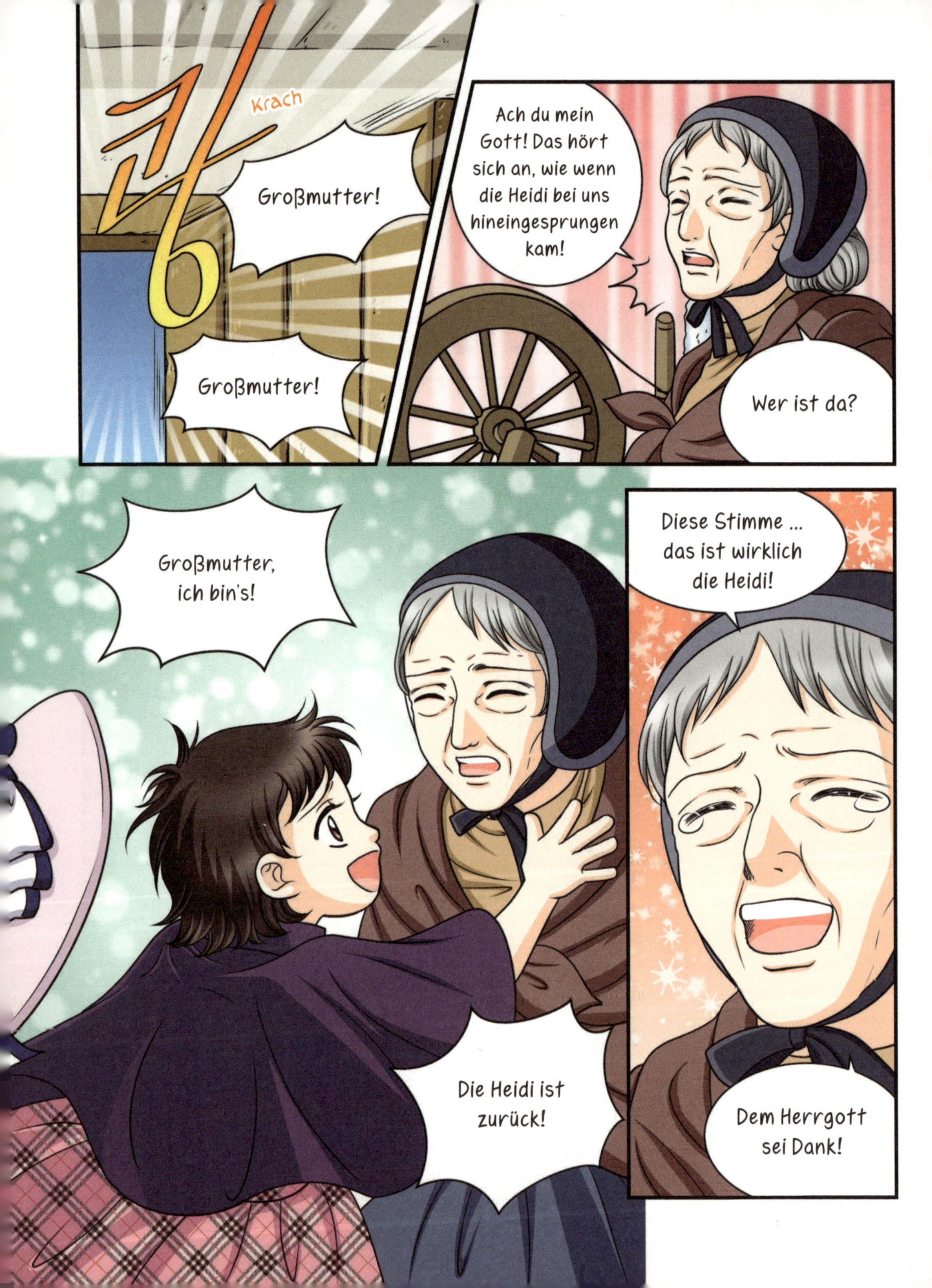
Krach
Großmutter!
Großmutter!
Ach du mein Gott! Das hört sich an, wie wenn die Heidi bei uns hineingesprungen kam!
Wer ist da?
Großmutter, ich bin's!
Die Heidi ist zurück!
Diese Stimme ... das ist wirklich die Heidi!
Dem Herrgott sei Dank!

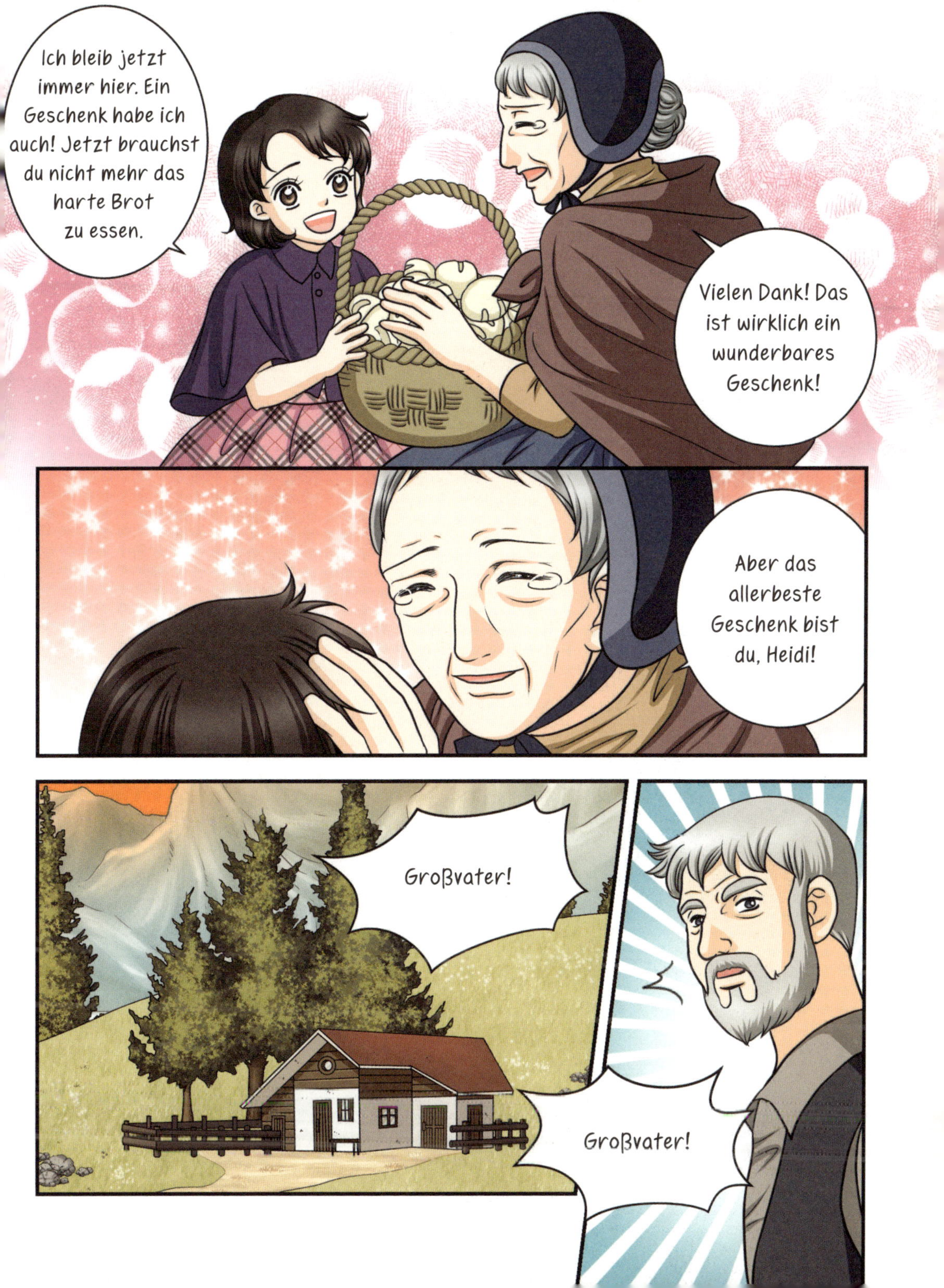
Ich bleib jetzt immer hier. Ein Geschenk habe ich auch! Jetzt brauchst du nicht mehr das harte Brot zu essen.
Vielen Dank! Das ist wirklich ein wunderbares Geschenk!
Aber das allerbeste Geschenk bist du, Heidi!
Großvater!
Großvater!

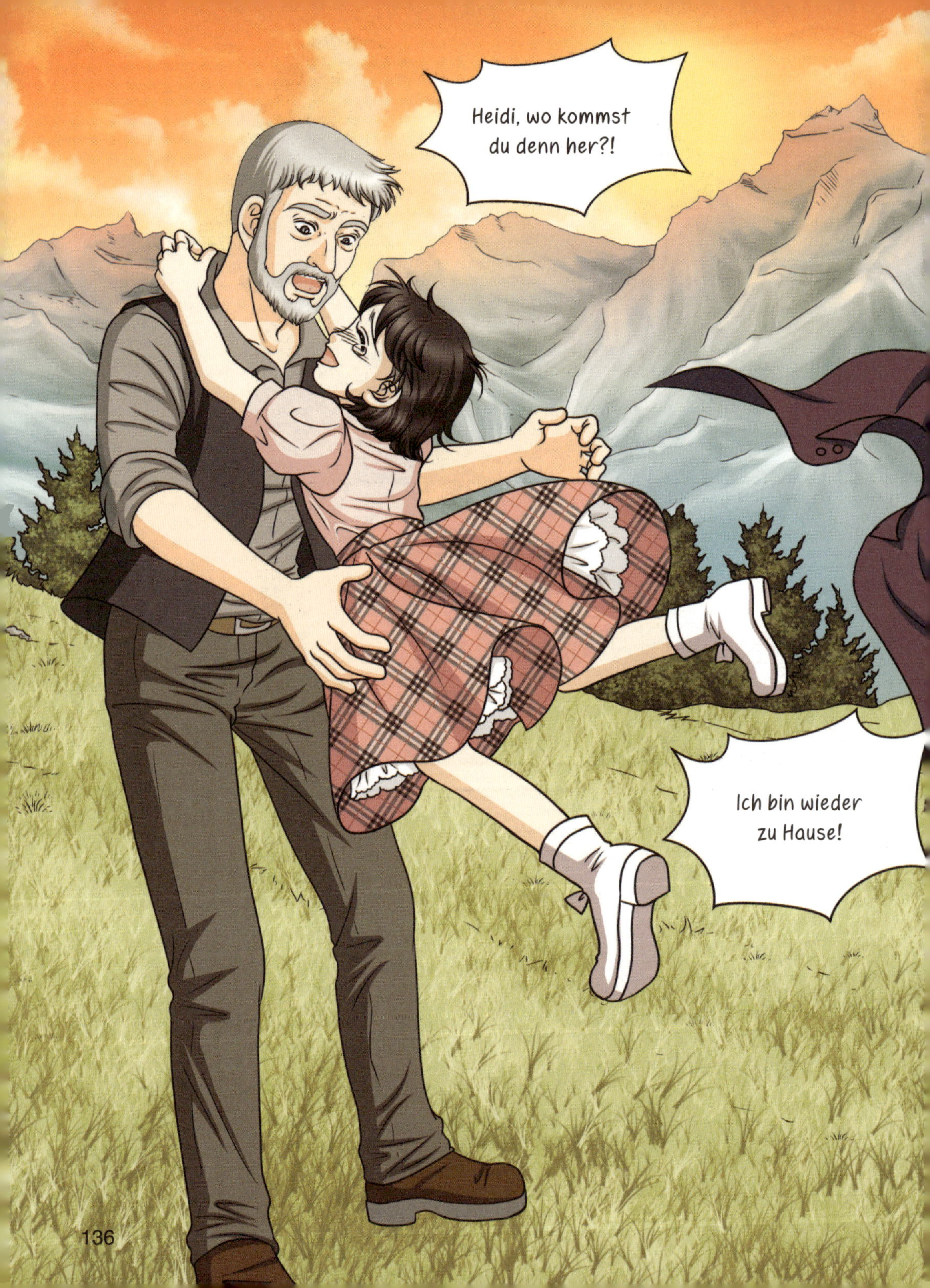
Heidi, wo kommst du denn her?!
Ich bin wieder zu Hause!

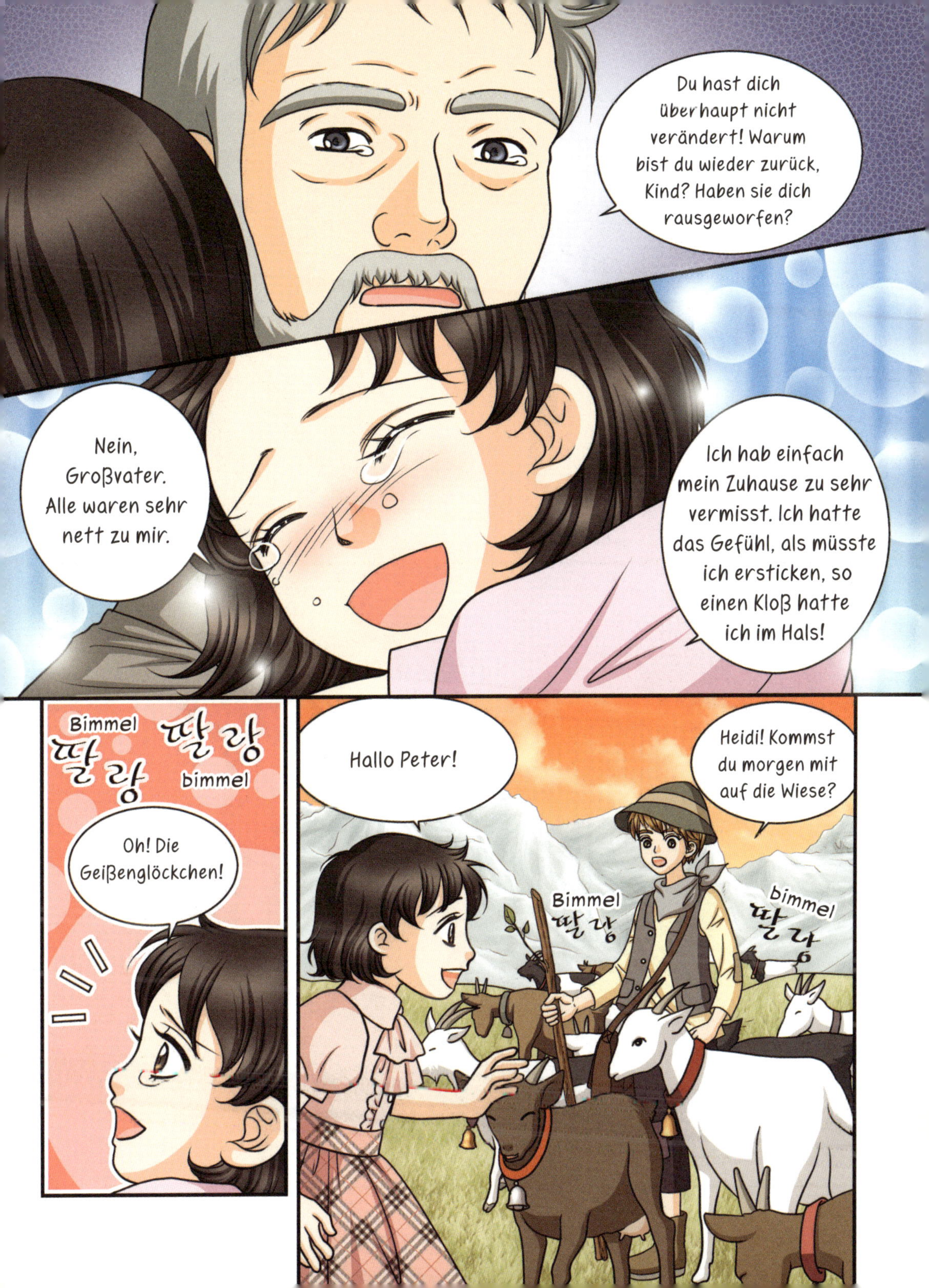
Du hast dich überhaupt nicht verändert! Warum bist du wieder zurück, Kind? Haben sie dich rausgeworfen?
Nein, Großvater. Alle waren sehr nett zu mir.
Ich hab einfach mein Zuhause zu sehr vermisst. Ich hatte das Gefühl, als müsste ich ersticken, so einen Kloß hatte ich im Hals!
Bimmel 딸랑 딸랑 bimmel
Oh! Die Geißenglöckchen!
Hallo Peter!
Heidi! Kommst du morgen mit auf die Wiese?
Bimmel 딸랑
bimmel 딸랑

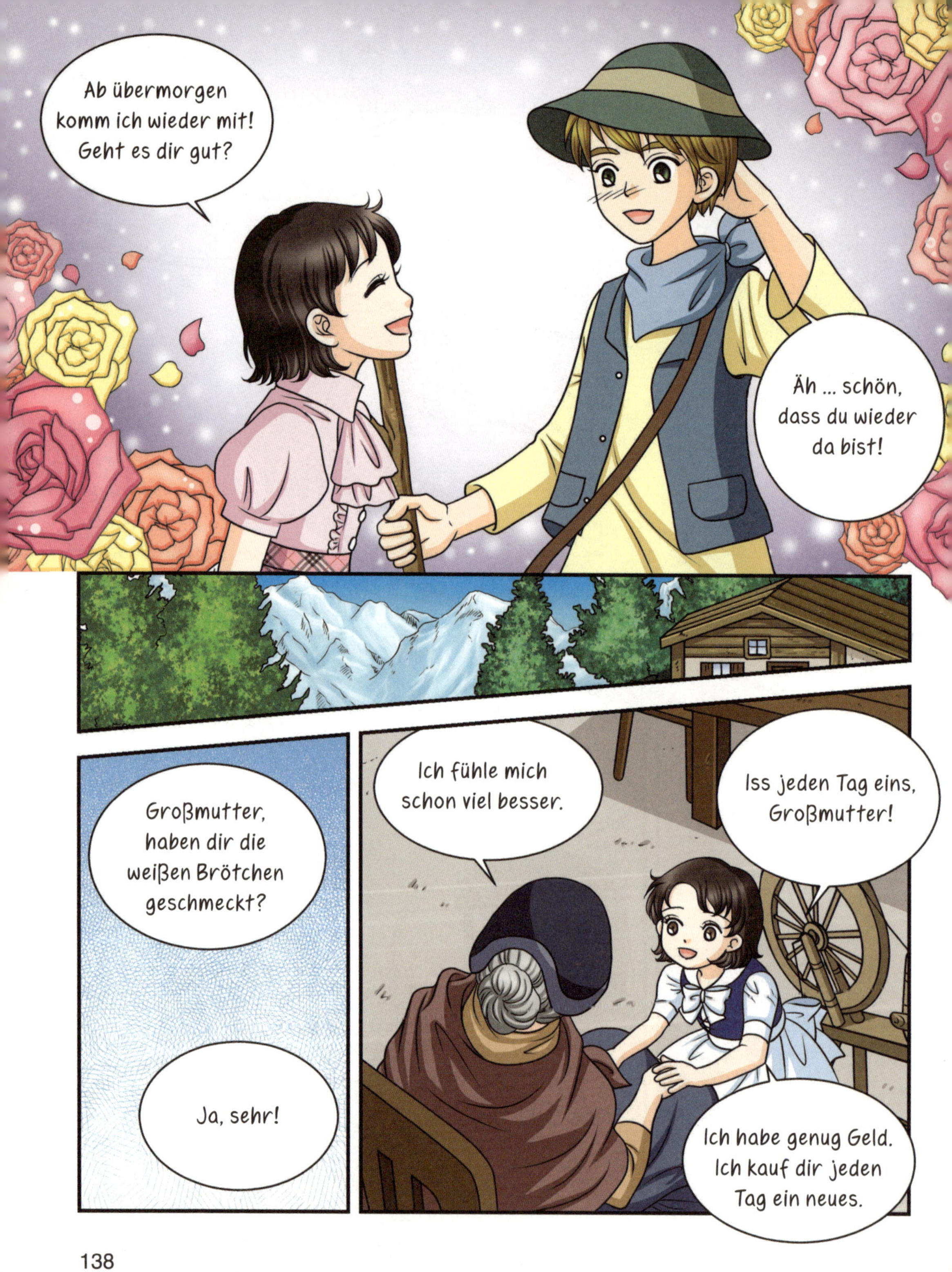
Ab übermorgen komm ich wieder mit! Geht es dir gut?
Äh ... schön, dass du wieder da bist!
Großmutter, haben dir die weißen Brötchen geschmeckt?
Ja, sehr!
Ich fühle mich schon viel besser.
Iss jeden Tag eins, Großmutter!
Ich habe genug Geld. Ich kauf dir jeden Tag ein neues.

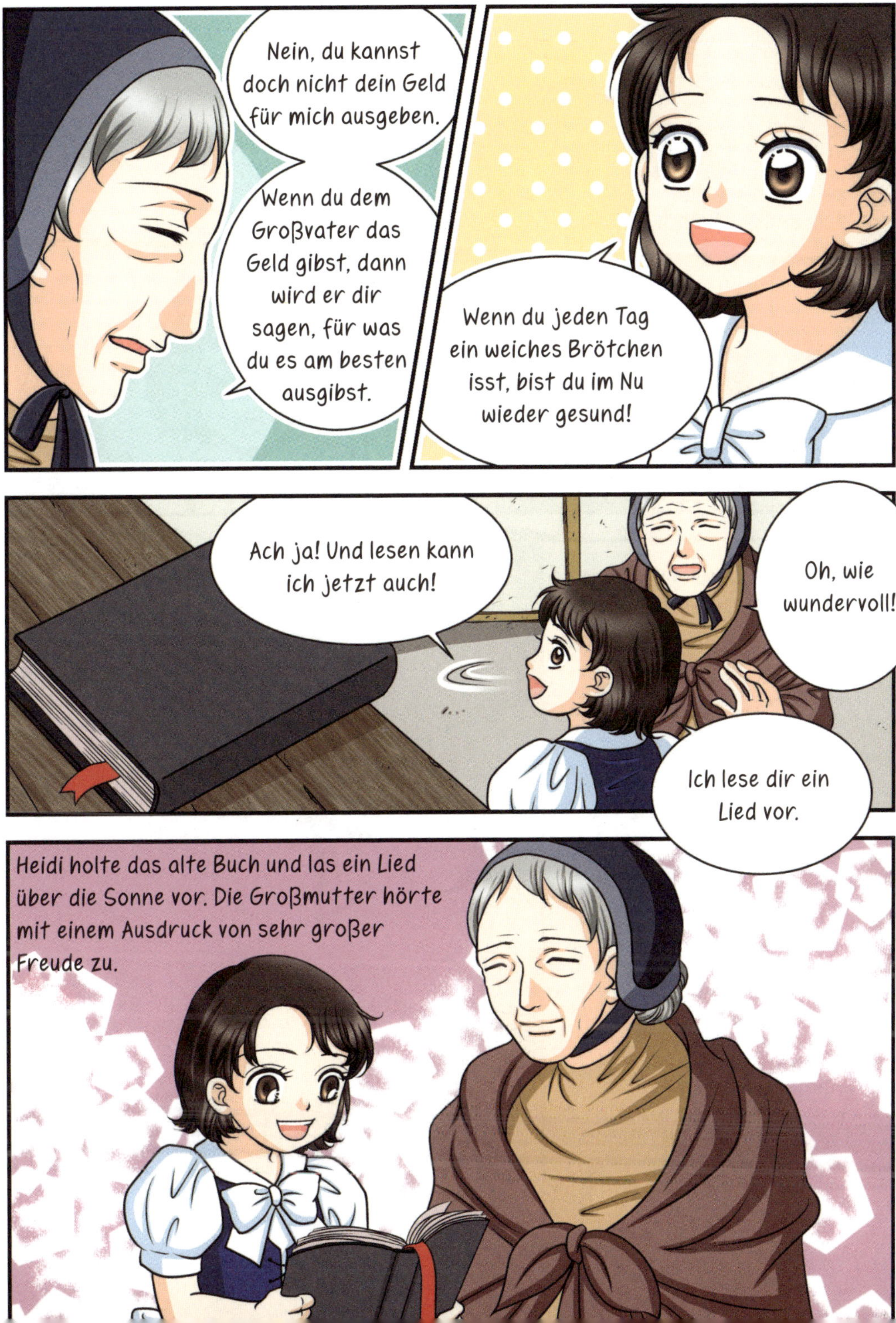
Nein, du kannst doch nicht dein Geld für mich ausgeben.
Wenn du dem Großvater das Geld gibst, dann wird er dir sagen, für was du es am besten ausgibst.
Wenn du jeden Tag ein weiches Brötchen isst, bist du im Nu wieder gesund!
Ach ja! Und lesen kann ich jetzt auch!
Oh, wie wundervoll!
Ich lese dir ein Lied vor.
Heidi holte das alte Buch und las ein Lied über die Sonne vor. Die Großmutter hörte mit einem Ausdruck von sehr großer Freude zu.

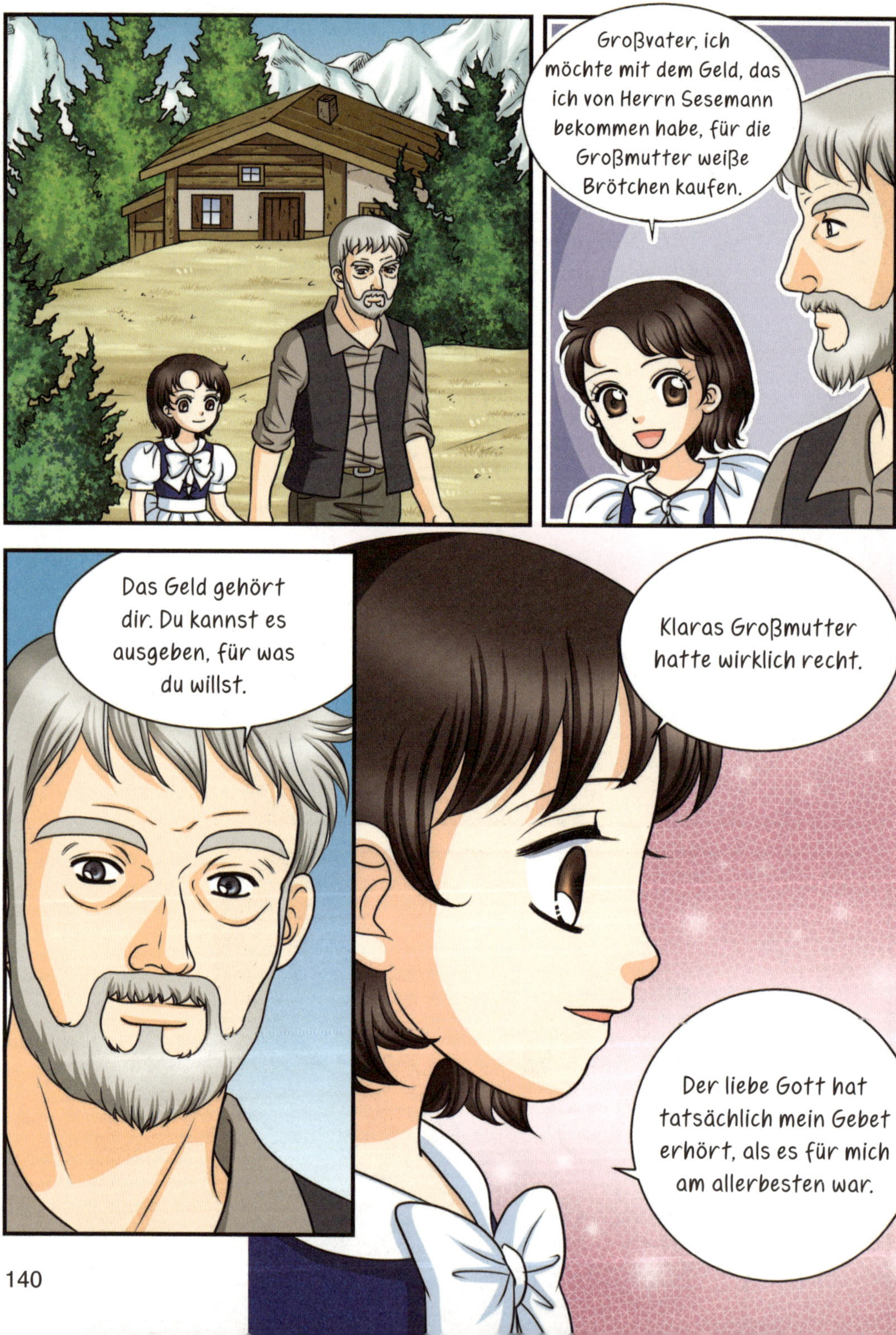
Großvater, ich möchte mit dem Geld, das ich von Herrn Sesemann bekommen habe, für die Großmutter weiße Brötchen kaufen.
Das Geld gehört dir. Du kannst es ausgeben, für was du willst.
Klaras Großmutter hatte wirklich recht.
Der liebe Gott hat tatsächlich mein Gebet erhört, als es für mich am allerbesten war.

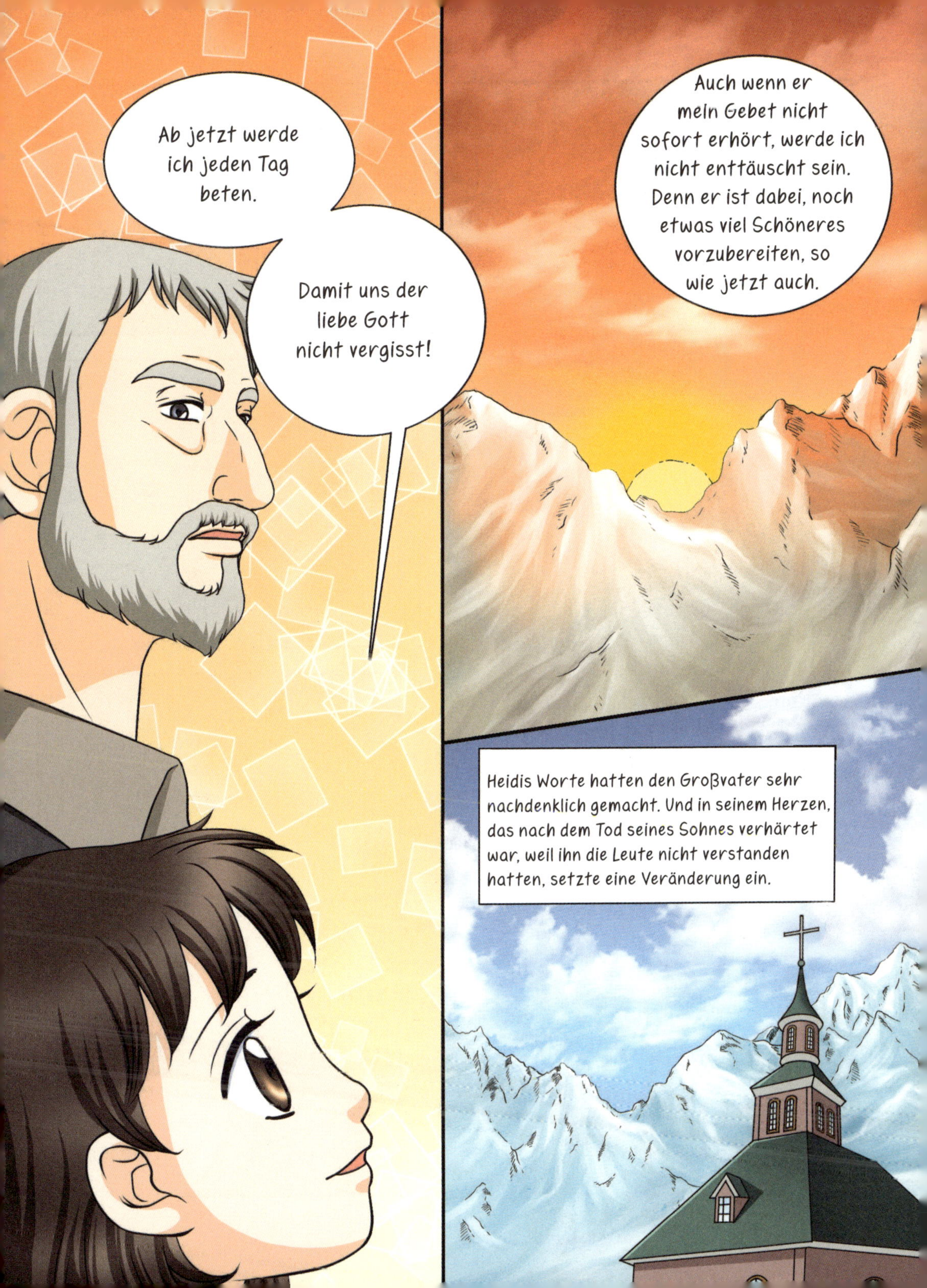
Ab jetzt werde ich jeden Tag beten.
Damit uns der liebe Gott nicht vergisst!
Auch wenn er mein Gebet nicht sofort erhört, werde ich nicht enttäuscht sein. Denn er ist dabei, noch etwas viel Schöneres vorzubereiten, so wie jetzt auch.
Heidis Worte hatten den Großvater sehr nachdenklich gemacht. Und in seinem Herzen, das nach dem Tod seines Sohnes verhärtet war, weil ihn die Leute nicht verstanden hatten, setzte eine Veränderung ein.

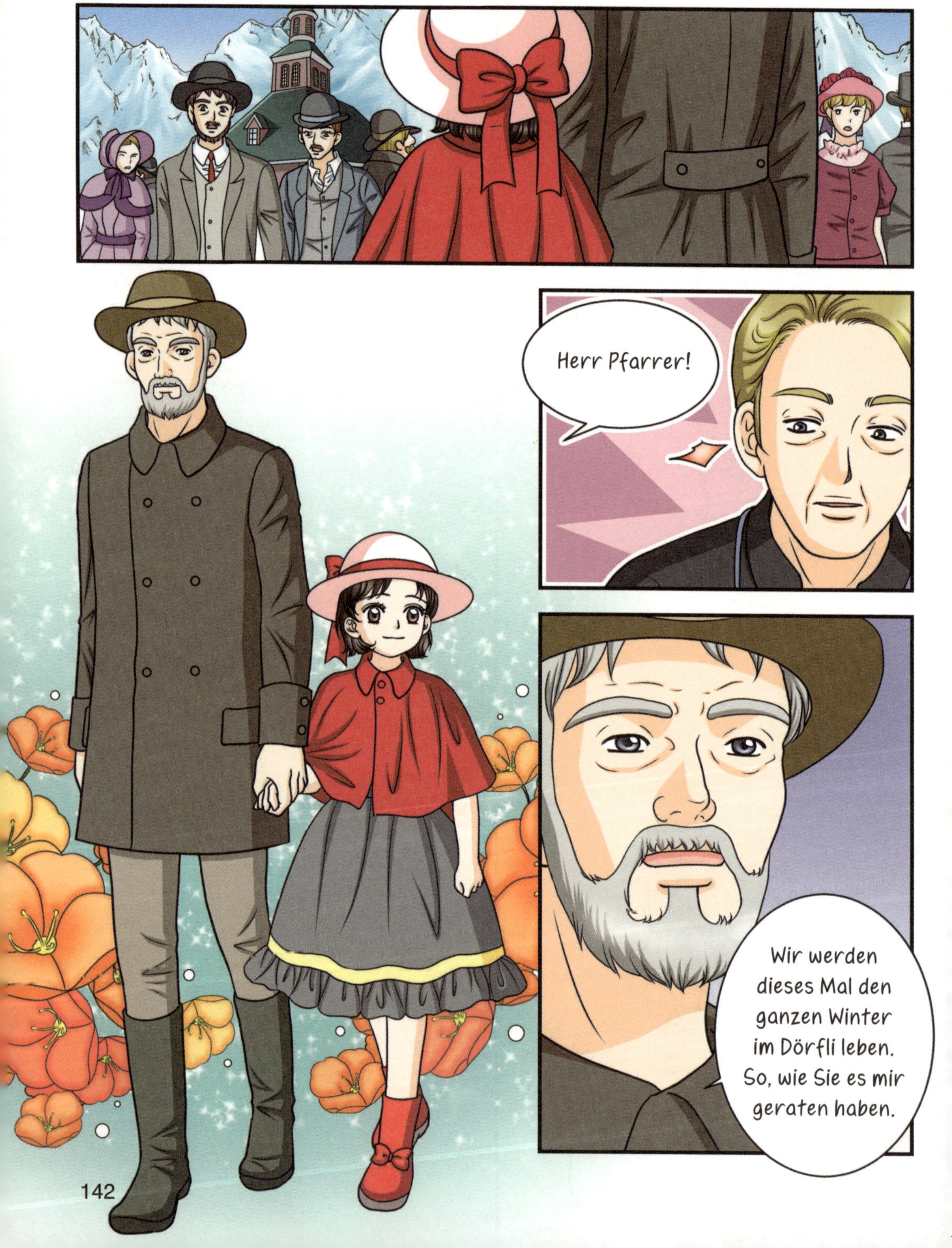
Herr Pfarrer!
Wir werden dieses Mal den ganzen Winter im Dörfli leben. So, wie Sie es mir geraten haben.

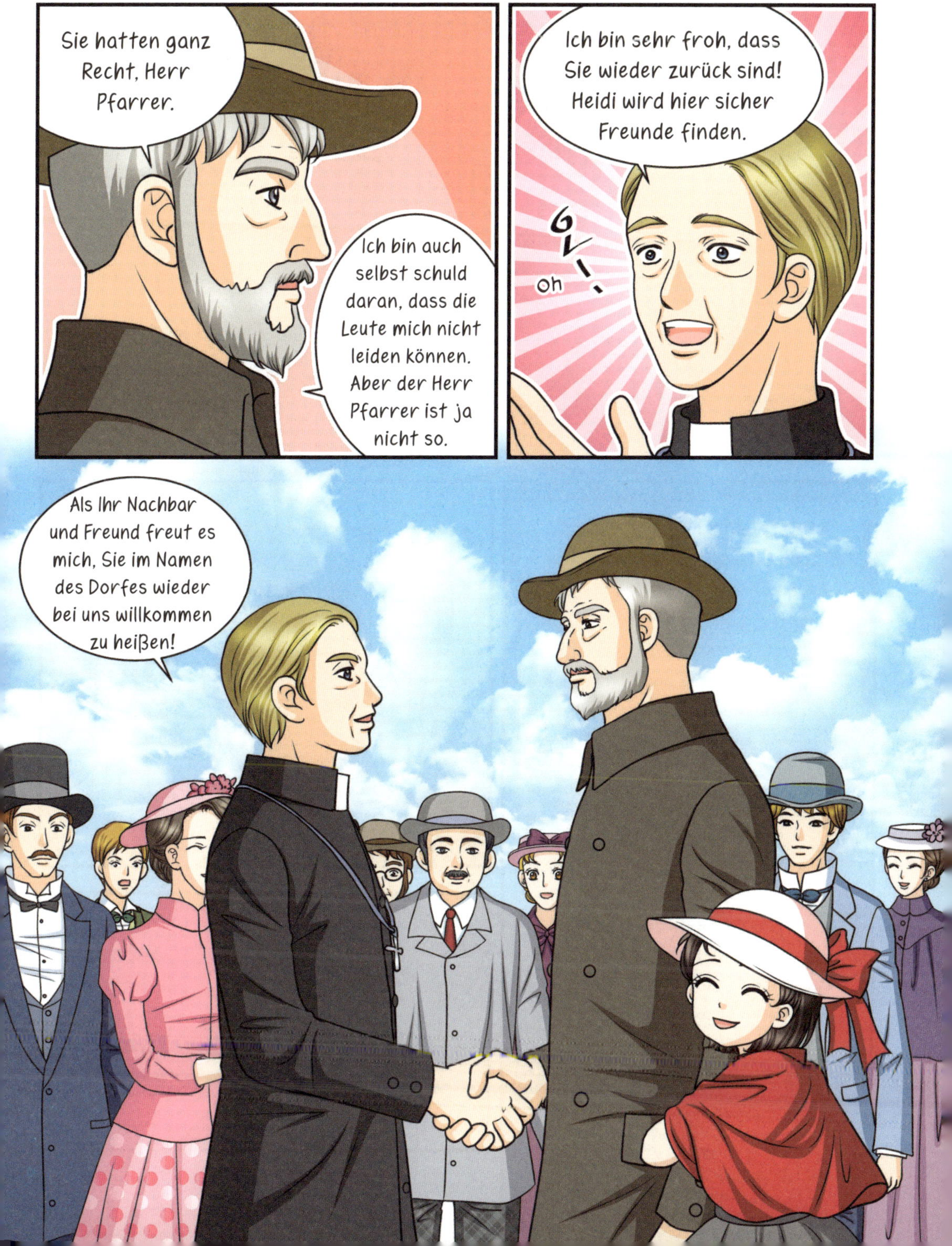
Sie hatten ganz Recht, Herr Pfarrer.
Ich bin auch selbst schuld daran, dass die Leute mich nicht leiden können. Aber der Herr Pfarrer ist ja nicht so.
Ich bin sehr froh, dass Sie wieder zurück sind! Heidi wird hier sicher Freunde finden.
Oh
Als Ihr Nachbar und Freund freut es mich, Sie im Namen des Dorfes wieder bei uns willkommen zu heißen!

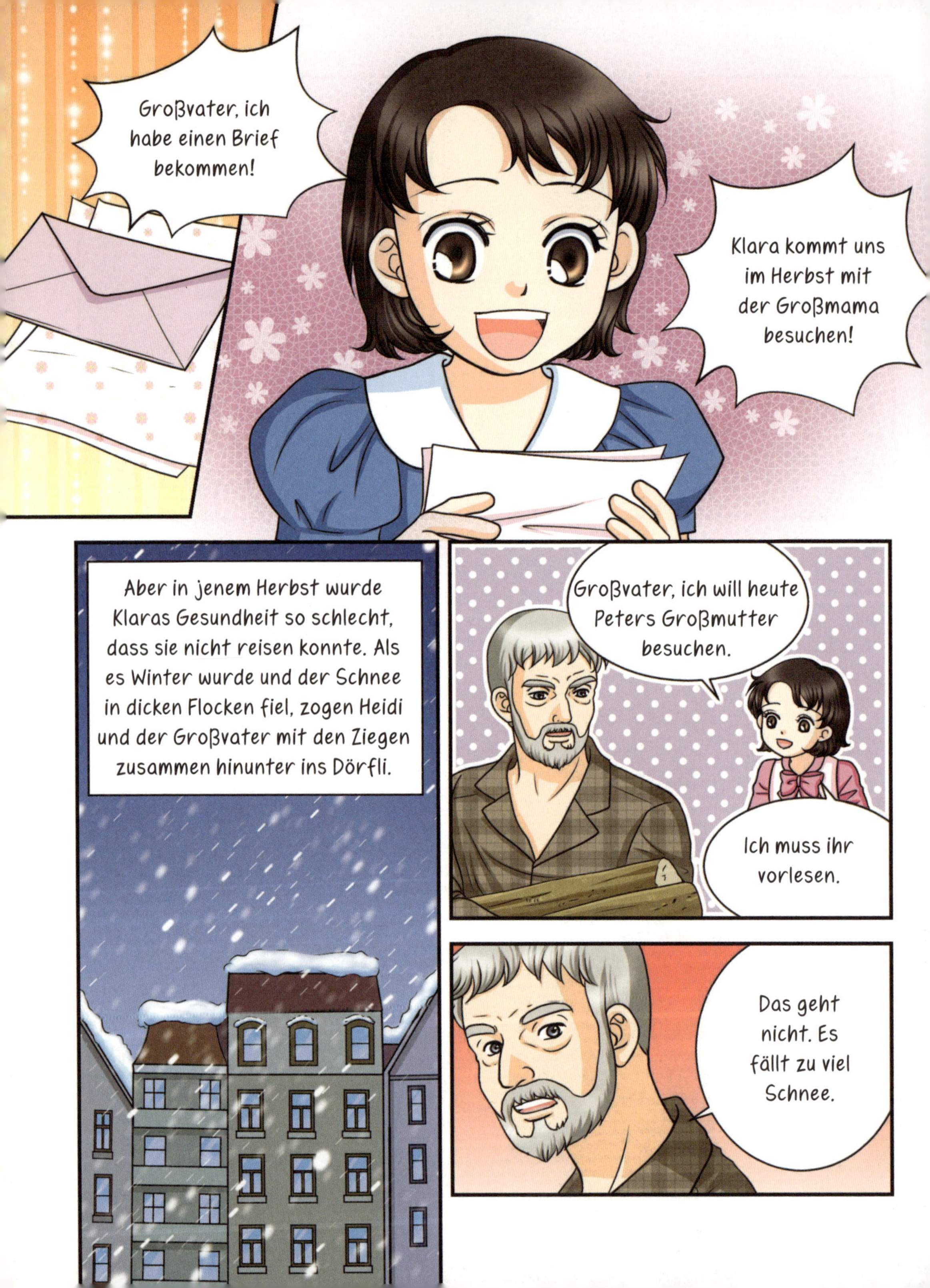
Großvater, ich habe einen Brief bekommen!
Klara kommt uns im Herbst mit der Großmama besuchen!
Aber in jenem Herbst wurde Klaras Gesundheit so schlecht, dass sie nicht reisen konnte. Als es Winter wurde und der Schnee in dicken Flocken fiel, zogen Heidi und der Großvater mit den Ziegen zusammen hinunter ins Dörfli.
Großvater, ich will heute Peters Großmutter besuchen.
Ich muss ihr vorlesen.
Das geht nicht. Es fällt zu viel Schnee.

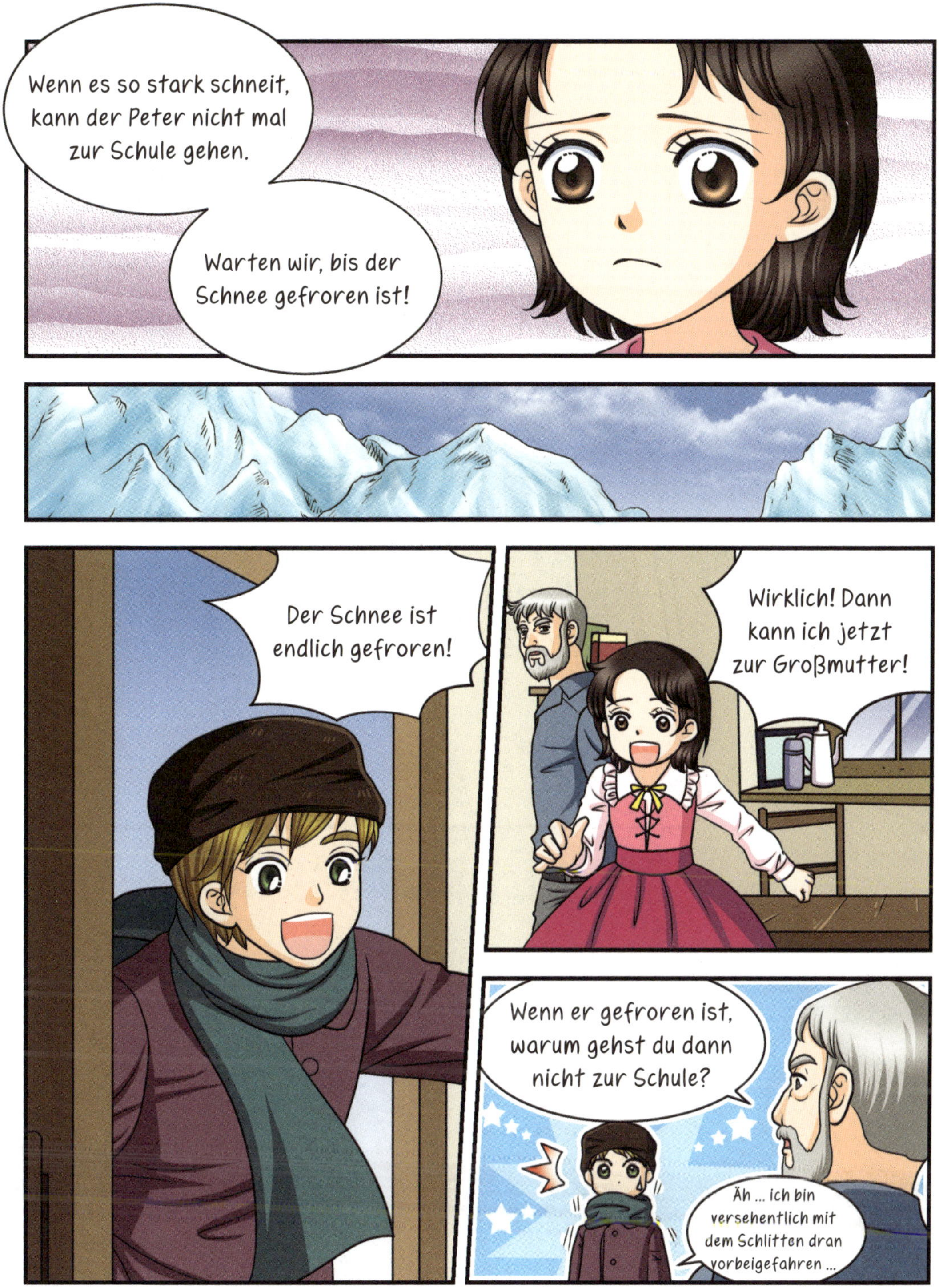
Wenn es so stark schneit, kann der Peter nicht mal zur Schule gehen.
Warten wir, bis der Schnee gefroren ist!
Der Schnee ist endlich gefroren!
Wirklich! Dann kann ich jetzt zur Großmutter!
Wenn er gefroren ist, warum gehst du dann nicht zur Schule?
Äh ... ich bin versehentlich mit dem Schlitten dran vorbeigefahren ...

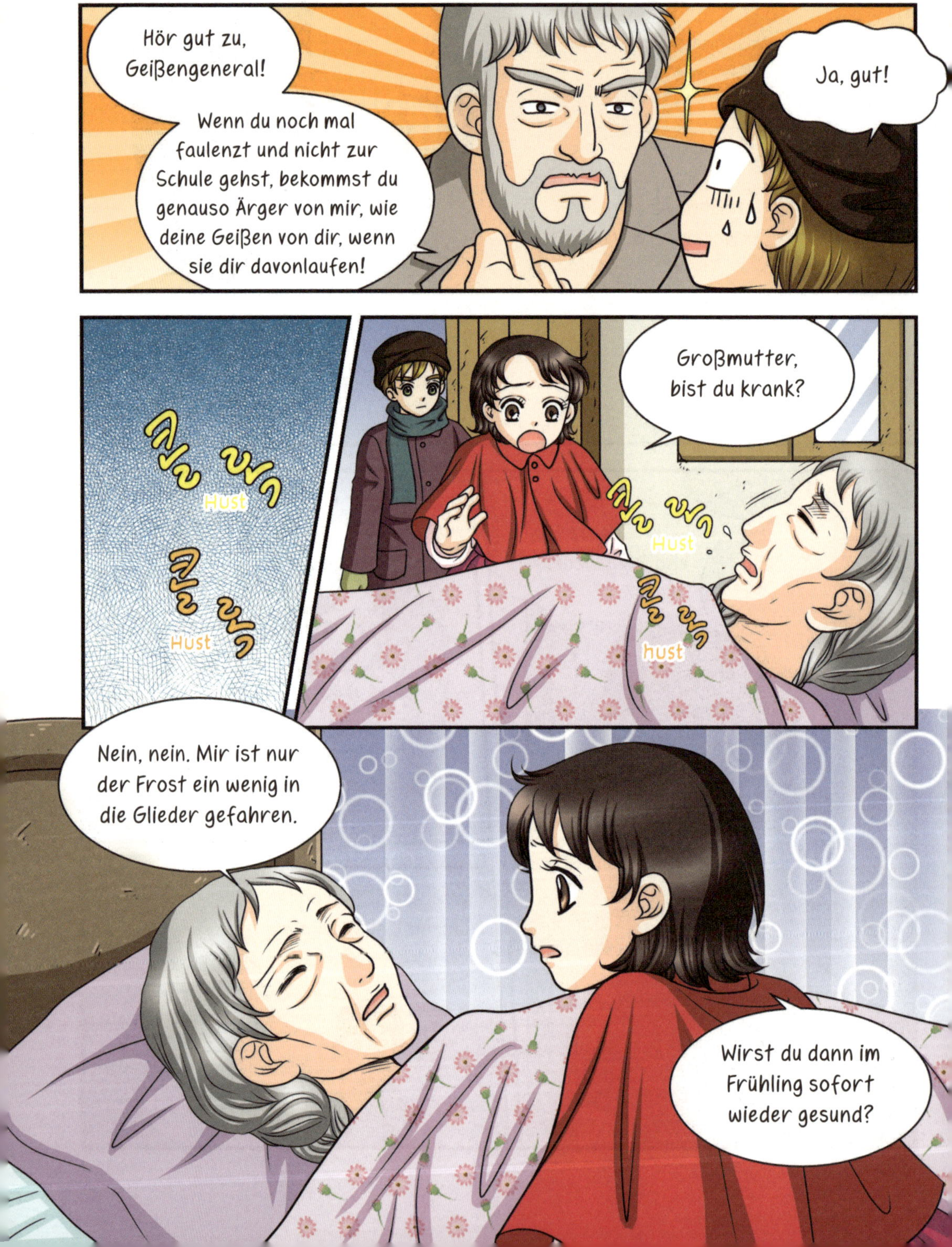
Hör gut zu, Geißengeneral!
Wenn du noch mal faulenzt und nicht zur Schule gehst, bekommst du genauso Ärger von mir, wie deine Geißen von dir, wenn sie dir davonlaufen!
Ja, gut!
Hust
Hust
Großmutter, bist du krank?
Hust
hust
Nein, nein. Mir ist nur der Frost ein wenig in die Glieder gefahren.
Wirst du dann im Frühling sofort wieder gesund?

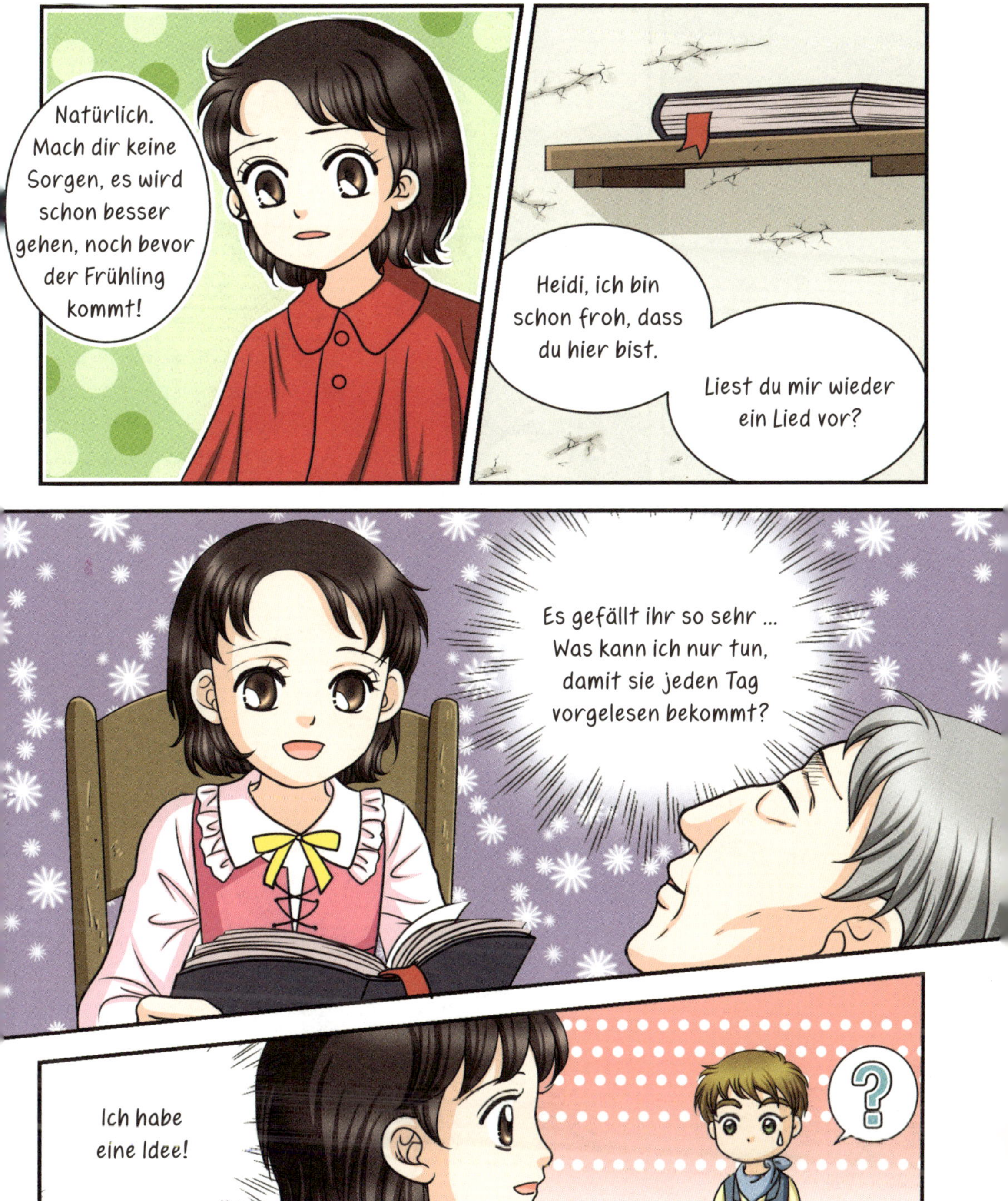
Natürlich. Mach dir keine Sorgen, es wird schon besser gehen, noch bevor der Frühling kommt!
Heidi, ich bin schon froh, dass du hier bist.
Liest du mir wieder ein Lied vor?
Es gefällt ihr so sehr ... Was kann ich nur tun, damit sie jeden Tag vorgelesen bekommt?
Ich habe eine Idee!
?

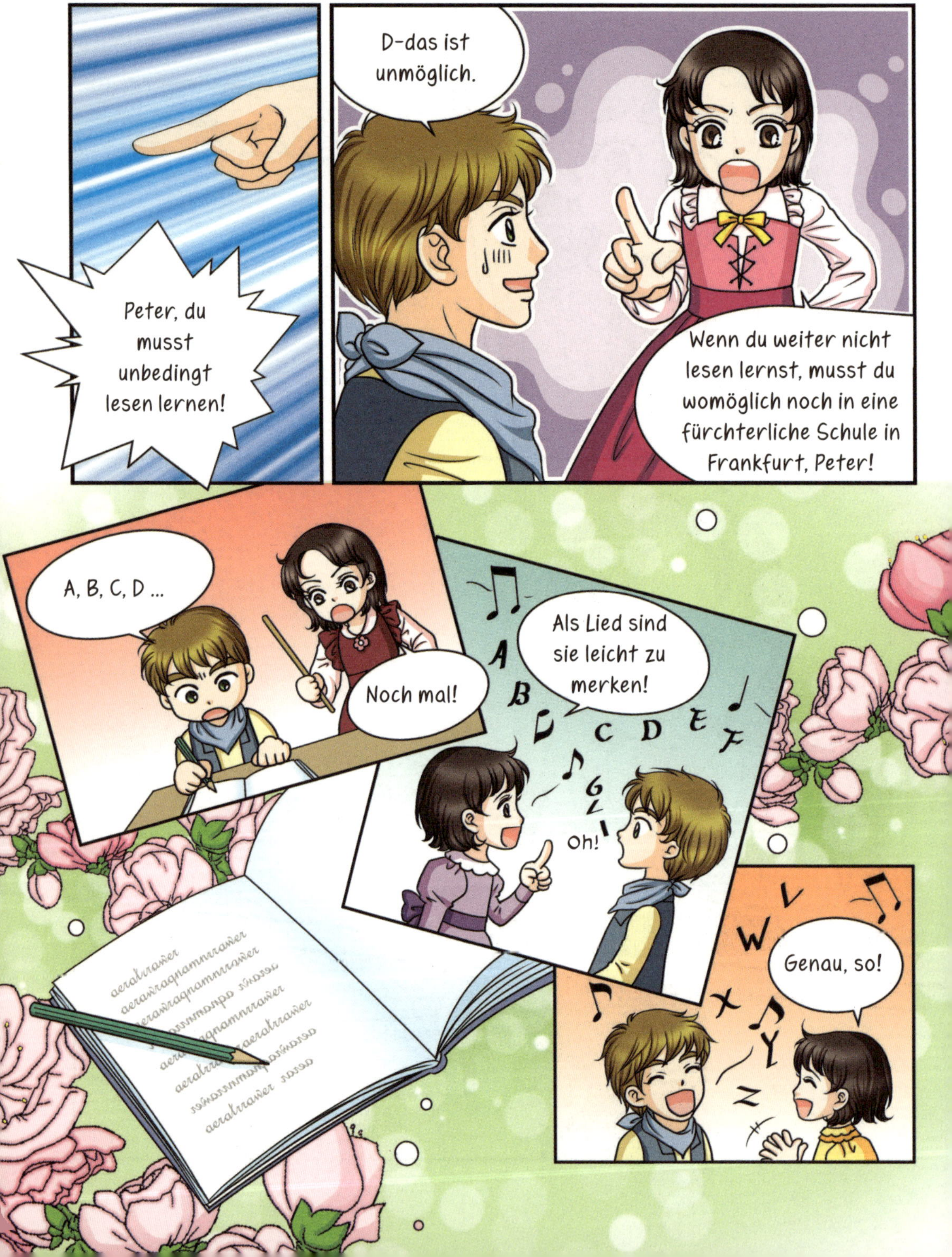
Peter, du musst unbedingt lesen lernen!
D-das ist unmöglich.
Wenn du weiter nicht lesen lernst, musst du womöglich noch in eine fürchterliche Schule in Frankfurt, Peter!
A, B, C, D ...
Noch mal!
Als Lied sind sie leicht zu merken!
A B C D E F G
Oh!
V W X Y Z
Genau, so!

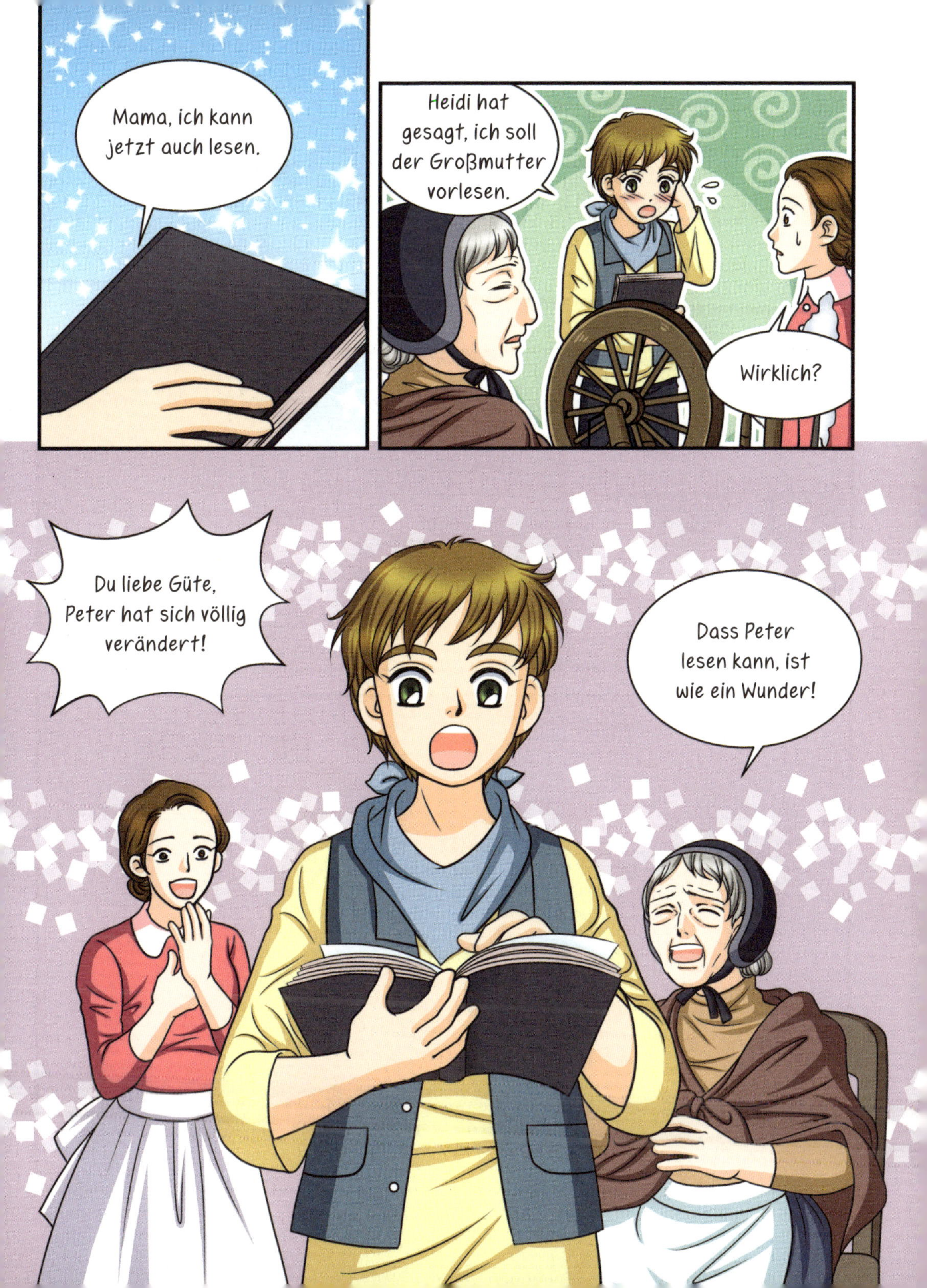
Mama, ich kann jetzt auch lesen.
Heidi hat gesagt, ich soll der Großmutter vorlesen.
Wirklich?
Du liebe Güte, Peter hat sich völlig verändert!
Dass Peter lesen kann, ist wie ein Wunder!

9. Kapitel

Besuch von Klara

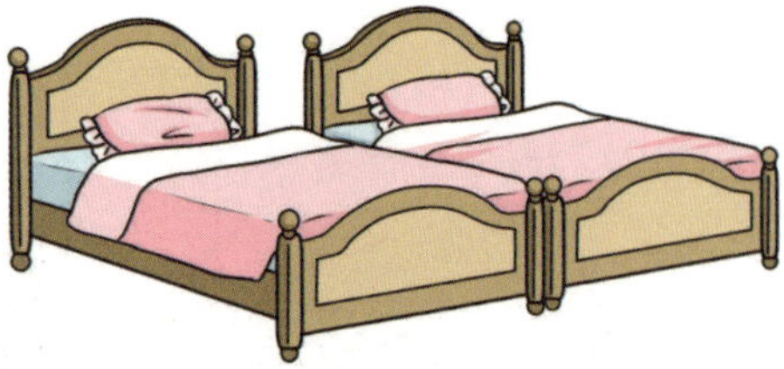

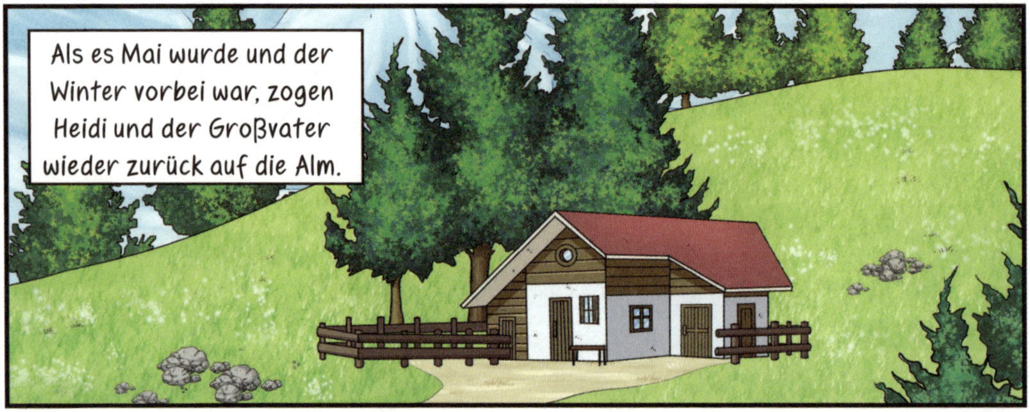

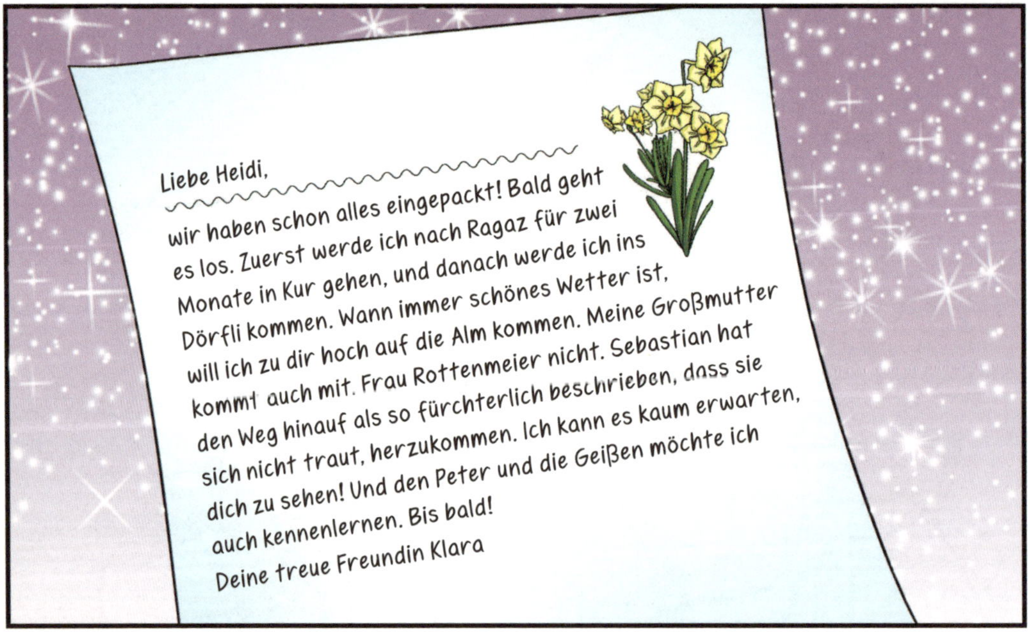

Liebe Heidi,

wir haben schon alles eingepackt! Bald geht es los. Zuerst werde ich nach Ragaz für zwei Monate in Kur gehen, und danach werde ich ins Dörfli kommen. Wann immer schönes Wetter ist, will ich zu dir hoch auf die Alm kommen. Meine Großmutter kommt auch mit. Frau Rottenmeier nicht. Sebastian hat den Weg hinauf als so fürchterlich beschrieben, dass sie sich nicht traut, herzukommen. Ich kann es kaum erwarten, dich zu sehen! Und den Peter und die Geißen möchte ich auch kennenlernen. Bis bald!

Deine treue Freundin Klara

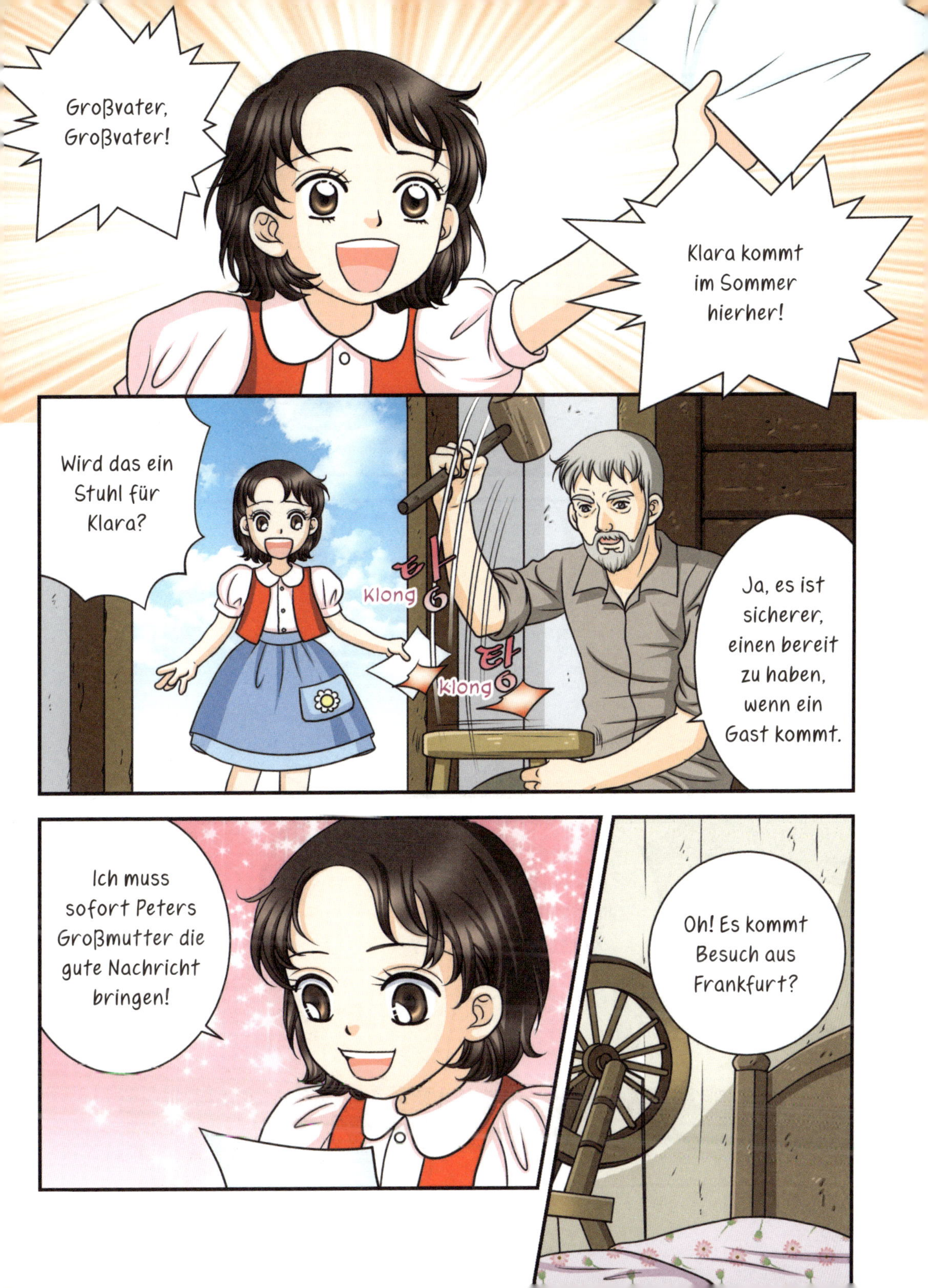
Großvater, Großvater!
Klara kommt im Sommer hierher!
Wird das ein Stuhl für Klara?
탕 Klong
탕 Klong
Ja, es ist sicherer, einen bereit zu haben, wenn ein Gast kommt.
Ich muss sofort Peters Großmutter die gute Nachricht bringen!
Oh! Es kommt Besuch aus Frankfurt?

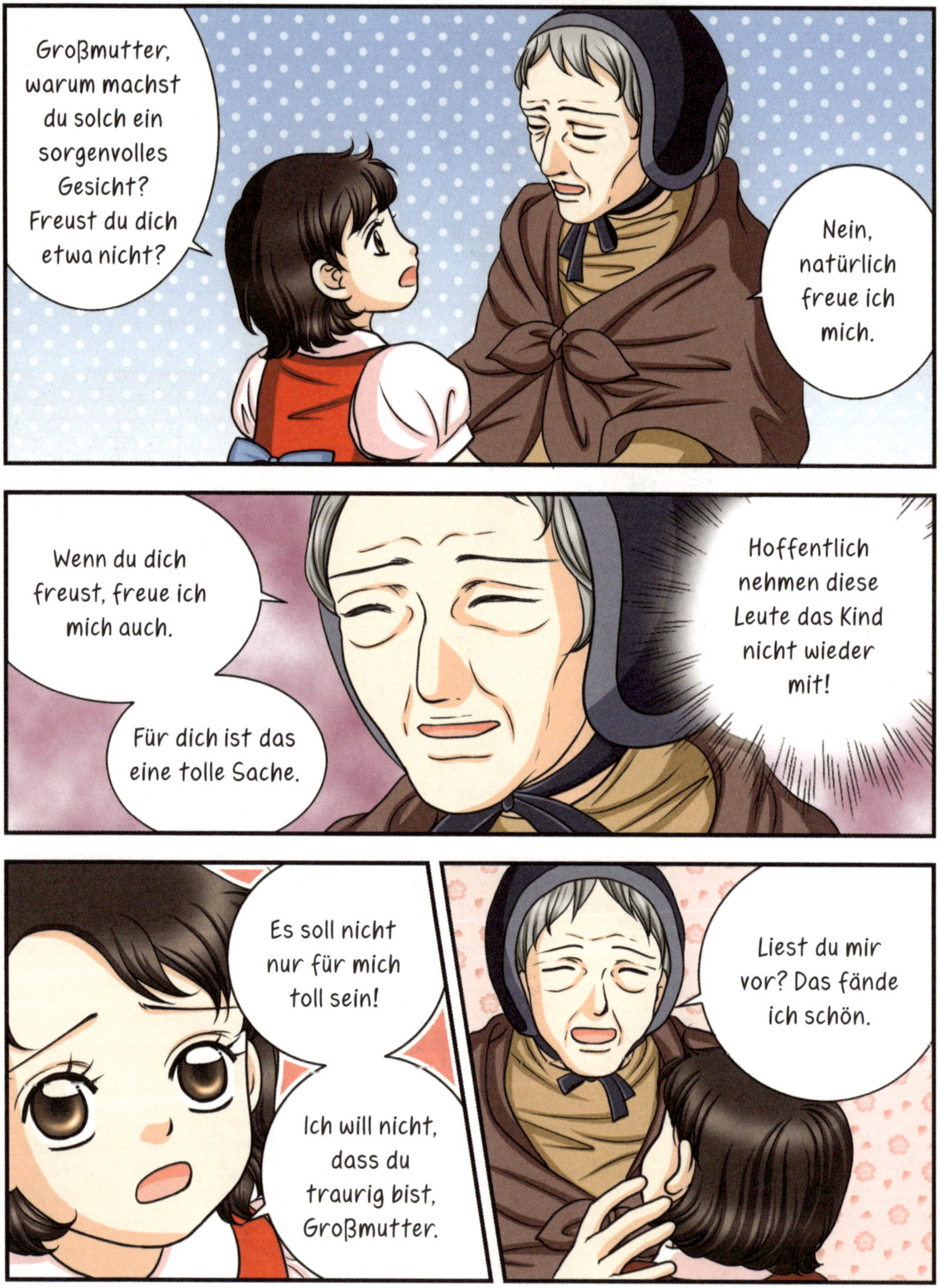
Großmutter, warum machst du solch ein sorgenvolles Gesicht? Freust du dich etwa nicht?
Nein, natürlich freue ich mich.
Wenn du dich freust, freue ich mich auch.
Für dich ist das eine tolle Sache.
Hoffentlich nehmen diese Leute das Kind nicht wieder mit!
Es soll nicht nur für mich toll sein!
Ich will nicht, dass du traurig bist, Großmutter.
Liest du mir vor? Das fände ich schön.

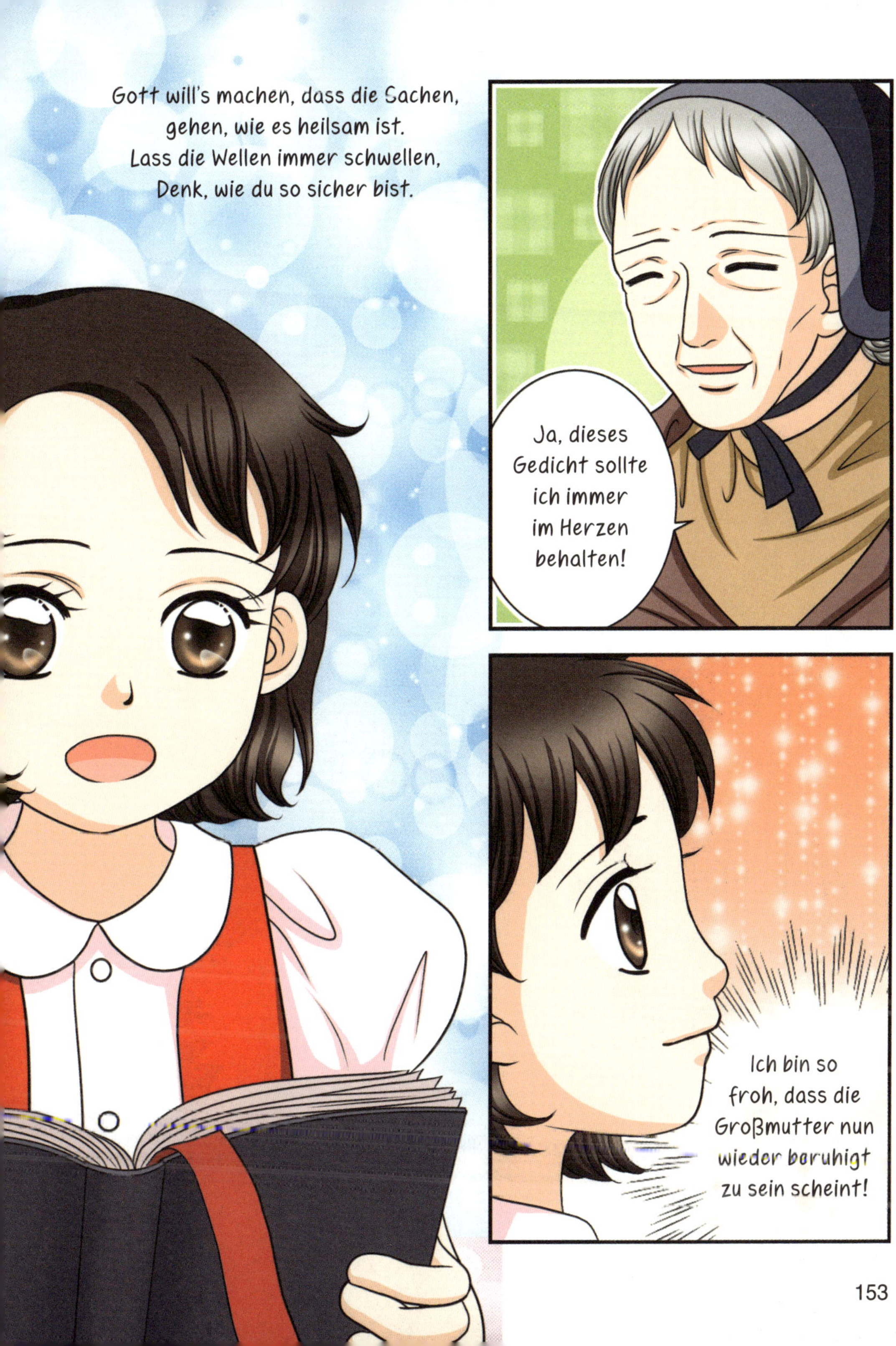
Gott will's machen, dass die Sachen,
gehen, wie es heilsam ist.
Lass die Wellen immer schwellen,
Denk, wie du so sicher bist.
Ja, dieses Gedicht sollte ich immer im Herzen behalten!
Ich bin so froh, dass die Großmutter nun wieder beruhigt zu sein scheint!

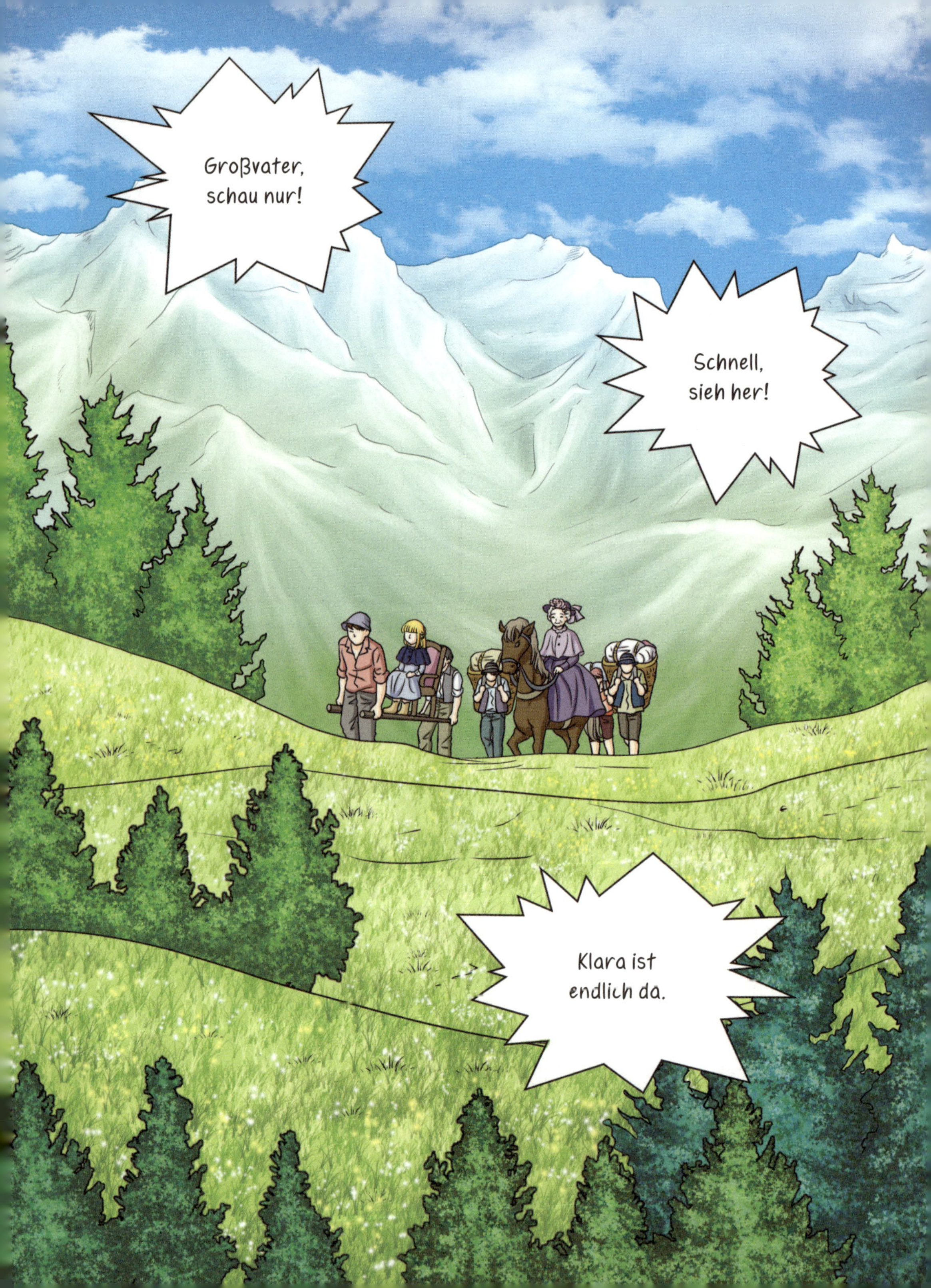
Großvater, schau nur!
Schnell, sieh her!
Klara ist endlich da.

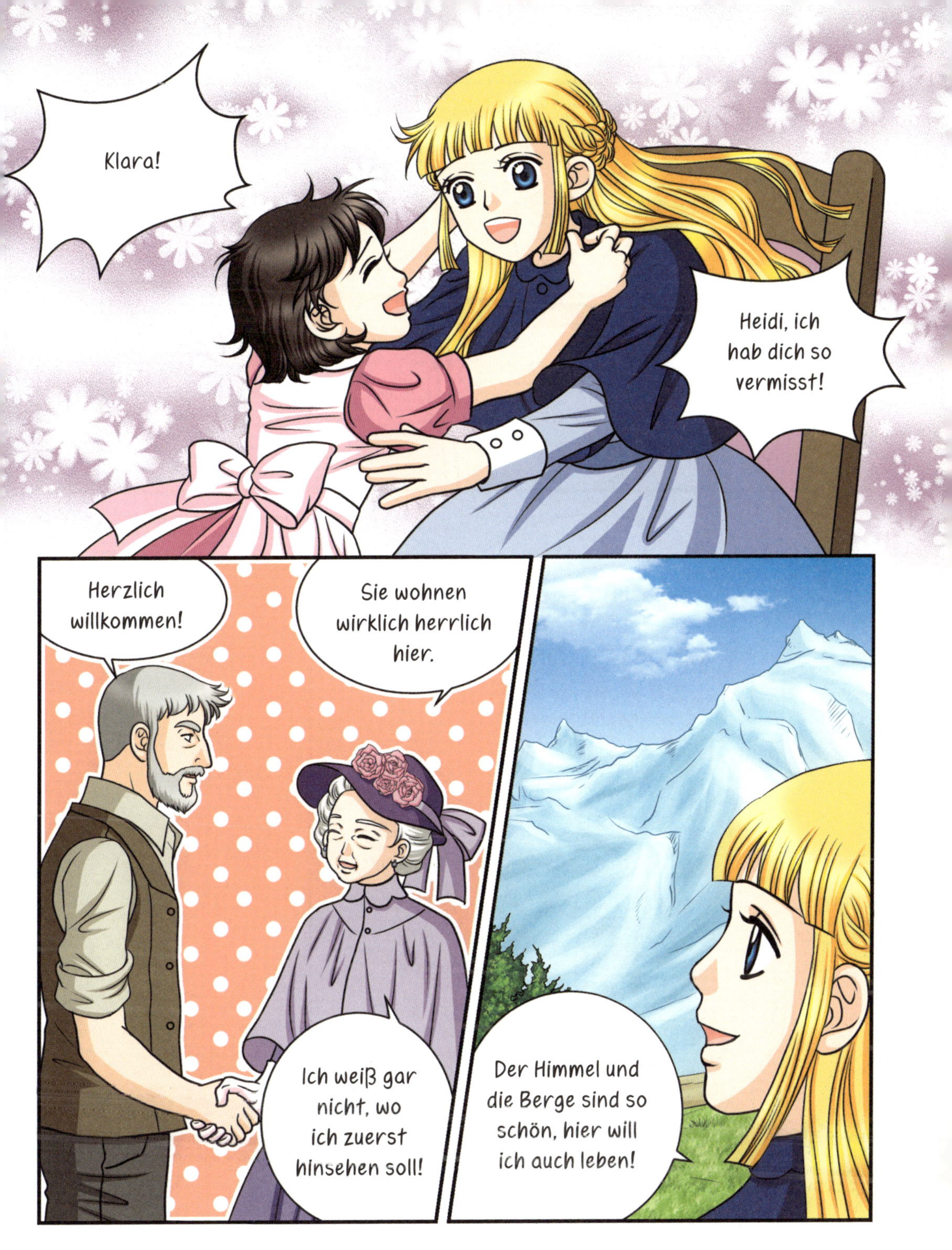
Klara!
Heidi, ich hab dich so vermisst!
Herzlich willkommen!
Sie wohnen wirklich herrlich hier.
Ich weiß gar nicht, wo ich zuerst hinsehen soll!
Der Himmel und die Berge sind so schön, hier will ich auch leben!

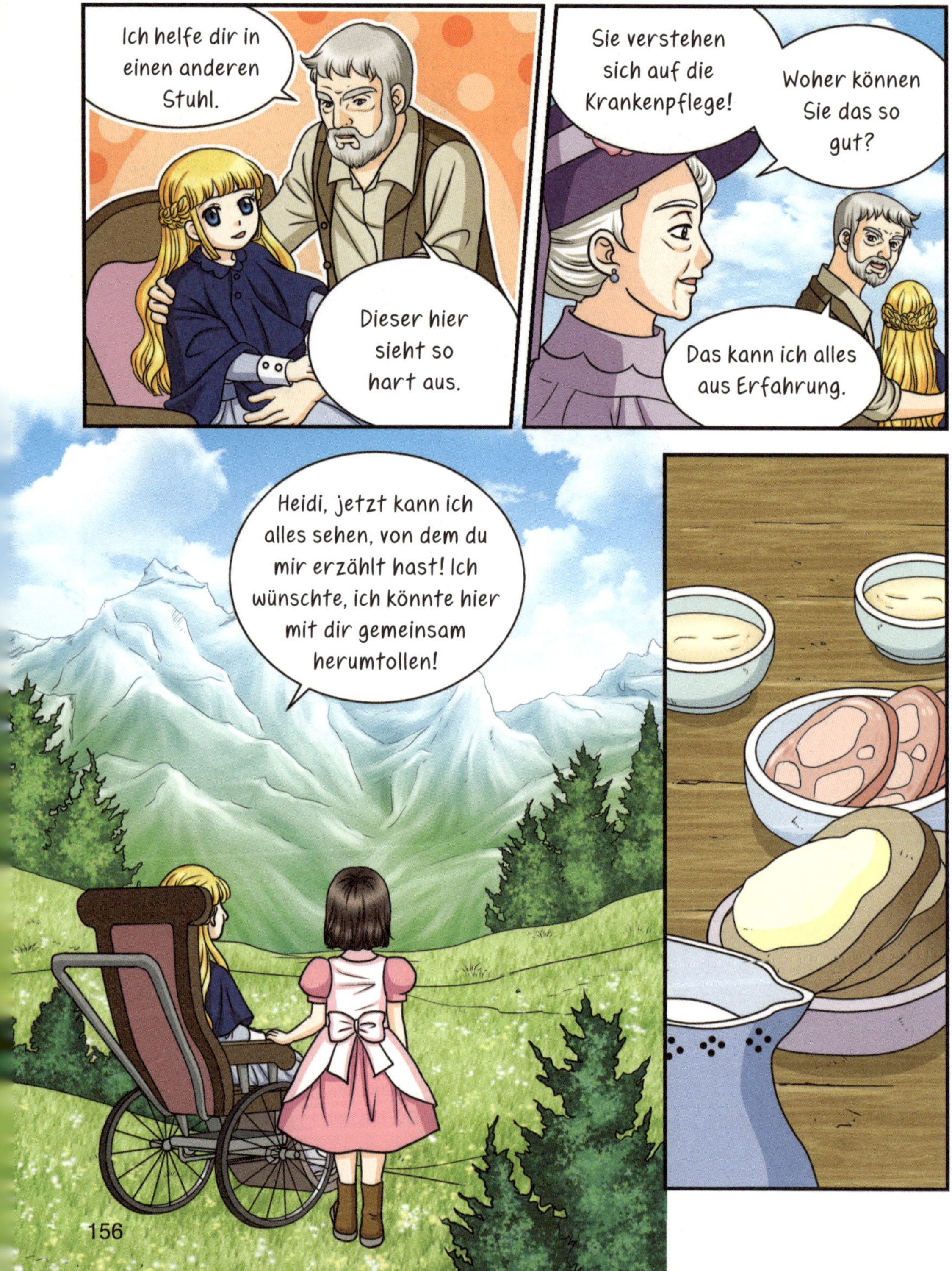
Ich helfe dir in einen anderen Stuhl.
Dieser hier sieht so hart aus.
Sie verstehen sich auf die Krankenpflege!
Woher können Sie das so gut?
Das kann ich alles aus Erfahrung.
Heidi, jetzt kann ich alles sehen, von dem du mir erzählt hast! Ich wünschte, ich könnte hier mit dir gemeinsam herumtollen!

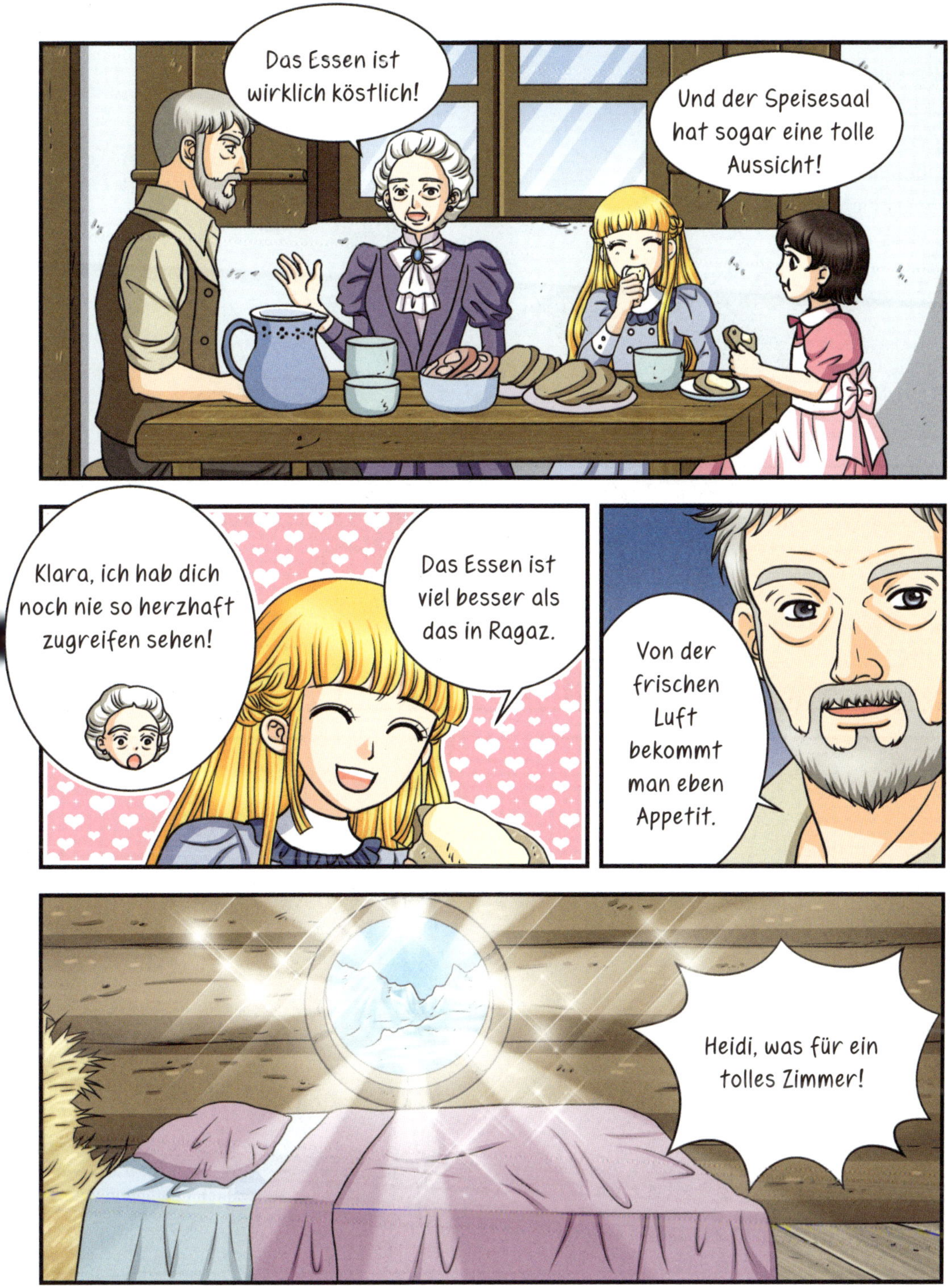
Das Essen ist wirklich köstlich!
Und der Speisesaal hat sogar eine tolle Aussicht!
Klara, ich hab dich noch nie so herzhaft zugreifen sehen!
Das Essen ist viel besser als das in Ragaz.
Von der frischen Luft bekommt man eben Appetit.
Heidi, was für ein tolles Zimmer!

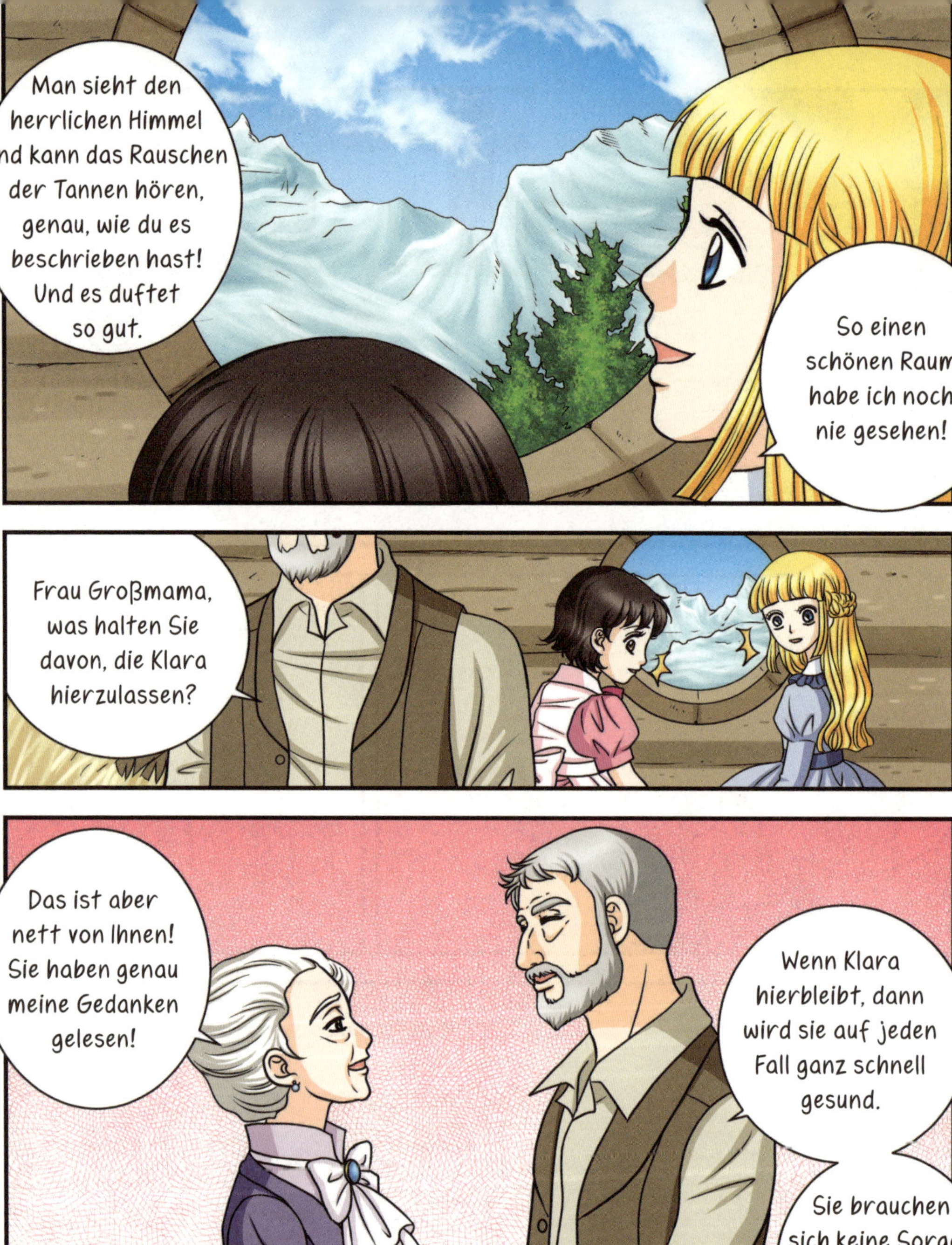
Man sieht den herrlichen Himmel und kann das Rauschen der Tannen hören, genau, wie du es beschrieben hast! Und es duftet so gut.
So einen schönen Raum habe ich noch nie gesehen!
Frau Großmama, was halten Sie davon, die Klara hierzulassen?
Das ist aber nett von Ihnen! Sie haben genau meine Gedanken gelesen!
Wenn Klara hierbleibt, dann wird sie auf jeden Fall ganz schnell gesund.
Sie brauchen sich keine Sorgen machen, ich werde gut auf sie Acht geben!

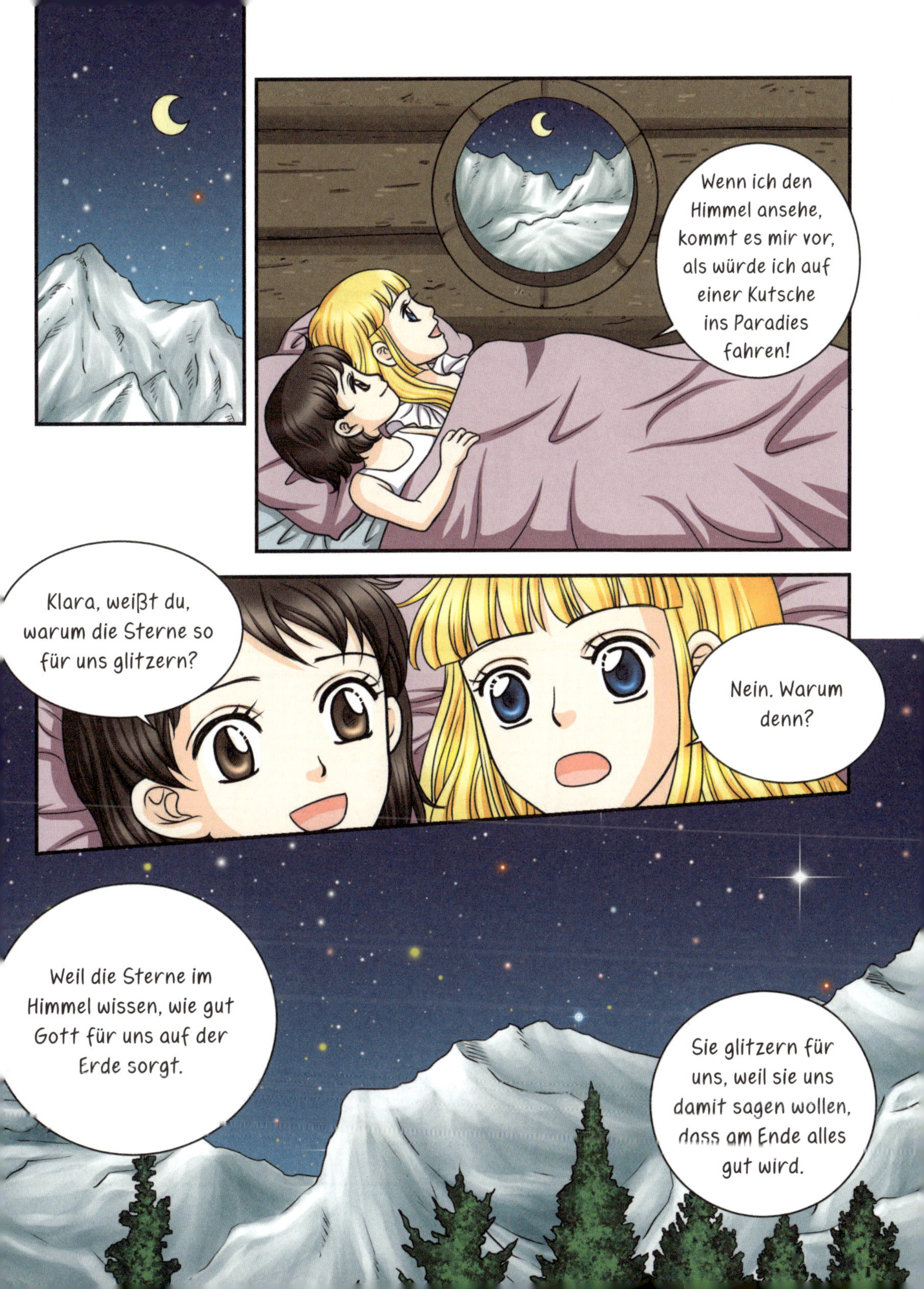

Wenn ich den Himmel ansehe, kommt es mir vor, als würde ich auf einer Kutsche ins Paradies fahren!
Klara, weißt du, warum die Sterne so für uns glitzern?
Nein. Warum denn?
Weil die Sterne im Himmel wissen, wie gut Gott für uns auf der Erde sorgt.
Sie glitzern für uns, weil sie uns damit sagen wollen, dass am Ende alles gut wird.

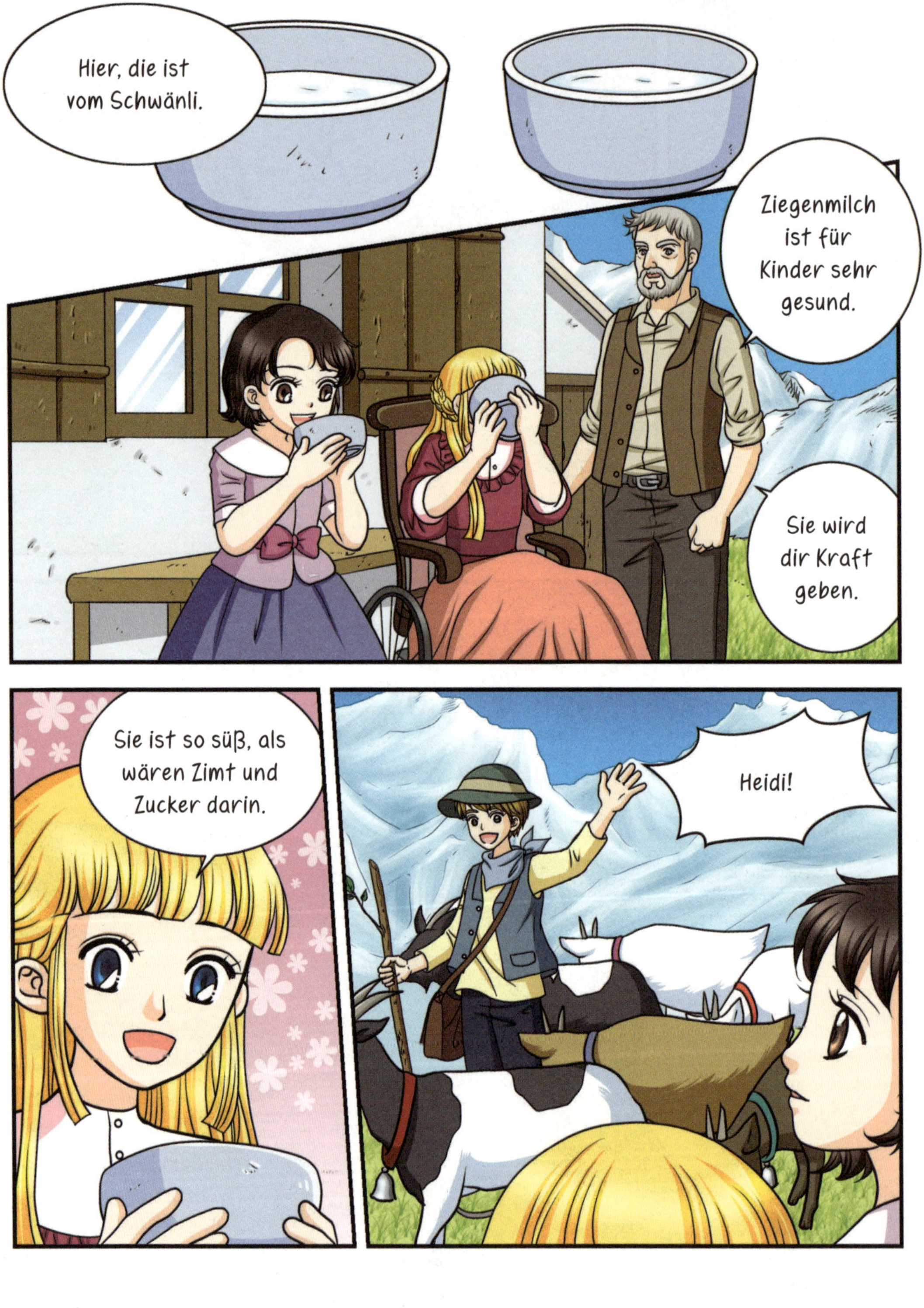
Hier, die ist vom Schwänli.
Ziegenmilch ist für Kinder sehr gesund.
Sie wird dir Kraft geben.
Sie ist so süß, als wären Zimt und Zucker darin.
Heidi!

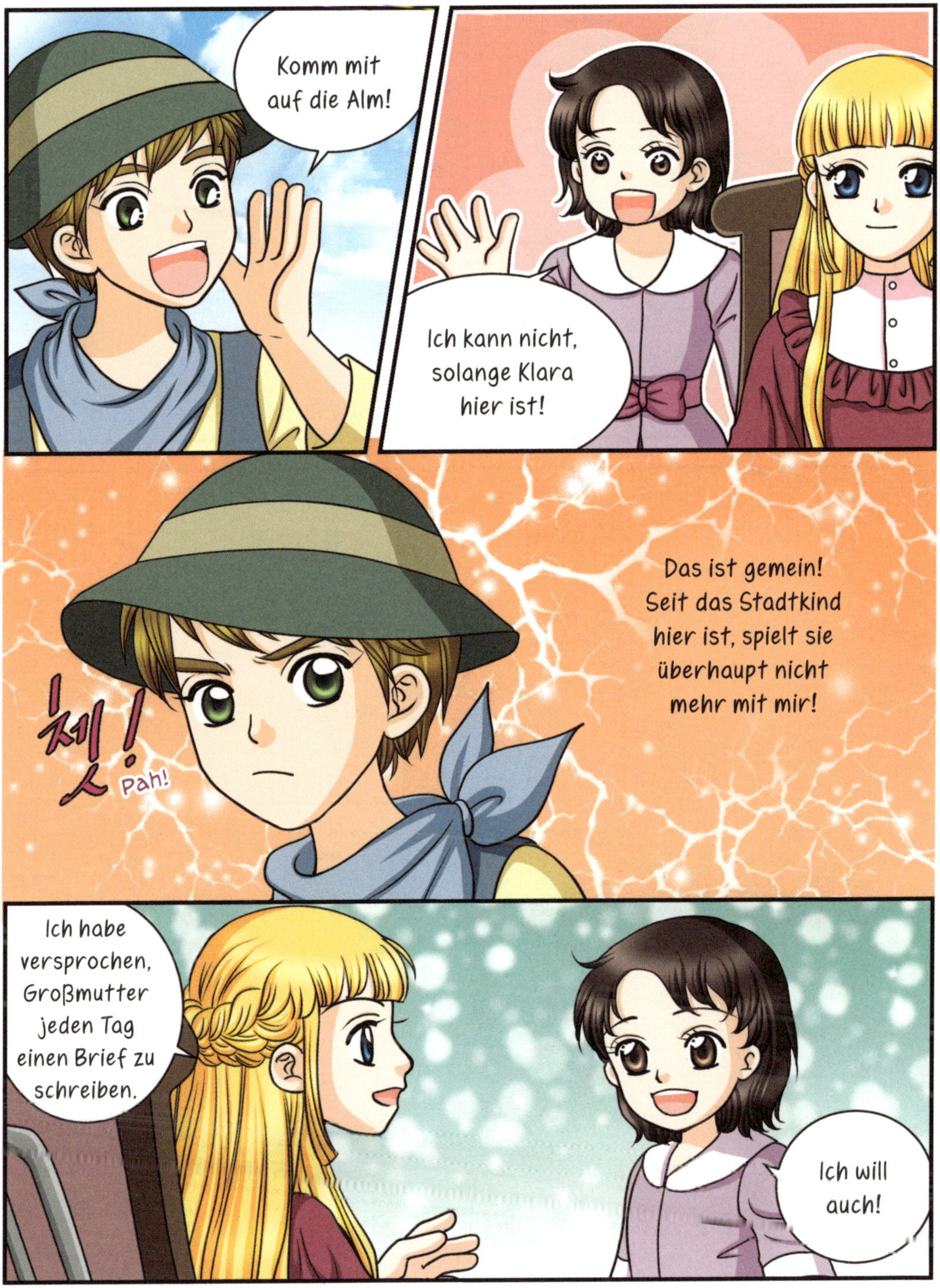
Komm mit auf die Alm!
Ich kann nicht, solange Klara hier ist!
Das ist gemein! Seit das Stadtkind hier ist, spielt sie überhaupt nicht mehr mit mir!
첫!
Pah!
Ich habe versprochen, Großmutter jeden Tag einen Brief zu schreiben.
Ich will auch!

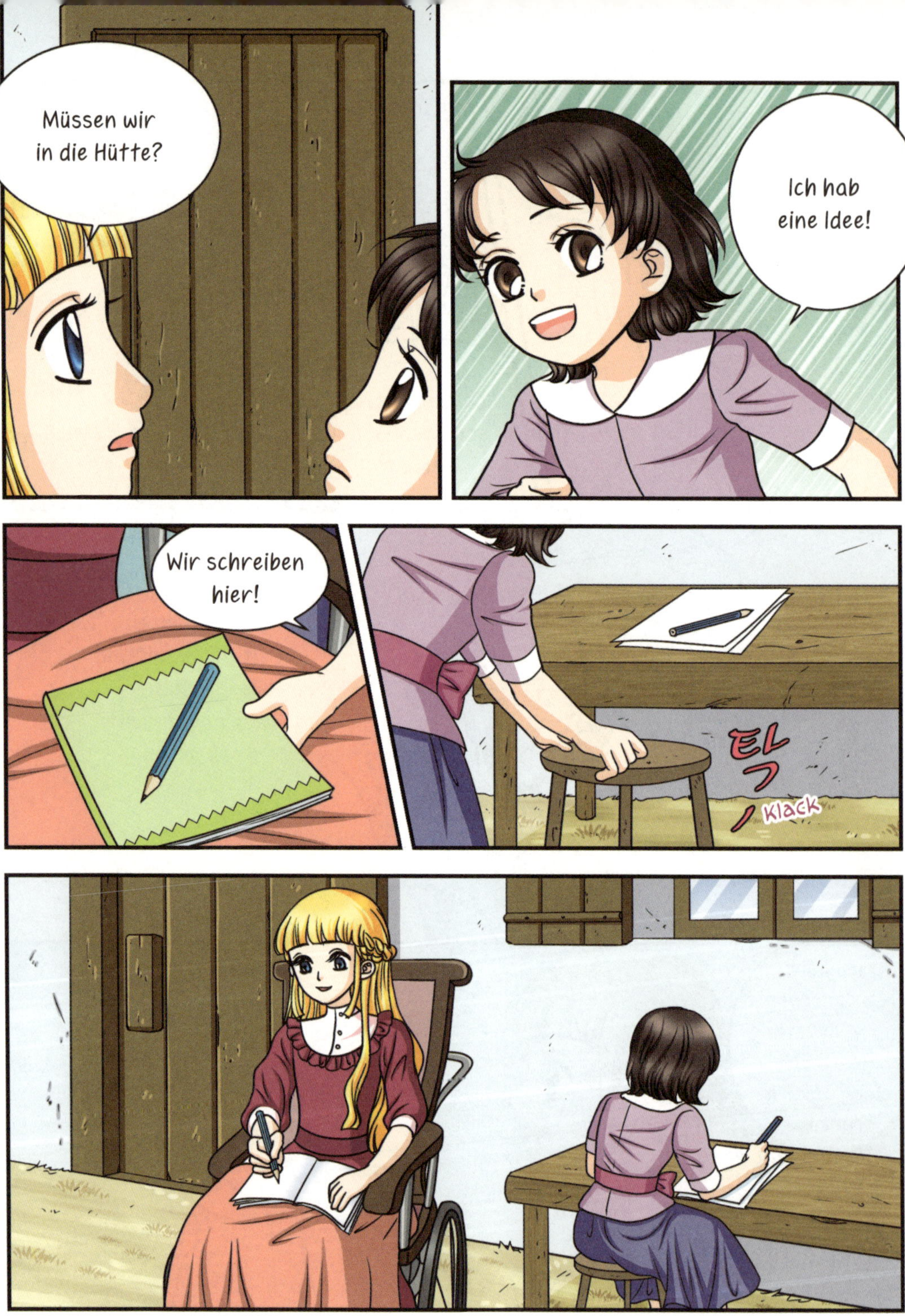
Müssen wir in die Hütte?
Ich hab eine Idee!
Wir schreiben hier!
탁
Klack

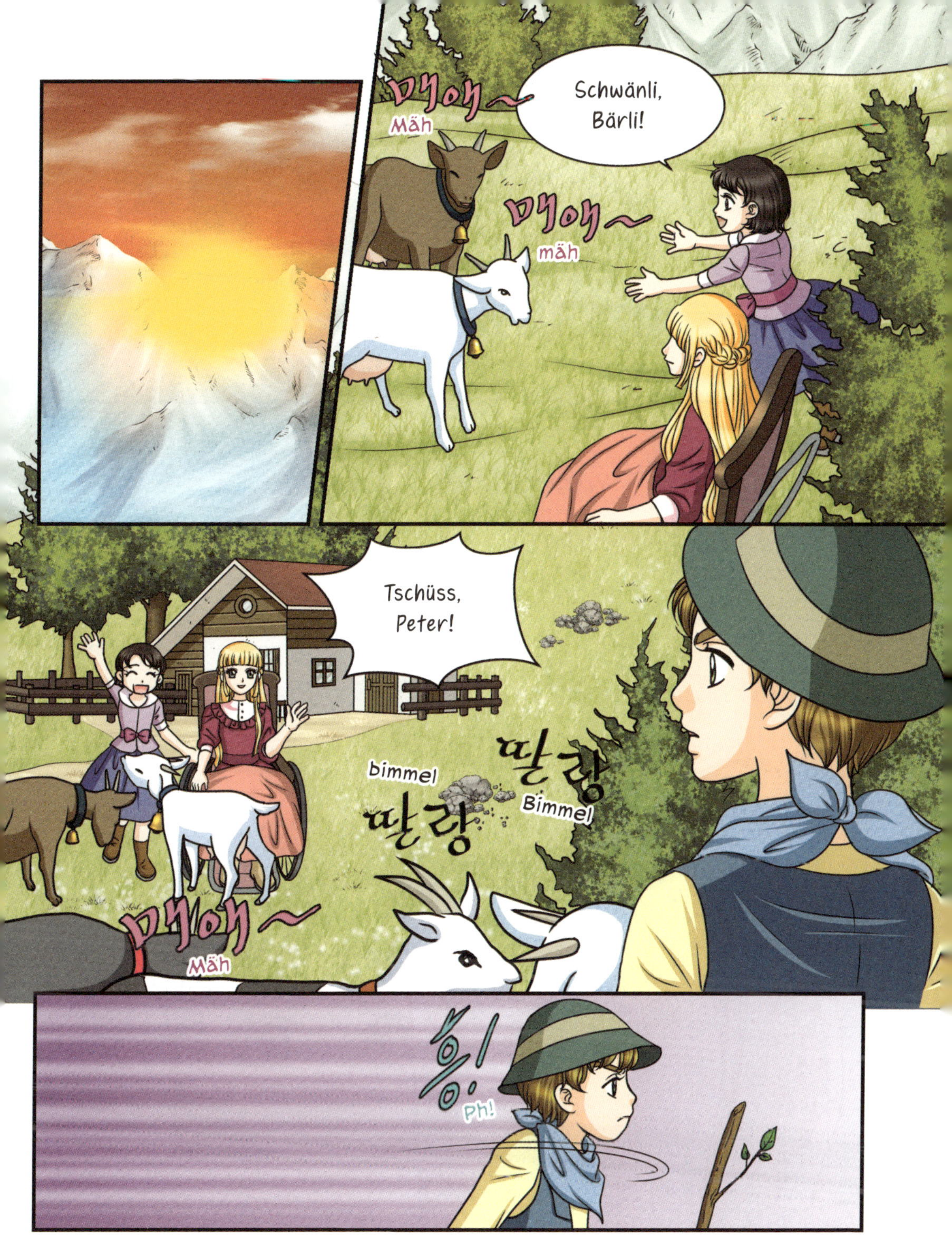

메에~
Mäh
Schwänli, Bärli!
메에~
mäh
Tschüss, Peter!
딸랑
bimmel
딸랑
Bimmel
메에~
Mäh
흥!
Ph!

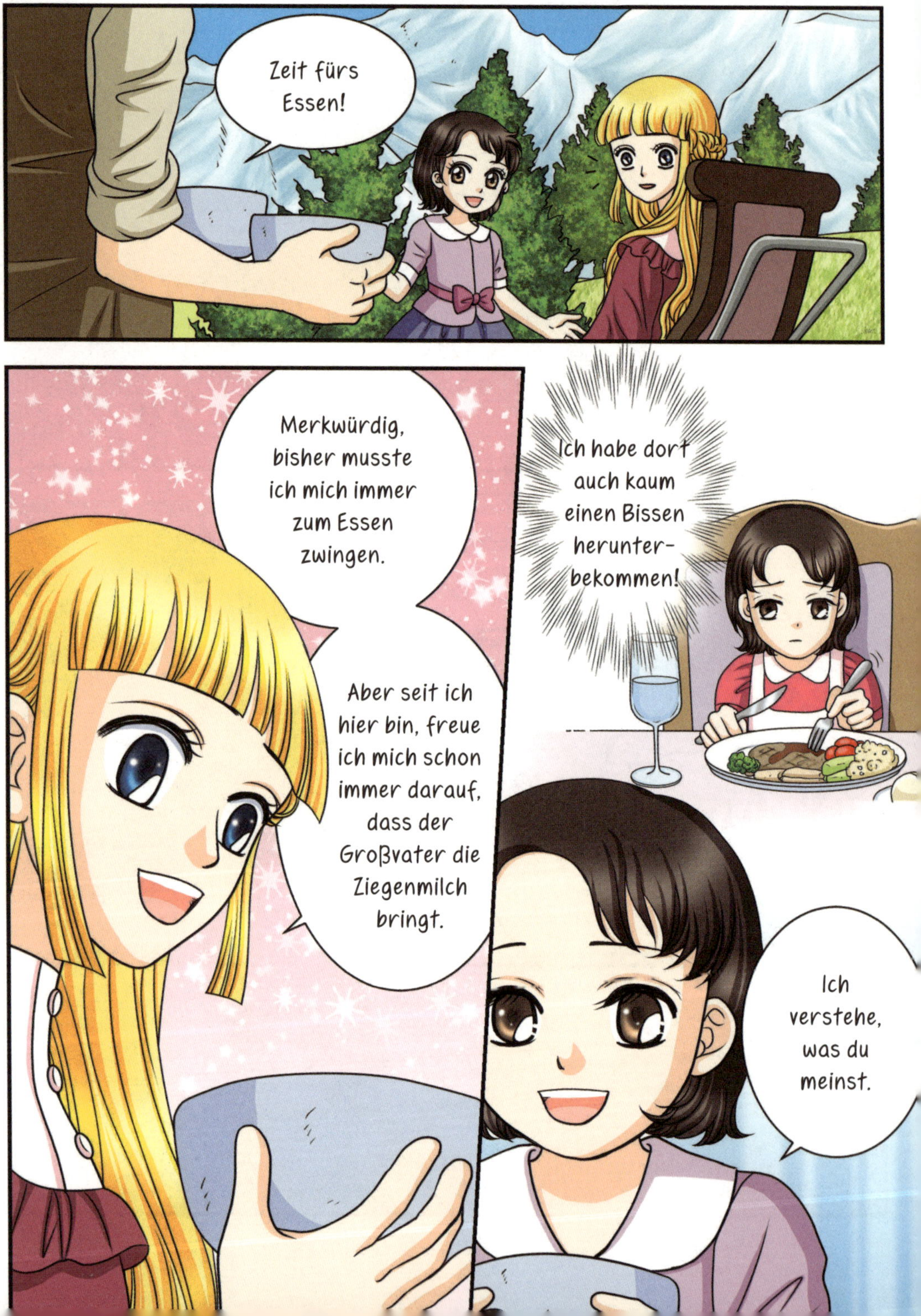

Zeit fürs Essen!
Merkwürdig, bisher musste ich mich immer zum Essen zwingen.
Ich habe dort auch kaum einen Bissen herunter-bekommen!
Aber seit ich hier bin, freue ich mich schon immer darauf, dass der Großvater die Ziegenmilch bringt.
Ich verstehe, was du meinst.

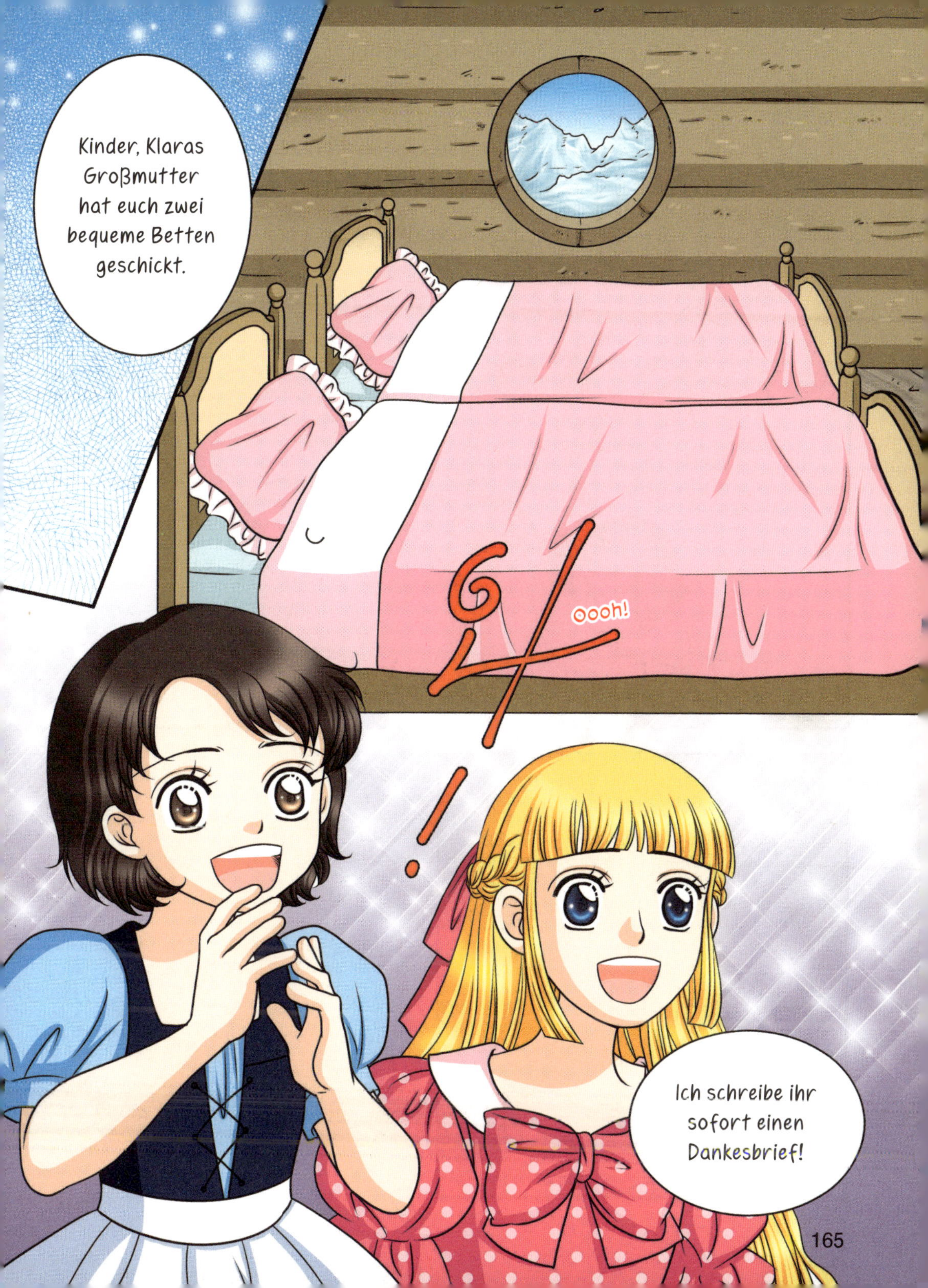
Kinder, Klaras Großmutter hat euch zwei bequeme Betten geschickt.
Oooh!
Ich schreibe ihr sofort einen Dankesbrief!

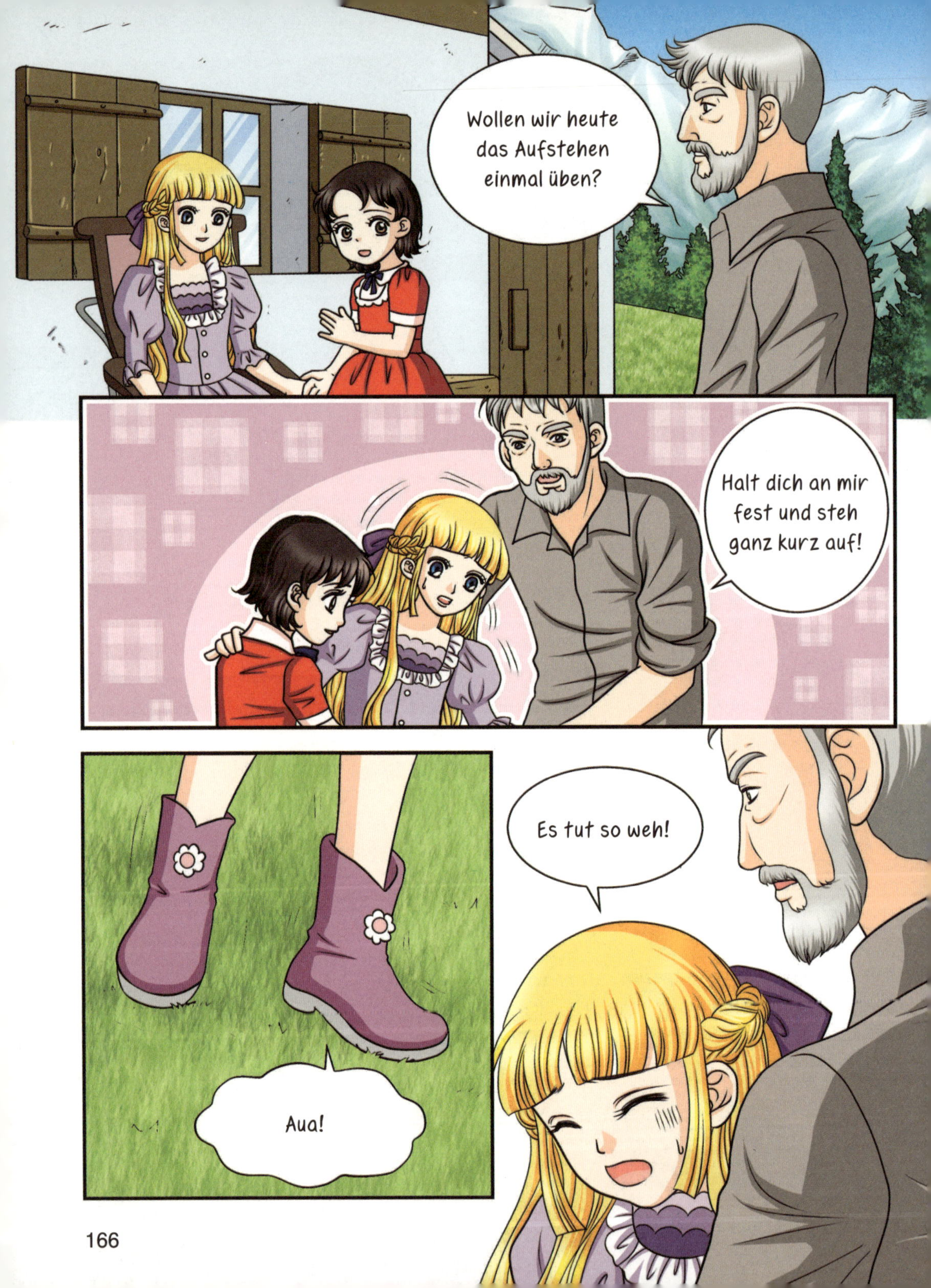
Wollen wir heute das Aufstehen einmal üben?
Halt dich an mir fest und steh ganz kurz auf!
Es tut so weh!
Aua!

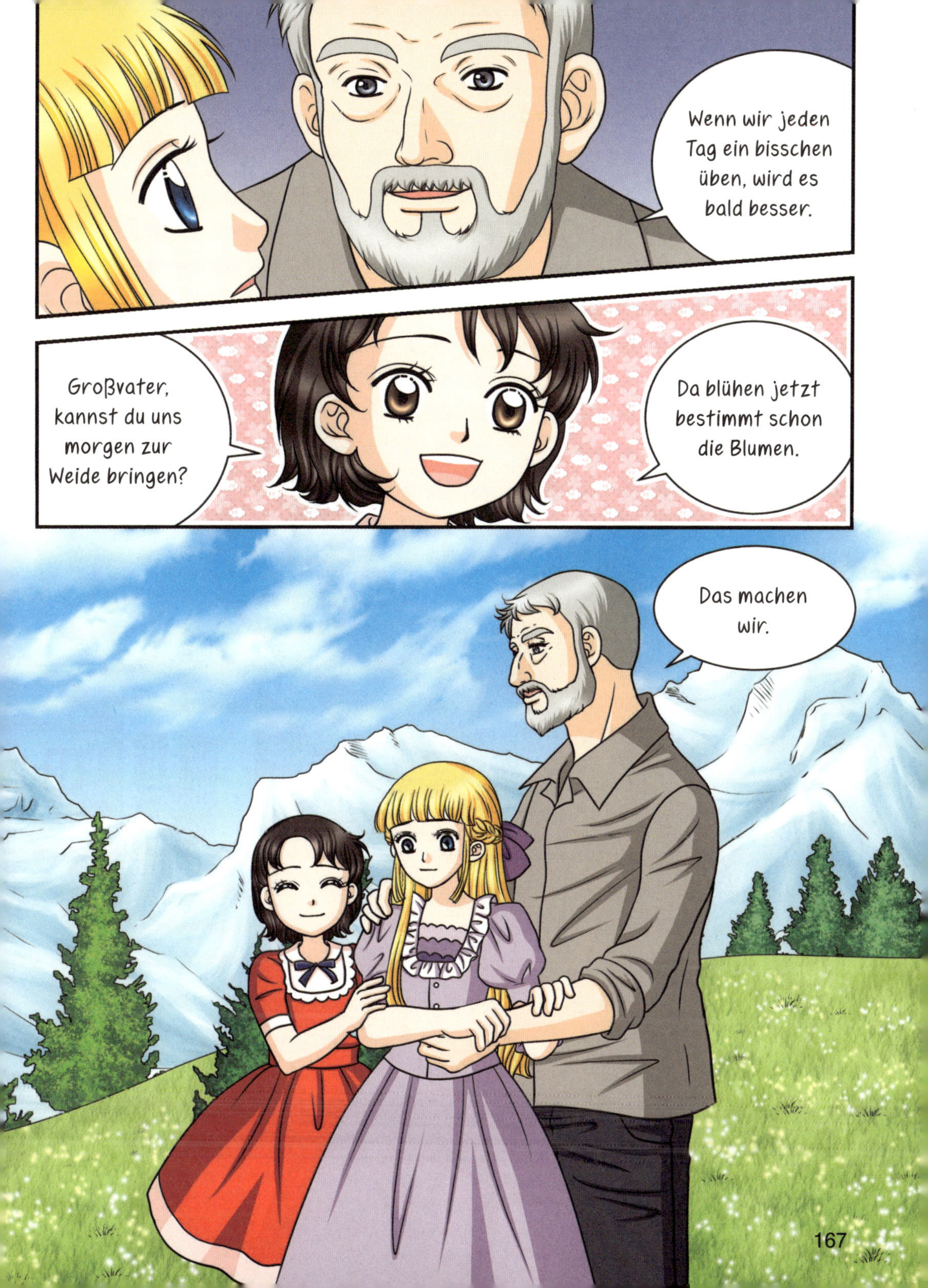
Wenn wir jeden Tag ein bisschen üben, wird es bald besser.
Großvater, kannst du uns morgen zur Weide bringen?
Da blühen jetzt bestimmt schon die Blumen.
Das machen wir.

10. Kapitel

Es passiert, was keiner erwartet hat

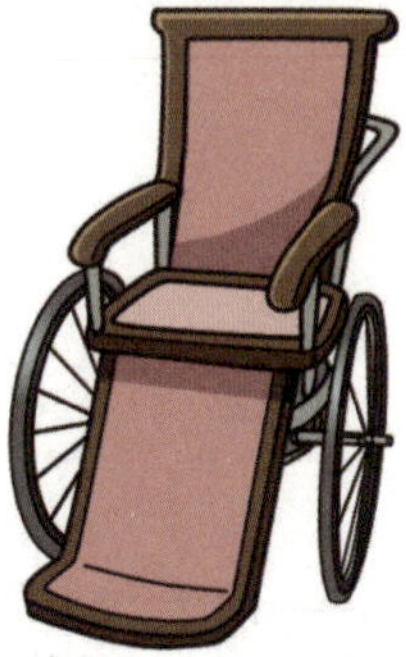

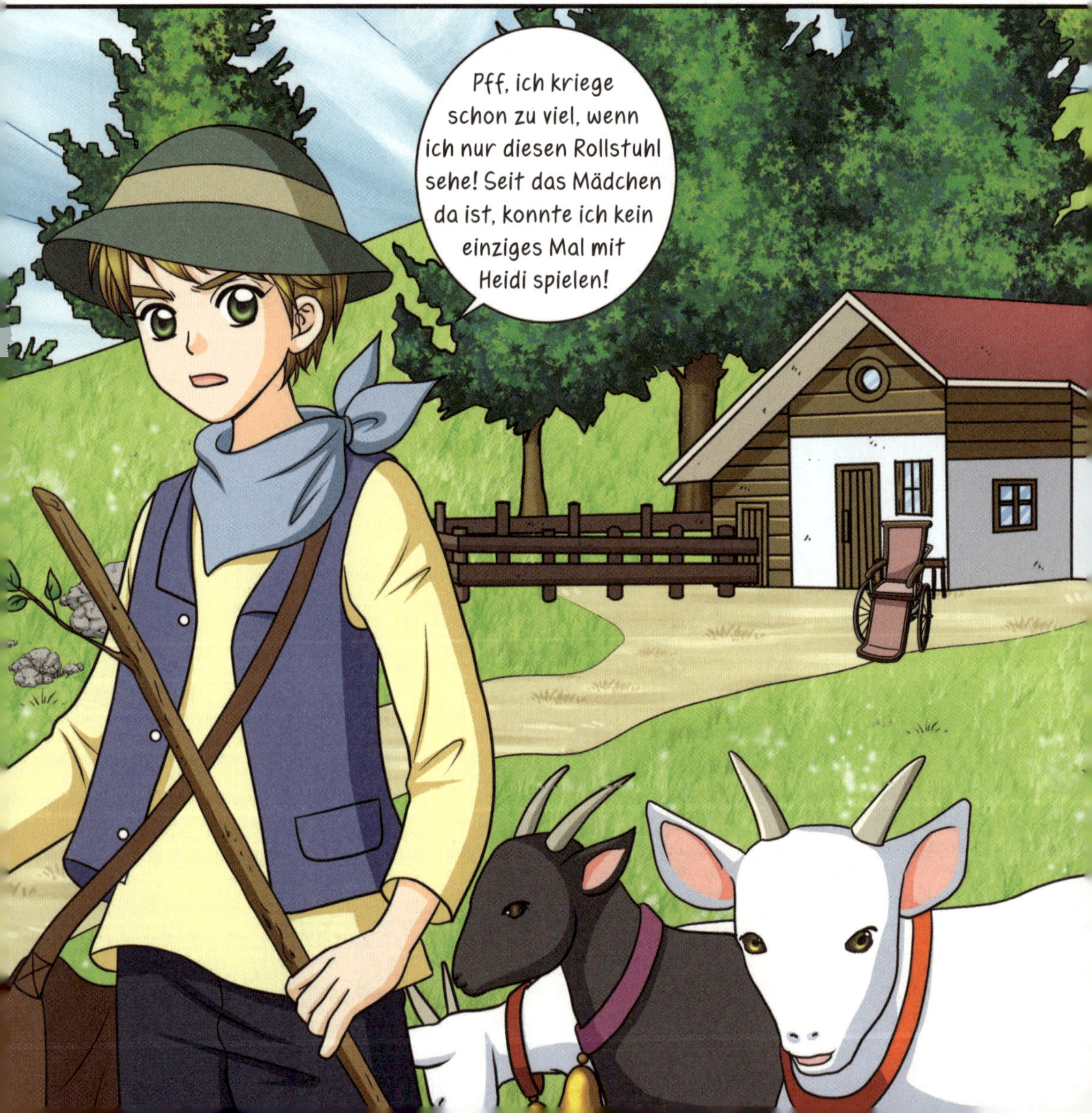

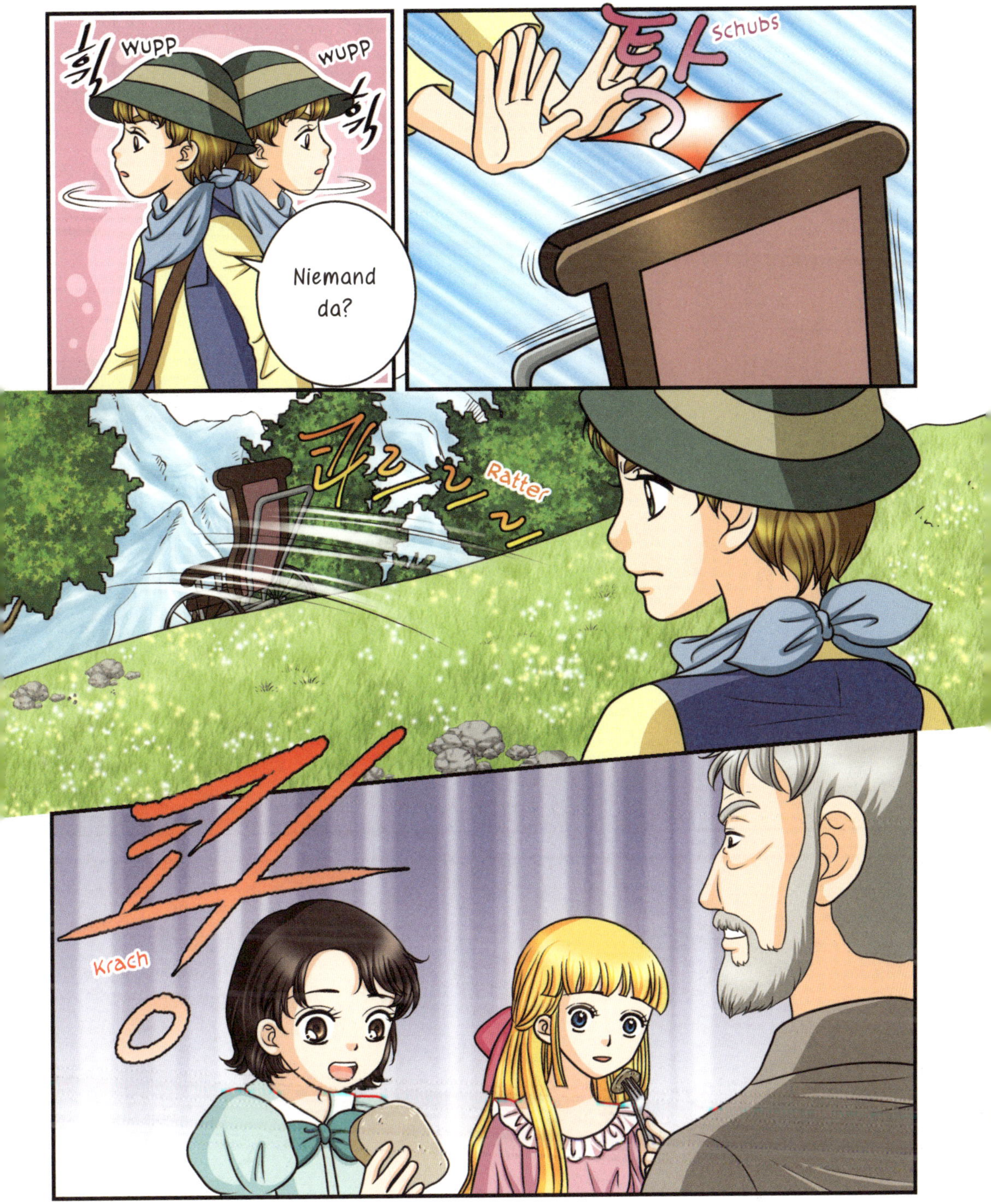
휙
Wupp
Wupp
휙
Niemand da?
탁
Schubs
콰르르르르
Ratter
콰
Krach

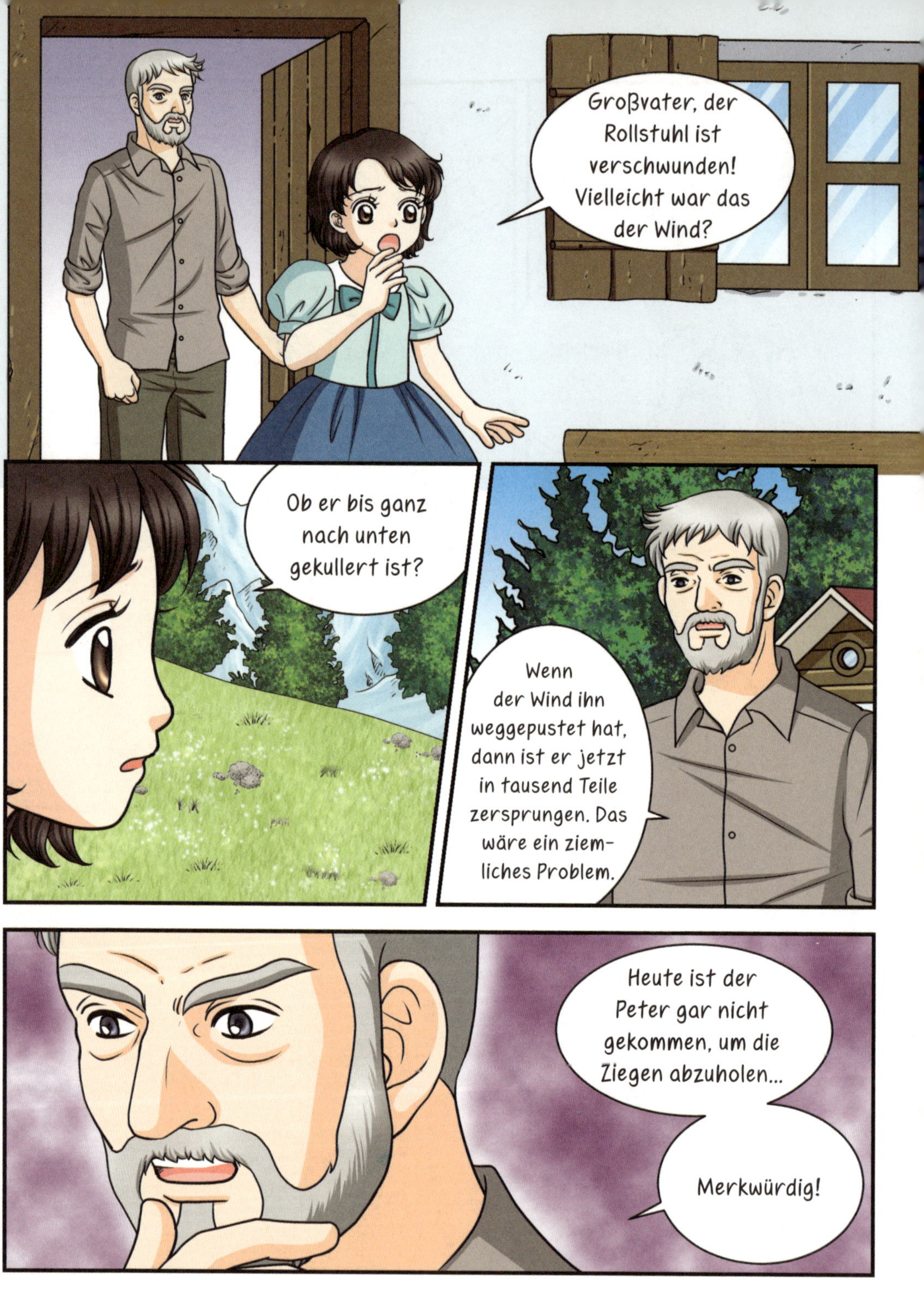

Großvater, der Rollstuhl ist verschwunden! Vielleicht war das der Wind?
Ob er bis ganz nach unten gekullert ist?
Wenn der Wind ihn weggepustet hat, dann ist er jetzt in tausend Teile zersprungen. Das wäre ein ziemliches Problem.
Heute ist der Peter gar nicht gekommen, um die Ziegen abzuholen...
Merkwürdig!

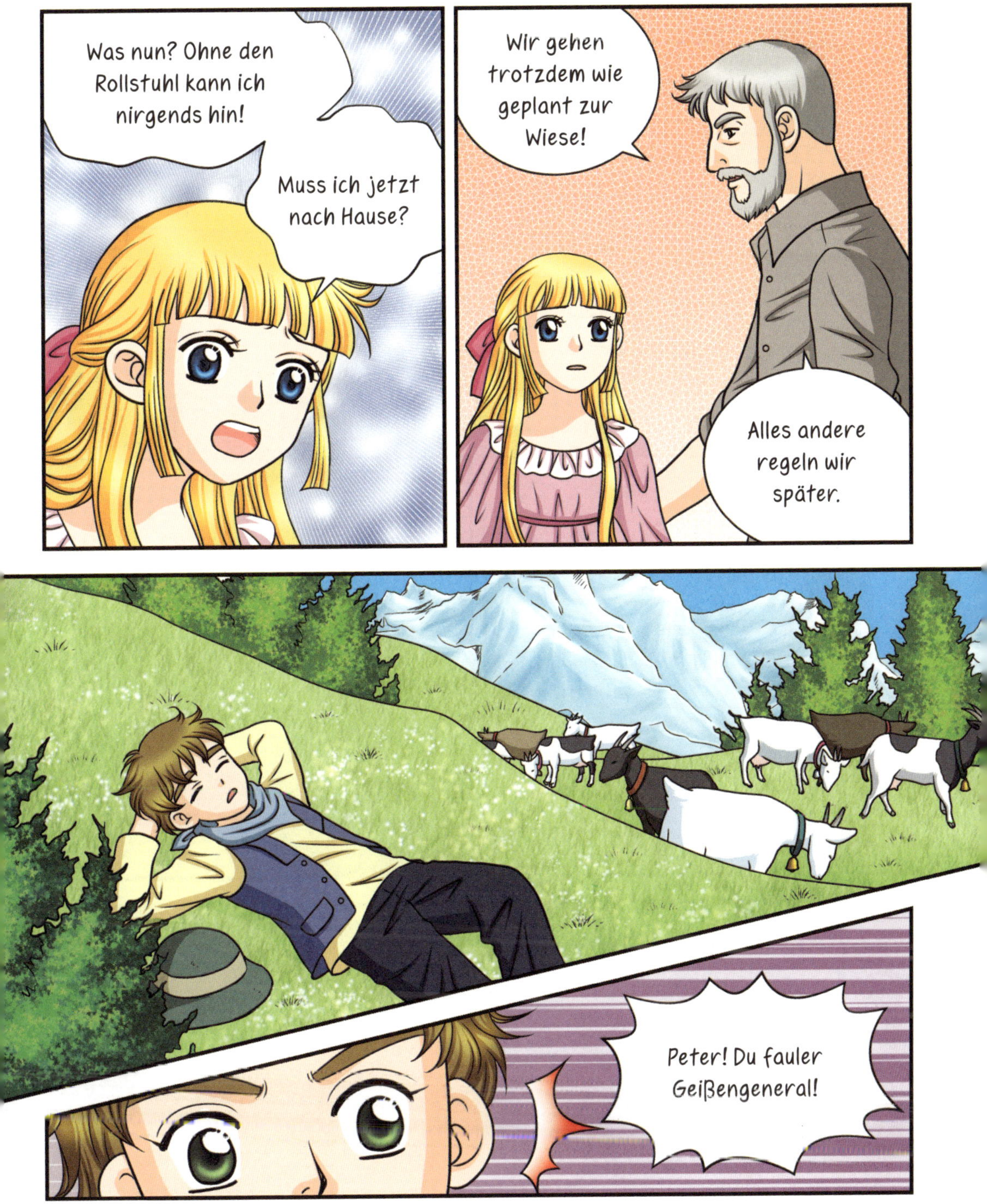

Was nun? Ohne den Rollstuhl kann ich nirgends hin!
Muss ich jetzt nach Hause?
Wir gehen trotzdem wie geplant zur Wiese!
Alles andere regeln wir später.
Peter! Du fauler Geißengeneral!

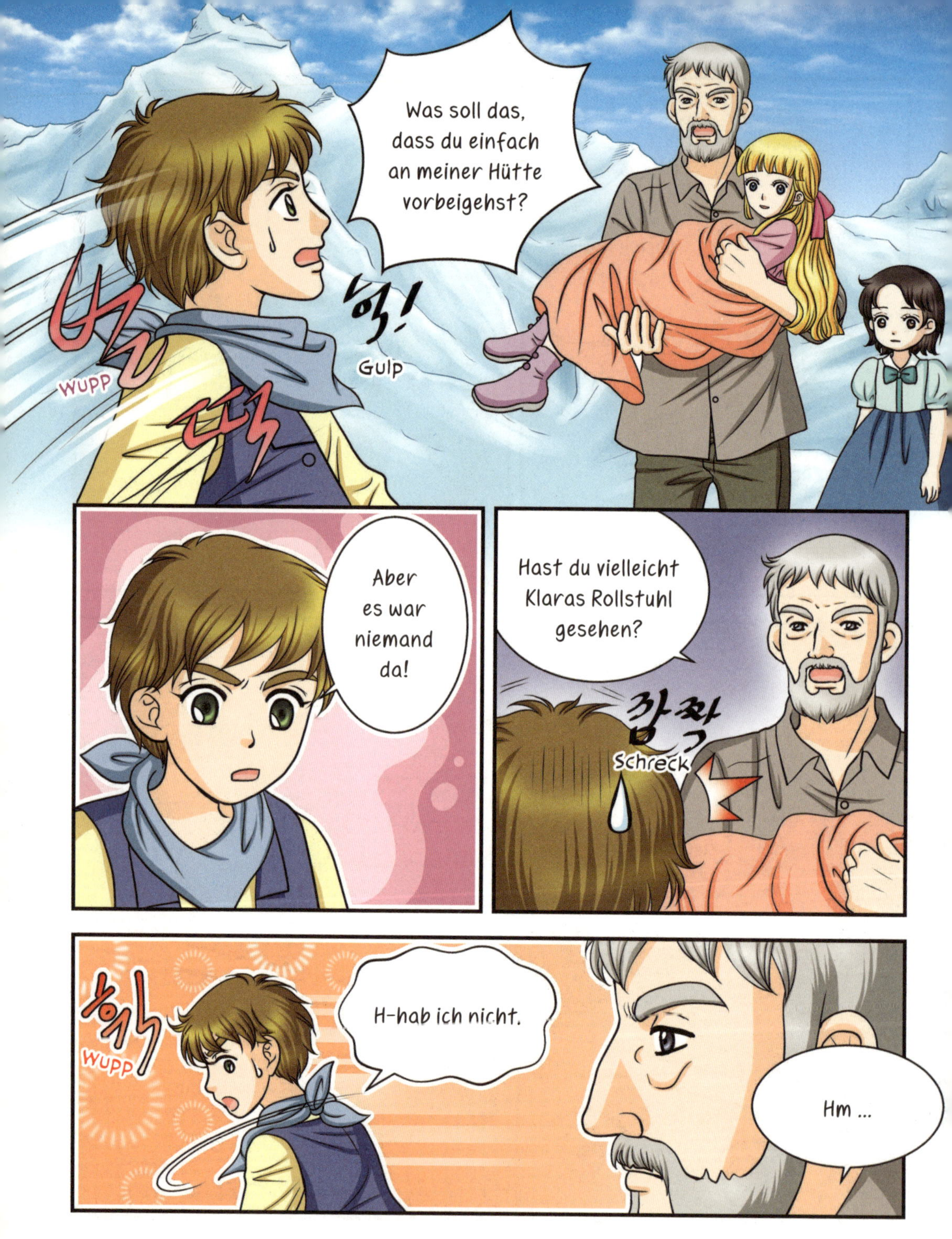
Was soll das, dass du einfach an meiner Hütte vorbeigehst?
WUPP
Gulp
Aber es war niemand da!
Hast du vielleicht Klaras Rollstuhl gesehen?
Schreck
WUPP
H-hab ich nicht.
Hm ...

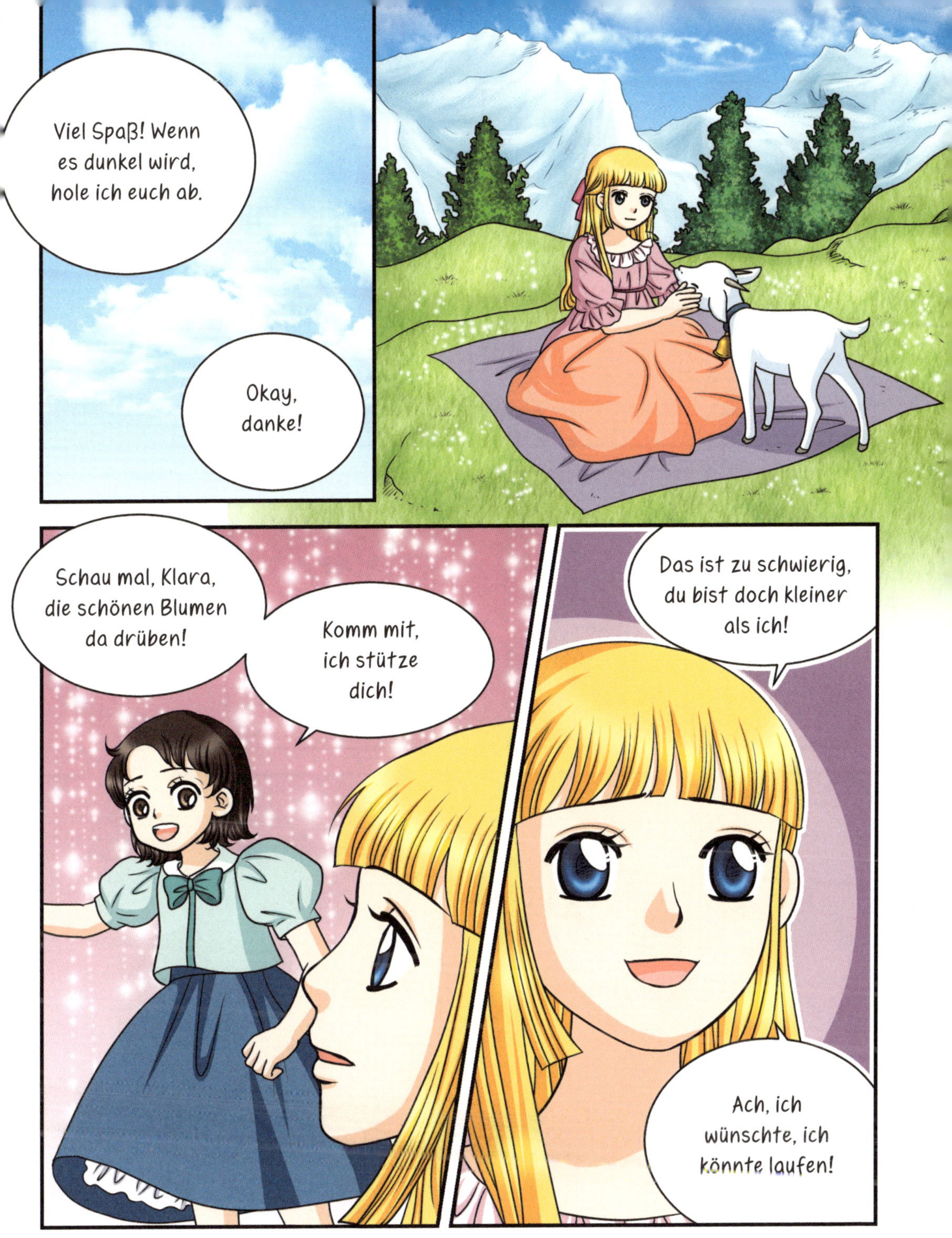
Viel Spaß! Wenn es dunkel wird, hole ich euch ab.
Okay, danke!
Schau mal, Klara, die schönen Blumen da drüben!
Komm mit, ich stütze dich!
Das ist zu schwierig, du bist doch kleiner als ich!
Ach, ich wünschte, ich könnte laufen!

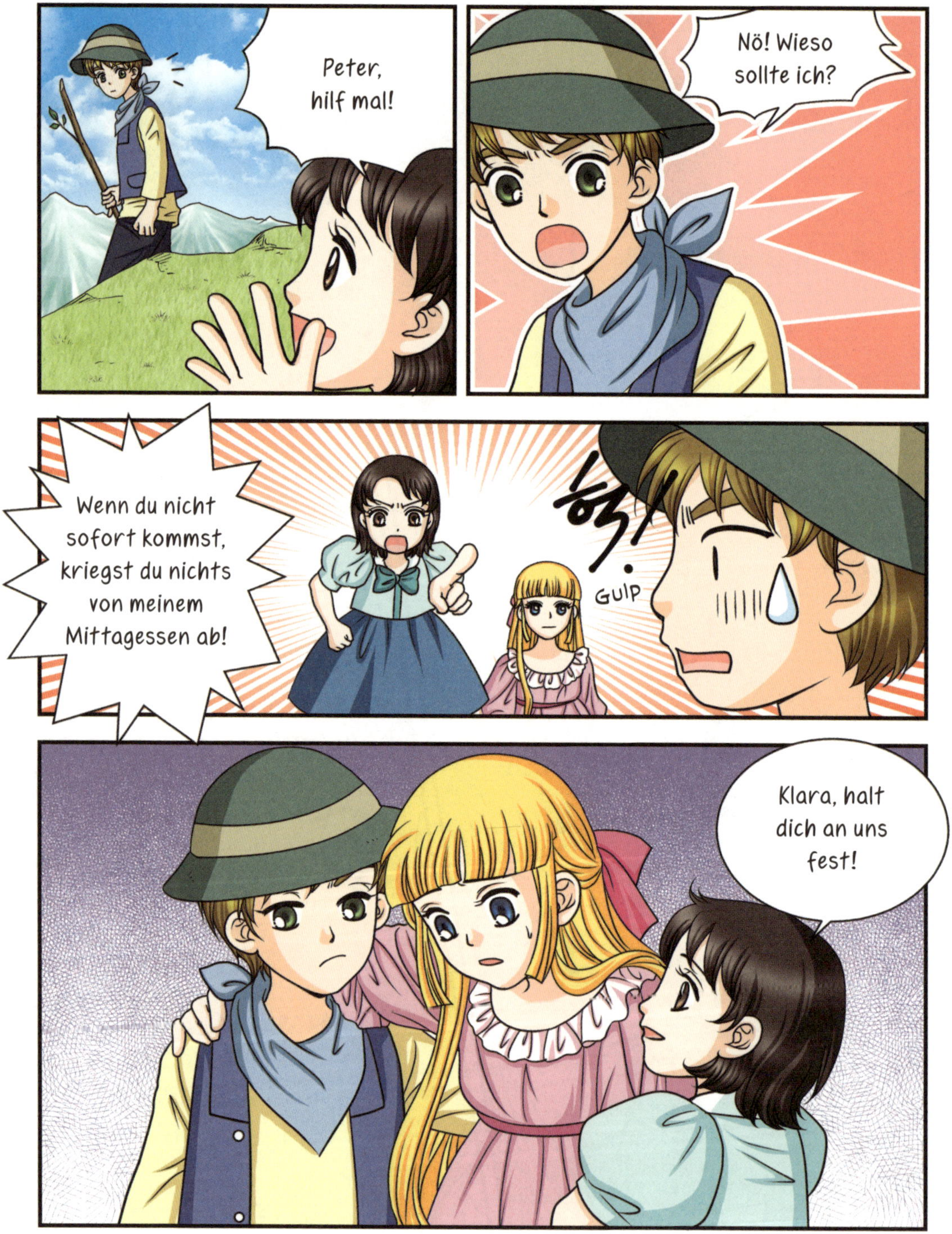

Peter, hilf mal!
Nö! Wieso sollte ich?
Wenn du nicht sofort kommst, kriegst du nichts von meinem Mittagessen ab!
GULP
Klara, halt dich an uns fest!

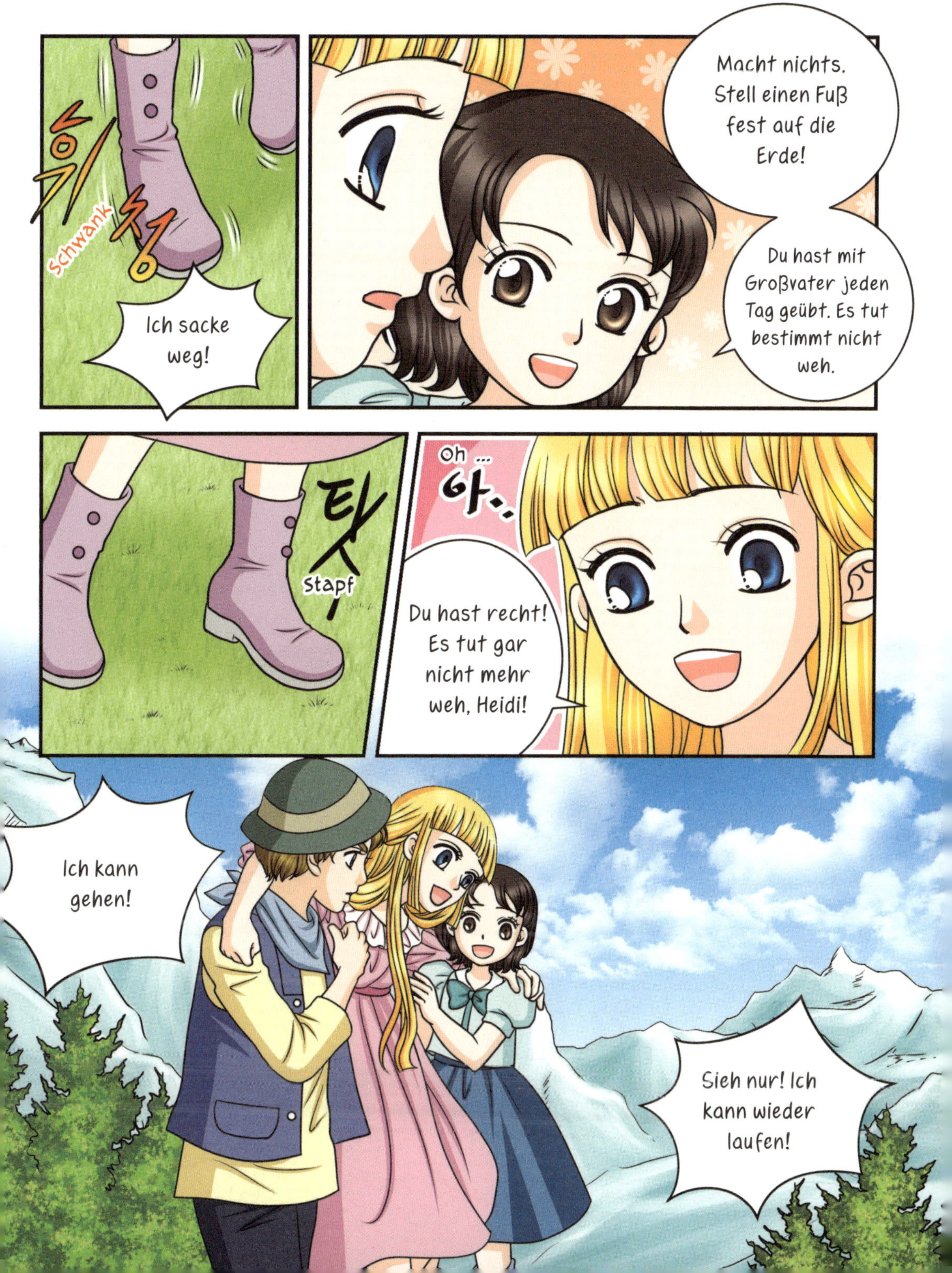
Schwank
Ich sacke weg!
Macht nichts. Stell einen Fuß fest auf die Erde!
Du hast mit Großvater jeden Tag geübt. Es tut bestimmt nicht weh.
Stapf
Oh ...
Du hast recht! Es tut gar nicht mehr weh, Heidi!
Ich kann gehen!
Sieh nur! Ich kann wieder laufen!

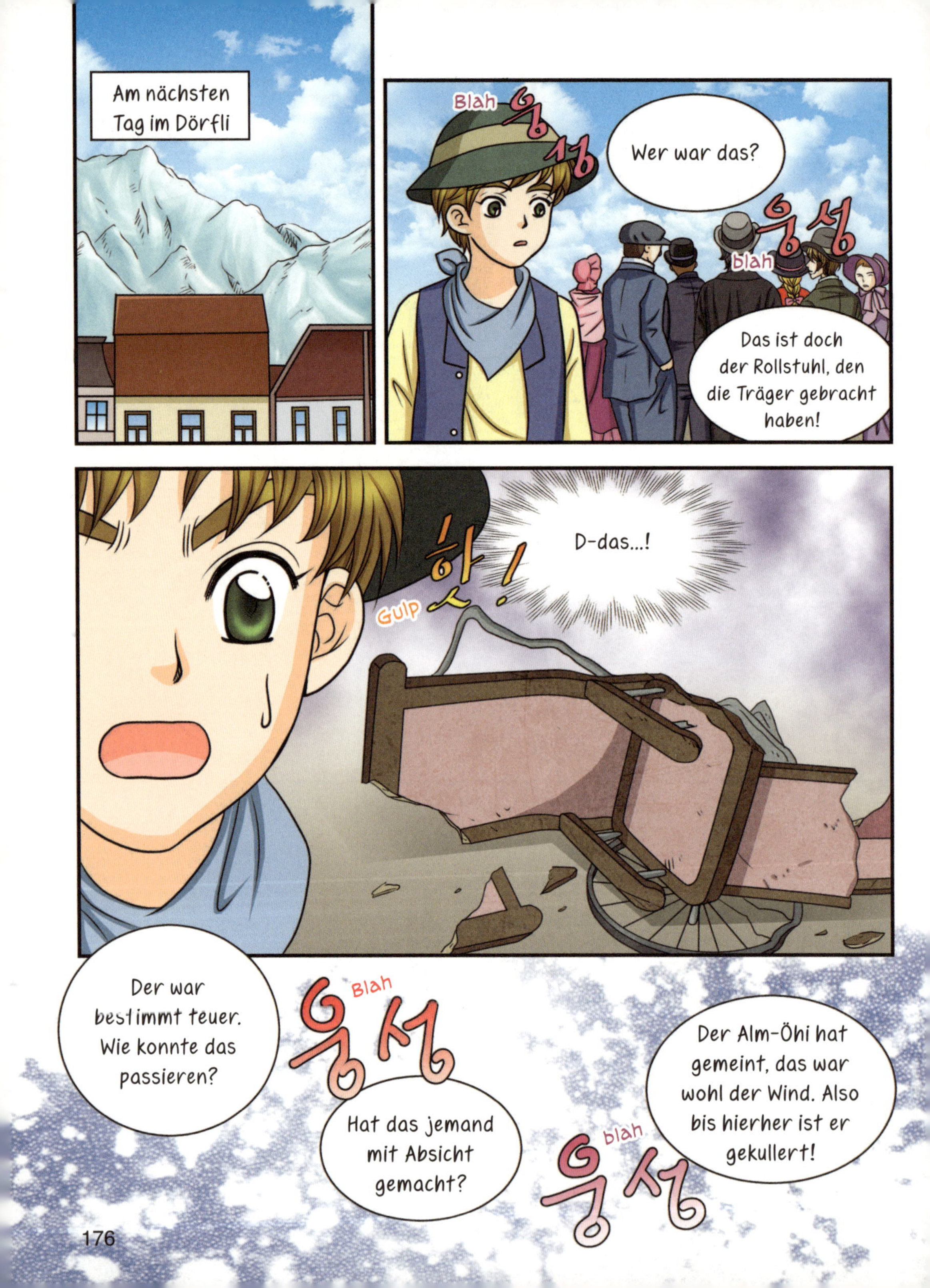

Am nächsten Tag im Dörfli
Blah
Wer war das?
blah
Das ist doch der Rollstuhl, den die Träger gebracht haben!
Gulp
D-das...!
Der war bestimmt teuer. Wie konnte das passieren?
Blah
Hat das jemand mit Absicht gemacht?
blah
Der Alm-Öhi hat gemeint, das war wohl der Wind. Also bis hierher ist er gekullert!

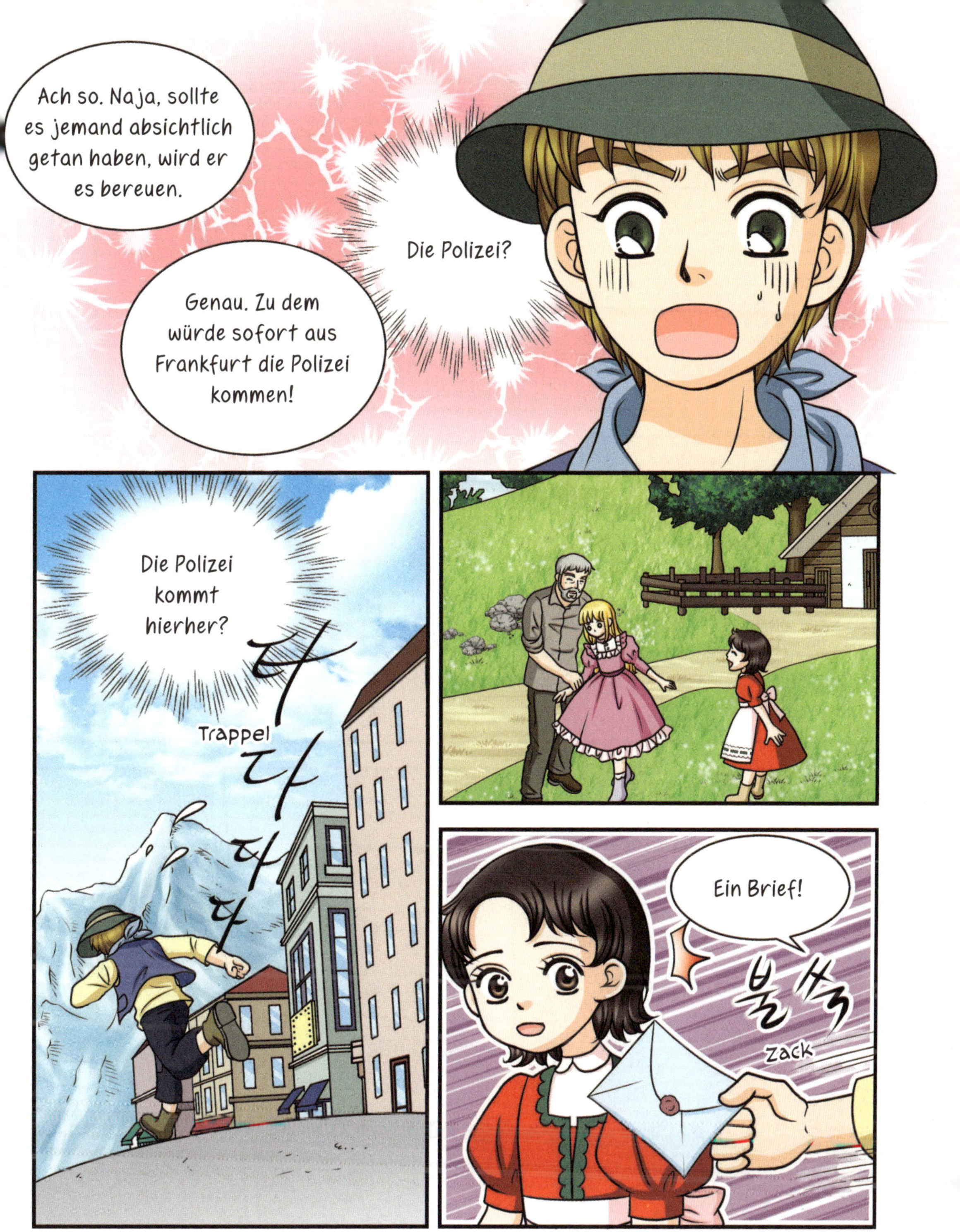
Ach so. Naja, sollte es jemand absichtlich getan haben, wird er es bereuen.
Genau. Zu dem würde sofort aus Frankfurt die Polizei kommen!
Die Polizei?
Die Polizei kommt hierher?
따다다다
Trappel
Ein Brief!
불쑥
Zack

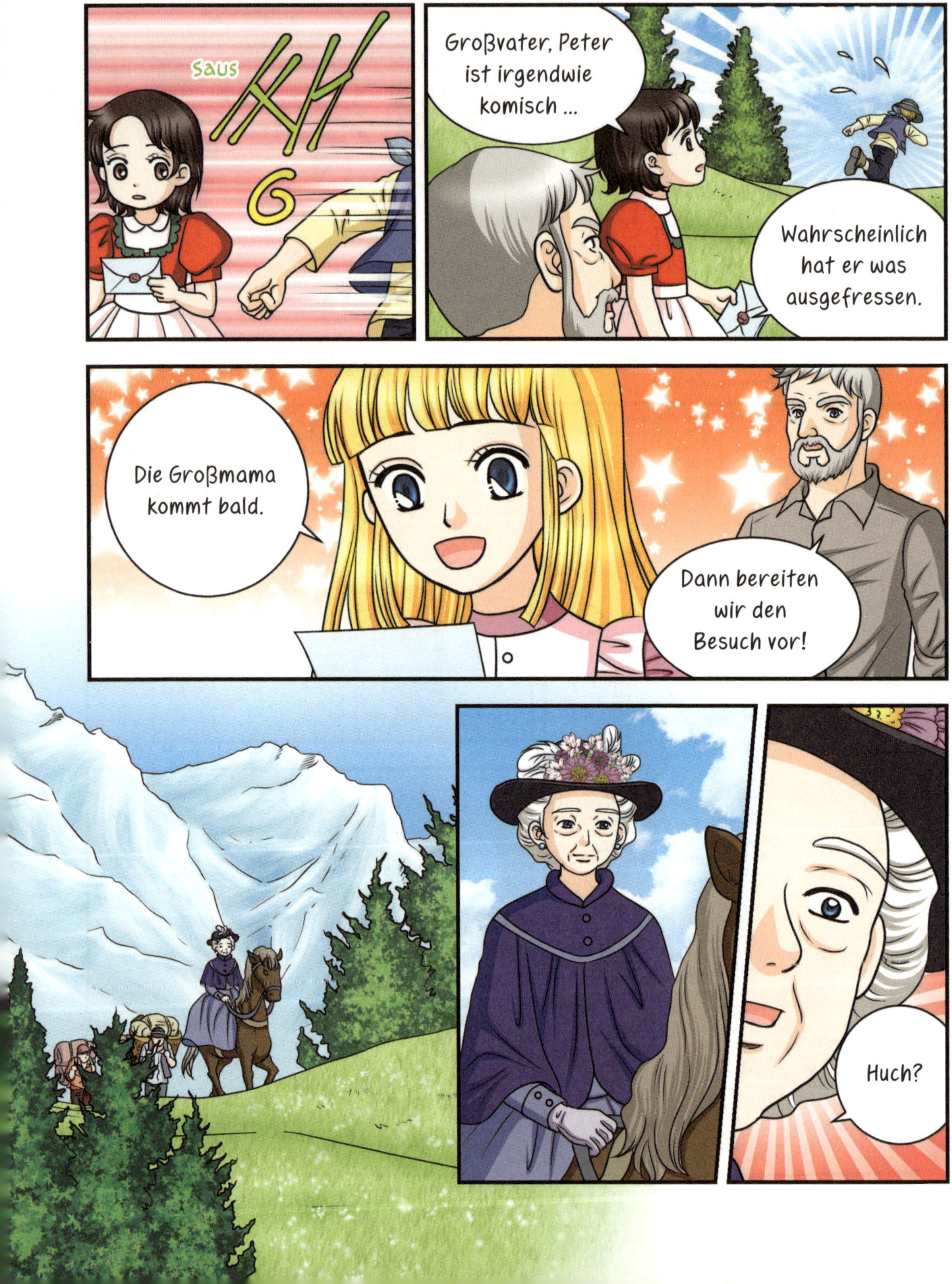
Saus
Großvater, Peter ist irgendwie komisch ...
Wahrscheinlich hat er was ausgefressen.
Die Großmama kommt bald.
Dann bereiten wir den Besuch vor!
Huch?

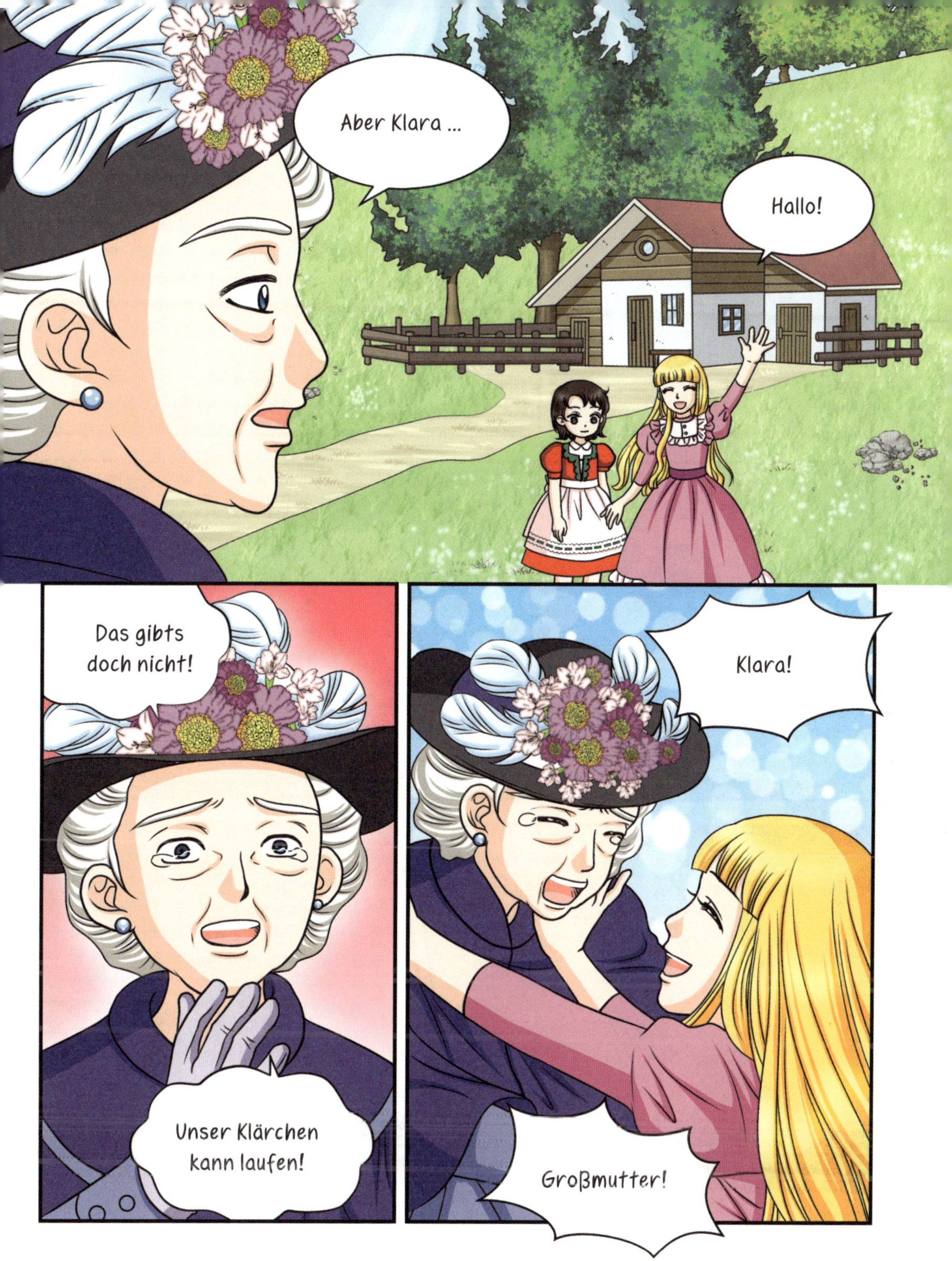
Aber Klara ...
Hallo!
Das gibts doch nicht!
Unser Klärchen kann laufen!
Klara!
Großmutter!

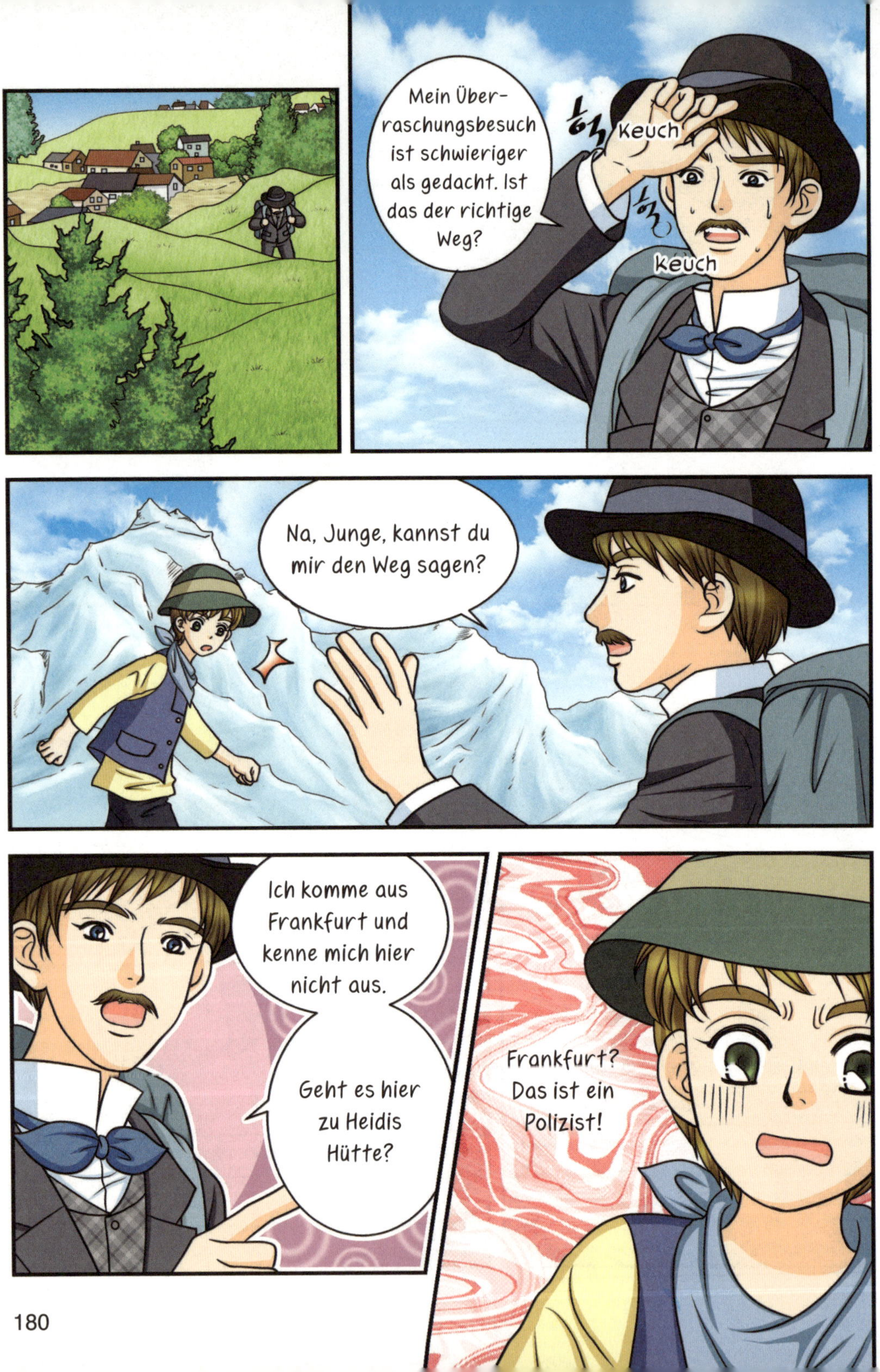
Mein Überraschungsbesuch ist schwieriger als gedacht. Ist das der richtige Weg?
Keuch
Keuch
Na, Junge, kannst du mir den Weg sagen?
Ich komme aus Frankfurt und kenne mich hier nicht aus.
Geht es hier zu Heidis Hütte?
Frankfurt? Das ist ein Polizist!

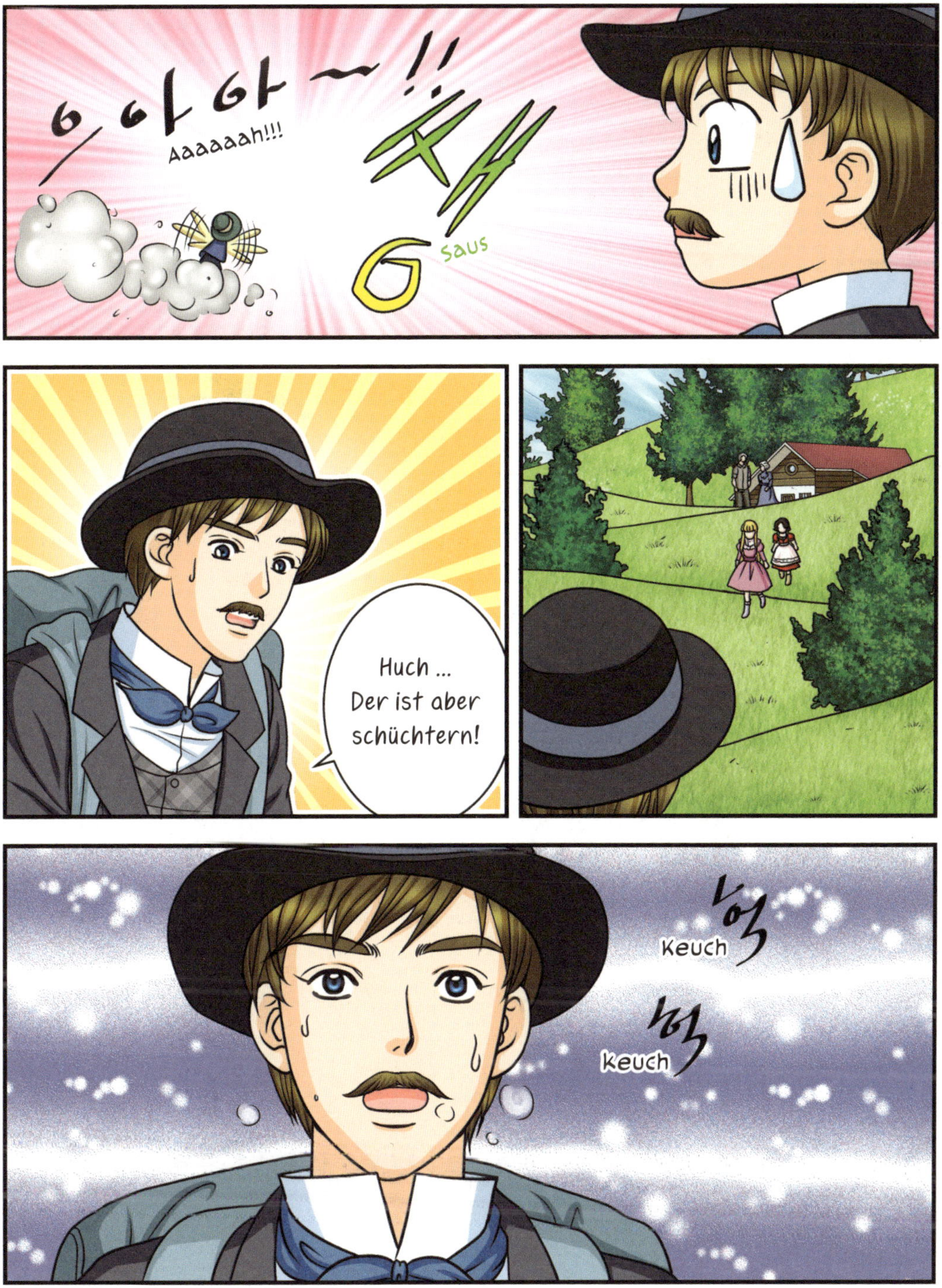

으아아~!!
Aaaaaah!!!
샤
Saus
Huch ...
Der ist aber schüchtern!
헉
Keuch
헉
Keuch

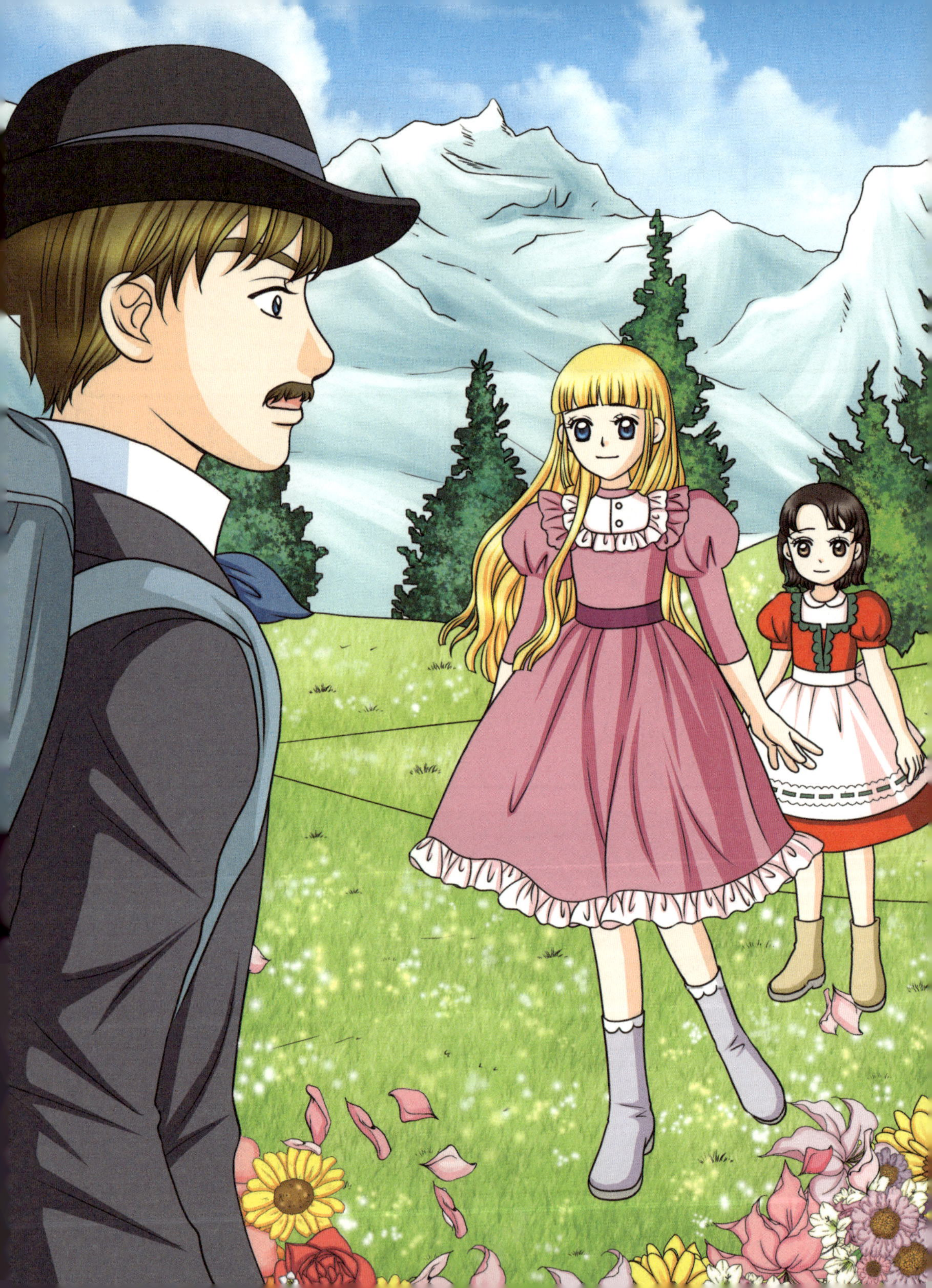

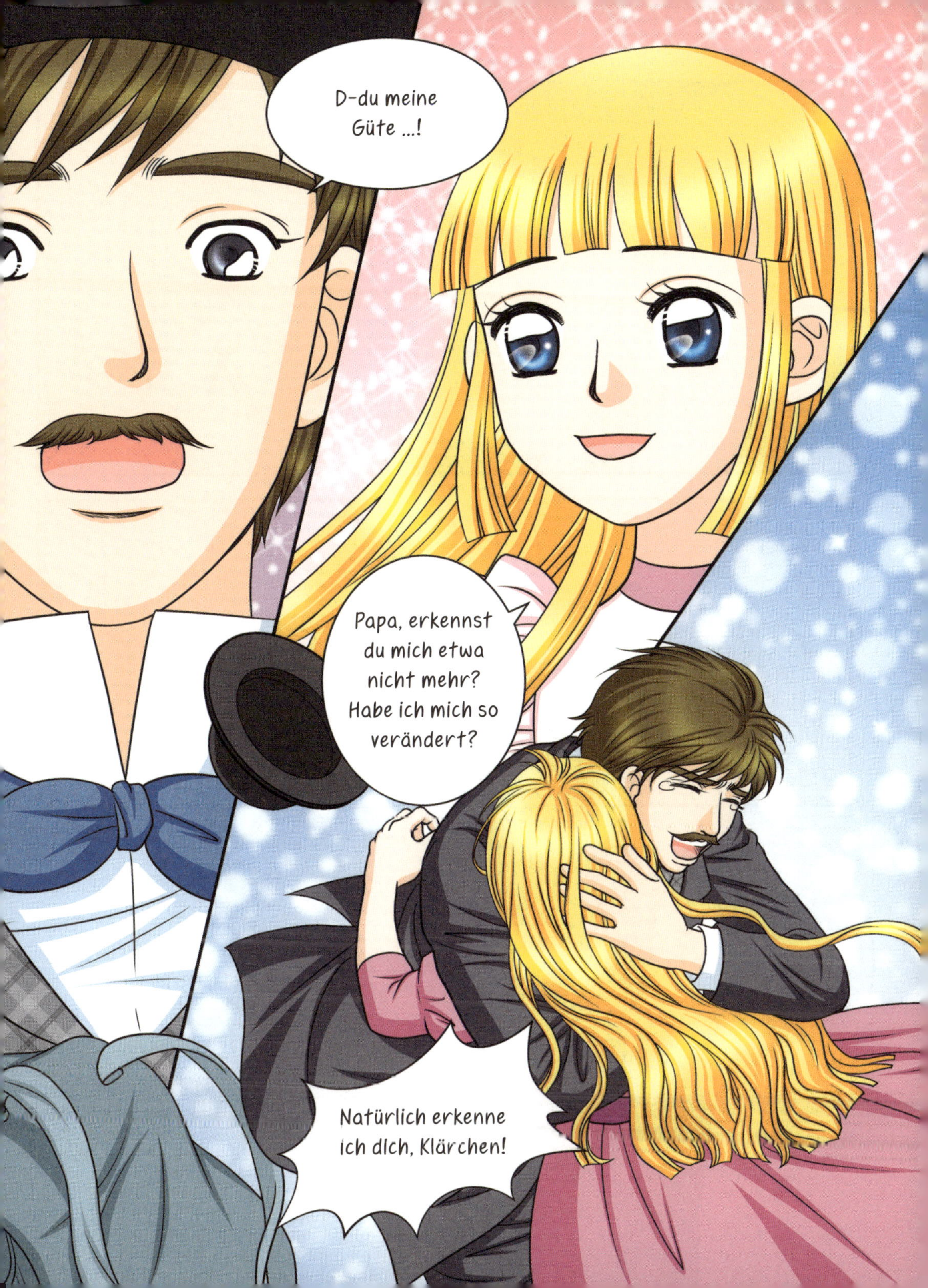
D-du meine Güte ...!
Papa, erkennst du mich etwa nicht mehr? Habe ich mich so verändert?
Natürlich erkenne ich dich, Klärchen!

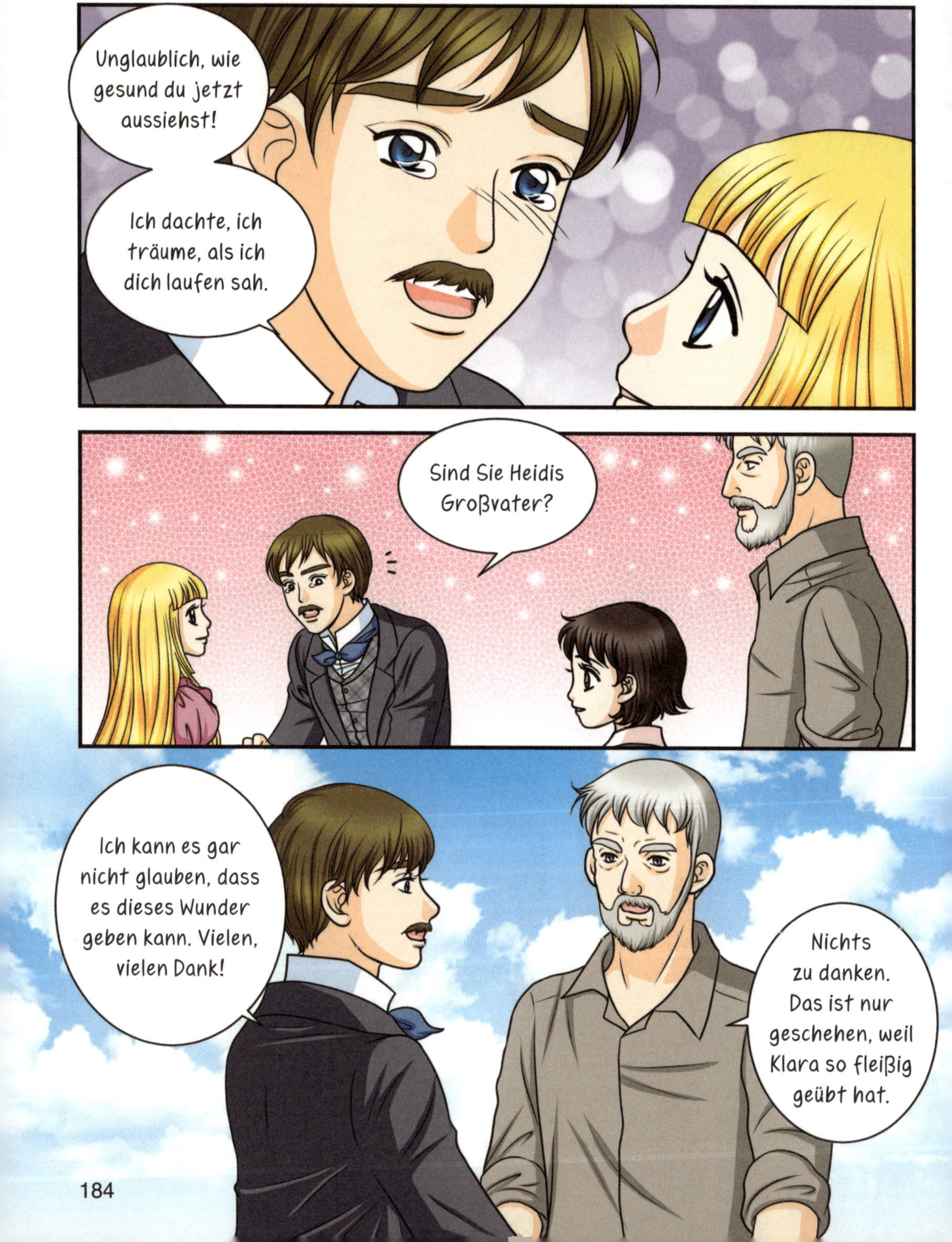
Unglaublich, wie gesund du jetzt aussiehst!
Ich dachte, ich träume, als ich dich laufen sah.
Sind Sie Heidis Großvater?
Ich kann es gar nicht glauben, dass es dieses Wunder geben kann. Vielen, vielen Dank!
Nichts zu danken. Das ist nur geschehen, weil Klara so fleißig geübt hat.

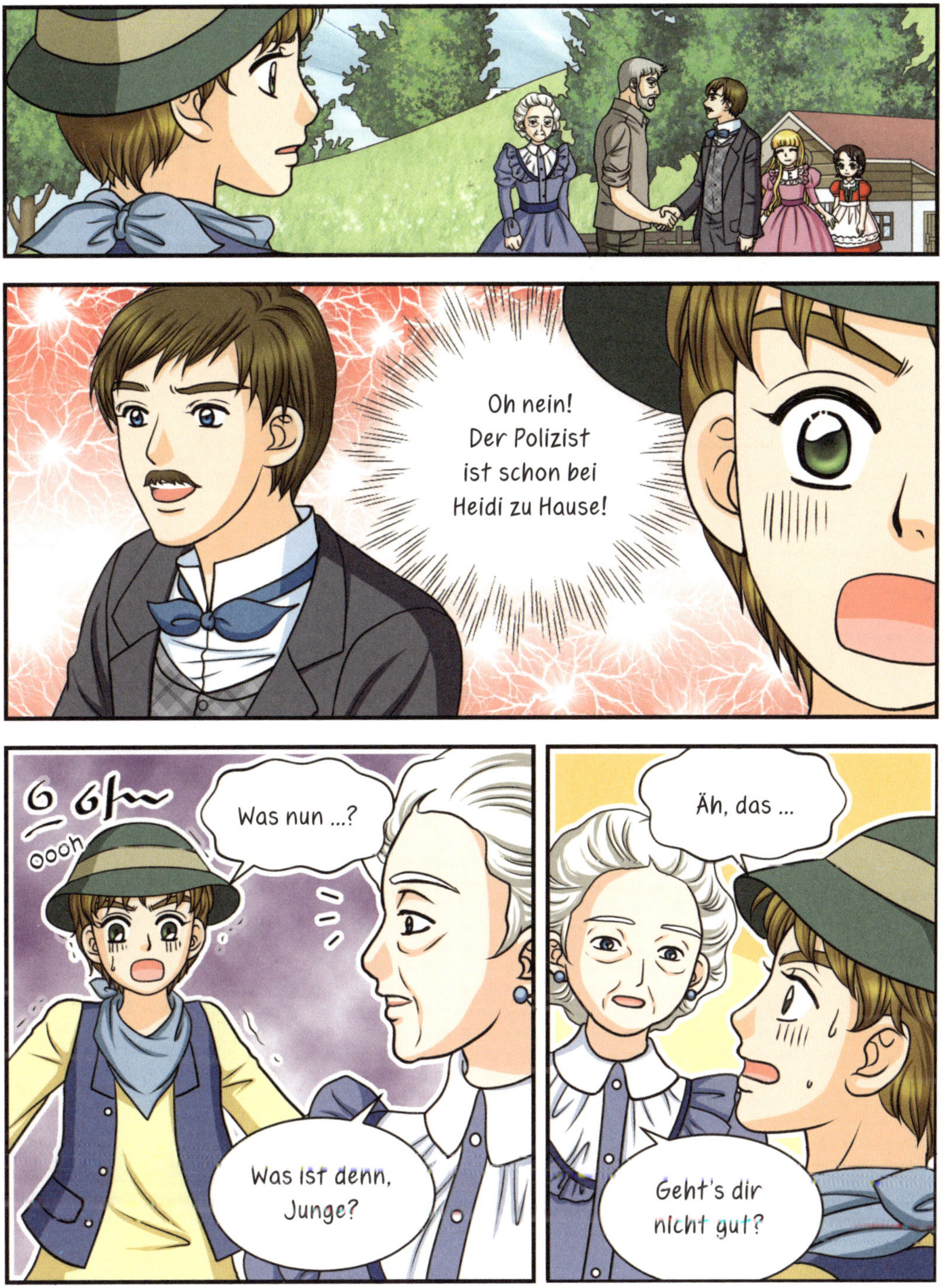
Oh nein!
Der Polizist
ist schon bei
Heidi zu Hause!
으아~
oooh
Was nun …?
Was ist denn,
Junge?
Äh, das …
Geht's dir
nicht gut?

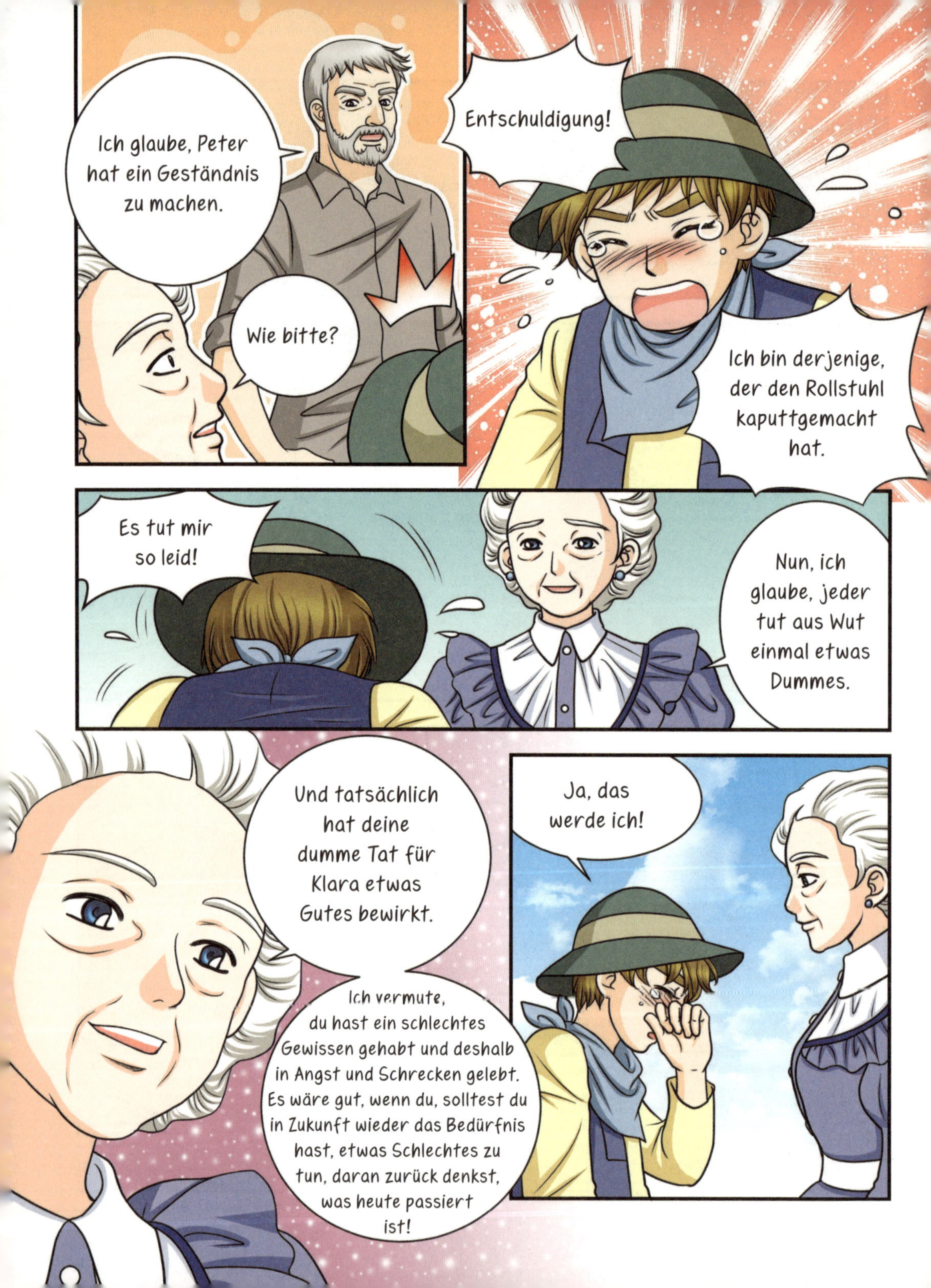
Ich glaube, Peter hat ein Geständnis zu machen.
Wie bitte?
Entschuldigung!
Ich bin derjenige, der den Rollstuhl kaputtgemacht hat.
Es tut mir so leid!
Nun, ich glaube, jeder tut aus Wut einmal etwas Dummes.
Und tatsächlich hat deine dumme Tat für Klara etwas Gutes bewirkt.
Ich vermute, du hast ein schlechtes Gewissen gehabt und deshalb in Angst und Schrecken gelebt. Es wäre gut, wenn du, solltest du in Zukunft wieder das Bedürfnis hast, etwas Schlechtes zu tun, daran zurück denkst, was heute passiert ist!
Ja, das werde ich!

Klara ging zusammen mit ihrem Vater auf Reisen. Aus Dankbarkeit dem Großvater gegenüber versprach Herr Sesemann, dass er für Heidi die Rolle eines Förderers übernehmen würde, so dass sie keine Geldsorgen fürchten musste. Peter, der Vergebung erhalten hatte, Klara, die gesund geworden war, und Heidi, die weiter in den Alpen leben konnte, waren nun alle glücklich und dankten dem lieben Gott, dass sie einander hatten.

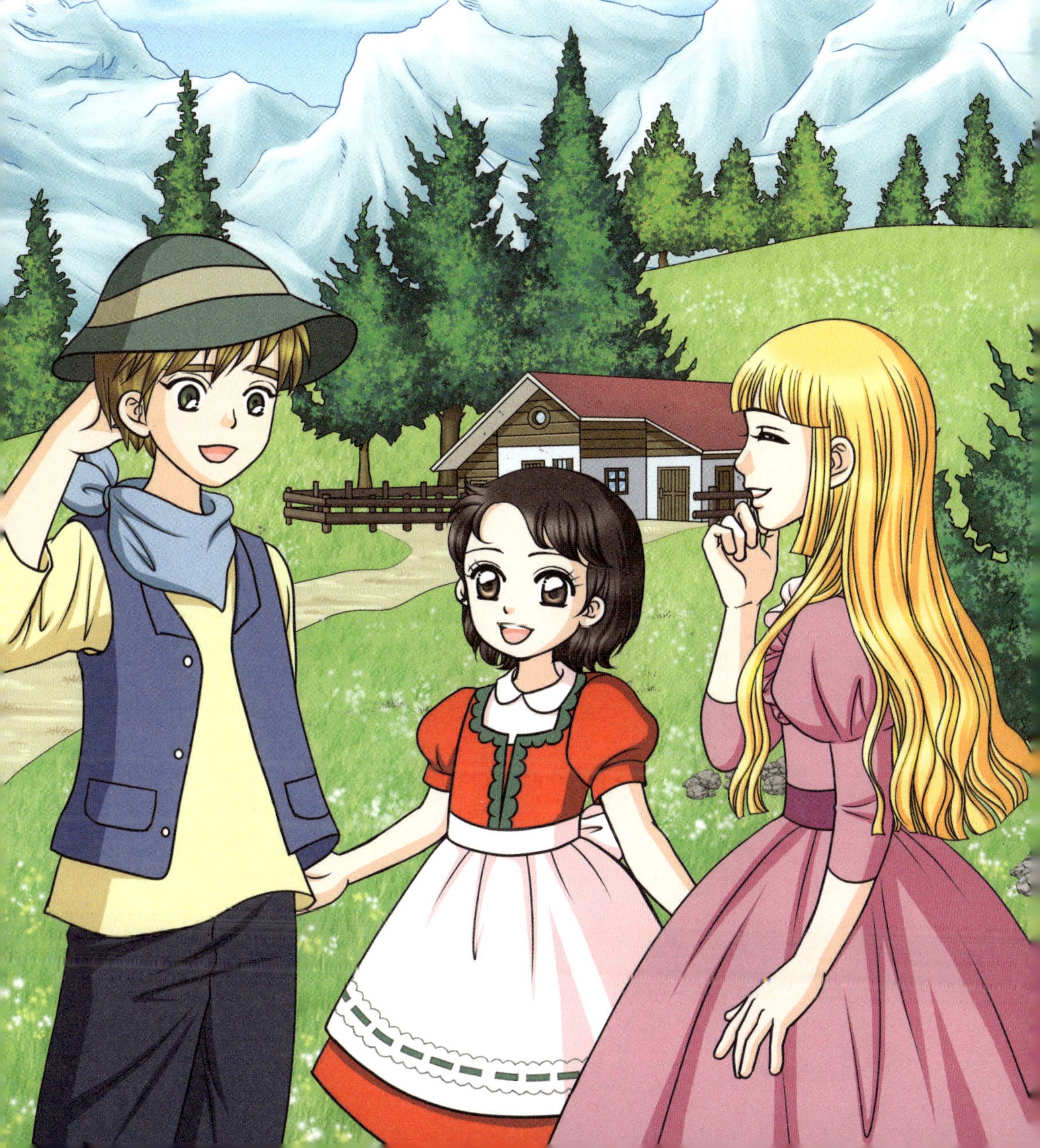

Über die Autorin

Johanna Spyri

Johanna Spyri wurde am 12. Juli 1827 in dem Schweizer Dörfchen Hirzel geboren. Sie wuchs bei ihrem Vater, einem Arzt, und ihrer Mutter, einer Dichterin und Liedtexterin, in einem literarischen Umfeld auf. Während ihrer Kindheit verbrachte sie den Sommer oft in Maienfeld, das später in ihren Werken eine wichtige Kulisse bilden sollte.
Nach ihrer Heirat mit dem Juristen Bernhard Spyri 1852 zog sie nach Zürich und arbeitete dort als erzieherische Beraterin für Kinderheime und Mädchenschulen. Da Bernhard zusätzlich auch als Zeitungsredakteur tätig war, waren im Hause Spyri oft Intellektuelle wie Literaten und Musiker zu Gast. Johanna pflegte mit ihnen regen Austausch und war auch selbst literarisch tätig. Schließlich gab sie im Alter von 44 Jahren mit der Geschichte „Ein Blatt auf Vronys Grab“ ihr Debüt als Autorin. Ihr bekanntestes Werk, „Heidi“, veröffentlichte sie 9 Jahre später (1880).
1884 verlor sie ihren geliebten Mann und ihren einzigen Sohn an eine Krankheit. Johanna fand Trost im Lesen, im Reisen und im Schreiben. Sie veröffentlichte etwa 50 Werke. Diese werden als „Geschichten für Kinder und die, die Kinder liebhaben“ gepriesen. Anders als bei der Kinderliteratur, die zu ihrer Zeit beliebt war, verfasste sie viele Geschichten, mit denen sich Kinder identifizieren können. Sie starb 1901.

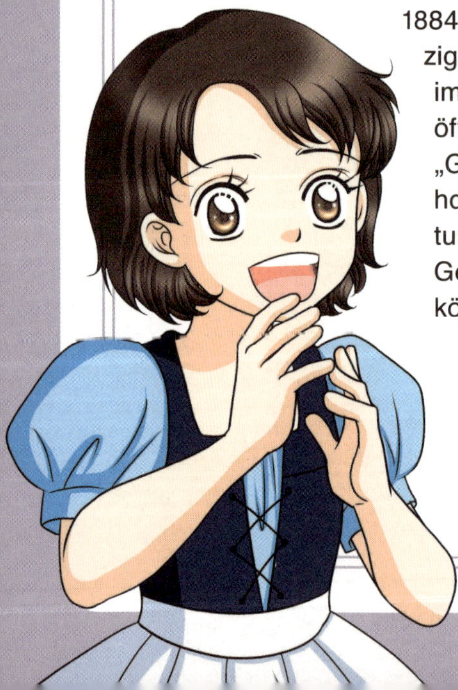

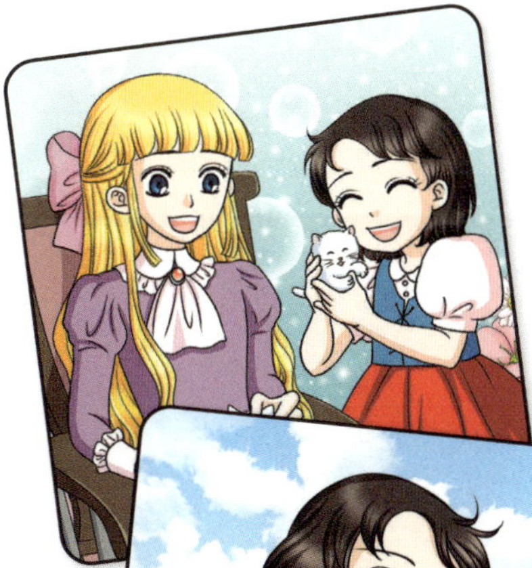

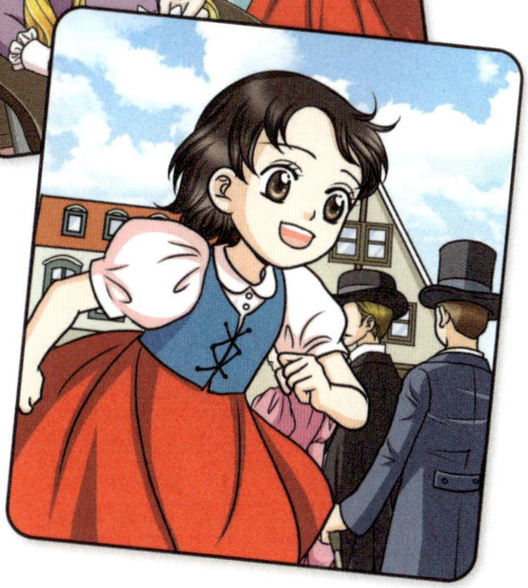

„Heidi“ besteht eigentlich aus zwei Bänden. 1880 erschien „Heidis Lehr- und Wanderjahre“ und ein Jahr später folgte „Heidi kann brauchen, was es gelernt hat“. In Korea wurden die Geschichten erstmals 1960 in einem Band vorgestellt.
Die Geschichten der Autorin enthalten viele lebendige Beschreibungen der Schönheit der Schweiz und Lehren für Kinder. Dies gilt auch und vor allem für „Heidi“. Die Geschichte der charakterlichen Entwicklung eines unschuldigen Mädchens, das in den Alpen aufwächst, ist weltweit ungeheuer beliebt und deshalb schon mehrfach verfilmt wurde. Nachdem das Werk 1974 in Japan mit dem Titel „Alpenmädchen Heidi“ als Zeichentrickfilmserie adaptiert worden war, wurde es sogar noch bekannter.
Weil das im Schweizer Kanton Graubünden gelegene Maienfeld Schauplatz des Romans ist, gibt es dort mittlerweile ein „Heidi-Dorf“, in dem verschiedene Szenen aus dem Buch nachgestellt sind.